영남대학교 독도연구소 20주년 기념논문집
독도연구총서 31

역사 자료로 보는 독도

최재목 · 송휘영 · 이태우 · 박지영 공저

박문사

이 책은 2022년 대한민국 교육부와 한국연구재단의 지원을 받아 수행된 연구임 (NRF-2022S1A5C2A03090355)

머리말

영남대학교 독도연구소가 개소한지 어언 20년을 맞이하게 되었다. 영남대학교 독도연구소는 2005년 3월 16일 일본 시마네현이 현조례 36호로 소위 '죽도(竹島)의 날'을 제정한 사건을 계기로 설립되었다. 독도를 관할하는 자자체인 경상북도를 대표하는 대학으로서 독도 영토주권에 관한 역사적 · 국제법적 근거 발굴 및 이론적 토대 구축을 도모하고자 2005년 5월 11일 전국 최초의 독도전문 연구기관으로 출발하였다. 이미 영남대학교 민족문화연구소에서 『울릉도 · 독도의 종합적 연구』(1998, 영남대학교출판부)를 수행하는 등 역사학, 법학, 국어학, 인류학, 해양학 분야의 연구자들이 모여 학제간 공동연구를 수행해 왔다. 그 성과를 바탕으로 민족문화연구소 바다연구부가 확장된 형태로 영남대학교 독도연구소가 출범한 것이었다.

이어서 2007년 12월 「독도 영유권 확립을 위한 학제간 연구」라는 주제로 교육과학기술부 정책중점연구소로 지정되어 독도에 관한 역사학적, 국제법적, 지리학적, 자연과학적 연구를 포함하는 학제적 연구를 수행하였다. 그 과정에서 독도와 관련된 역사적 사료를 발굴하고 일본측 고문서 해독을 통해 일본이 도발하는 영유권 주장에 대해 많은 부분을 사료적 근거로 반박하는 등 상당한 성과를 올렸다. 또 매년 독도우표 발행, 찾아가는 독도 시민강좌 개설, 독도전시회 개최 등 독도의 홍보와 교육에도 매진해 왔다. 이러한 가시적 성과들이 평가를 받아 2016년 10월 「독도 영유권 확립을 위한 융복합 연구」라는 주제로 제2기 연구 사업을 수행하였다. 그리고 2022년 6월 〈인문사회연구소 지원사업〉에 선정되어 현재 「독도학 확산 및 독도 교육 활성화 방안 연구」를 수행하고 있다.

그 동안 영남대학교 독도연구소가 밝혀낸 '독도의 진실'의 상당부분이 외교부 「독도」의 공식견해에 반영되고 있으며, 그 외에도 다음과 같은 성과들이 있다. ① 「일로청한명세신도(日露淸韓明細新圖)」(1903) 등의 사료를 국내 최초로 발굴하여 공표, ②『원록9병자년 조선주착안일권지각서』를 국내 최초로 탈초·번역 공개(『독도연구』 창간호), ③ 해국과 사철나무의 유전자 분석을 통해 '독도의 생태주권' 정립, ④ 일본 「죽도문제연구회」 및 일본 외무성 주장(10포인트) 반박, ⑤ 독도가 동남해 연안민의 삶의 터전이었음을 실증적으로 밝힘 등이 그것이다. 그 외에도 「독도상설전시관(독도체험관)」 설치 및 「찾아가는 독도 전시회」 등을 실시해 왔다.

2024년은 일본 문부과학성의 독도 왜곡 교육이 본격화되는 전환점이기도 하다. 2017년 및 2018년 초중고 『학습지도요령』이 개정되어 학교교육 현장에서 일본의 모든 초중고 학생들이 "독도는 일본 고유의 영토", "한국이 불법점거"하고 있다는 것을 강요당하고 있기 때문이다.

이러한 시점에서 이번에 영남대학교 독도연구소에서는 개소 20주년을 맞아 그 동안 추진해온 연구 성과 중 핵심 부분을 한 권의 책자로 정리하기로 했다. 즉 독도 영유권 문제의 발단이 된 안용복 사건과 울릉도쟁계, 근대 일본 정부의 독도 인식을 나타내는 「태정관지령(太政官指令)」과 근대 일본 관찬문서, 해방후 조선산악회 및 독도의용수비대의 활동, 「변영태 구술서」와 한국 정부의 독도 인식 등에 관하여 시대 순으로 정리하여 한 권의 책자로 엮었다. 이 책자 한 권으로 독도에 관한 역사적 권원이 한국에 있다는 것을 쉽게 제시하고자 했다. 그러나 집필자들의 노력에도 불구하고 독도의 역사적 진실이 충분히 전달되지 못한 부분이 있다면 그것은 시간적 제약과 집필자들의 능력

부족이라 고백하지 않을 수 없다. 모쪼록 이 책자가 독도의 영토주권을 역사적 사료로 입증하는 중요한 자료가 되기를 바라마지 않는다. 이 책자의 출판까지 함께 해준 집필자와 편집을 위해 노고를 아끼지 않은 박문사 윤석현 사장님을 비롯한 관계자 여러분께도 심심한 감사의 말씀을 전한다.

2025년 1월 집필자 일동

차례

제2부 독도근대사

제3부 독도현대사

제1부

독도근세사

제1장

1696년, 안용복 도일문제에 관한 고찰

박 지 영*

1. 머리말

17세기 후반에 발생한 안용복의 도일 사건은 결국 조선과 일본 간에 울릉도 영유권을 둘러싼 외교 분쟁을 야기했으며, 이것을 일반적으로 한국에서는 '울릉도 쟁계'라고 부르고 일본에서는 '죽도[1] 일건'이라고 한다. 이러한 양국 간의 외교 분쟁은 조선을 대표하여 파견된 접위관(接慰官)과 일본을 대표한 쓰시마번의 대차왜(大差倭) 간의 교섭으로 일단락되었으며, 사건이 완전히 종결된 것은 1699년이었다. 그사이에 일본은 1696년 1월에 에도 막부가 일본인

---

* 영남대학교 독도연구소 연구교수
1 이 논문에서 울릉도와 독도의 명칭은 울릉도와 독도로 표기하는 것을 원칙으로 한다. 하지만 일본 측 사료에 등장하는 표기는 '죽도'와 '송도'를 사용하는 것으로 한다. 이 논문에 나오는 '죽도'는 모두 울릉도를 의미하며, '송도'는 독도를 의미한다.

의 울릉도 및 독도 도해를 금지하는 지시인 '죽도도해금지령'을 내렸으며, 이로써 일본인들의 조선 영토 침탈은 일시적이나마 중지되게 되었다.

지금까지 '울릉도 쟁계'의 과정에 대한 연구는 많은 연구자들에 의해 이루어지고 있으며, 양적·질적으로 상당한 수준을 이루고 있다.[2] 하지만 양국 연구자들의 논점이 합치되지 않고 있는 것 또한 사실이다. 한국 측에서는 '울릉도 쟁계'로 인해 한일 간에 울릉도와 독도의 영유권에 대한 인식이 명확해졌으며, 일본의 막부가 울릉도로 일본인이 도해하는 것을 금지하면서 독도로의 도해도 금지했다고 주장하고 있지만, 일본 측은 울릉도 도해는 금지했지만 독도도해는 금지하지 않았다는 논리를 전개하고 있다.

그러한 와중에 중요한 의미를 지니고 있는 것이 1696년에 자발적으로 일본으로 건너가서 돗토리번 당국자들에게 울릉도와 독도의 영유권을 주장한 안용복 일행의 행적이다. 총 11명으로 이루어진 안용복 도일단은 1696년 5월 20일에 일본에 도착하여 그 후 약 2개월 반 가량의 체류생활을 한 후에 조선으로 귀국했으며, 귀국한 후에 일본으로 건너가서 일본 측 관리들에게 울릉도와 독도가 조선 강원도에 속한 섬이란 것을 천명했다고 밝히고 있다. 이러한 안용복의 행적에 대해서 일본 측은 그의 진술 대부분을 부정하고 있으며, 오히려 안용복의 진술을 범죄인의 진술이며, 과장된 허위진술이라고 까지 매도

---

2 '울릉도쟁계'와 관련된 대표적인 연구로 한국 측에서는, 신용하, 『한국의 독도영유권 연구』, 경인문화사, 2006; 송병기, 『울릉도와 독도, 그 역사적 검증』, 역사공간, 2010, 일본 측에서는, 田川孝三, 「竹島領有に關する歷史的考察」, 『東洋文庫書報』 20卷, 1988; 川上健三, 『竹島の歷史地理學的研究』(復刻新裝版), 古今書院, 1996; 下條正男, 「日本の領土「竹島」の歷史を改竄せし者たちよ」, 『諸君』 2007年 9月號, 2007; 內藤正中, 『竹島(鬱陵島)をめぐる日朝關係史』, 多賀出版, 2000; 나이토세이츄, 『獨島와 竹島』, 제이엔씨, 2005; 池內敏, 「隱岐·村上家文書と安龍福事件」, 『鳥取地域史研究』 第9號, 鳥取地域史研究會, 2007; 池內敏, 「安龍福と鳥取藩」, 『鳥取地域史研究』 第10號, 鳥取地域史研究會, 2008; 朴炳涉, 「安龍福事件と鳥取藩」, 『北東アジア文化研究』 第29號, 鳥取短期大學北東アジア文化總合研究所, 2009; 池內敏, 『大君外交と「武威」』, 名古屋大學出版會, 2006 등이 있다.

하고 있다.[3] 이러한 일본 측 주장은 안용복의 돗토리성 입성과 돗토리번 당국자들과의 대담에 대한 부정을 근거로 하여 이루어지고 있다. 특히 안용복의 돗토리성 입성 여부는 안용복이 일본 측에 울릉도와 독도의 영유권을 주장했는지 아닌지를 결정할 수 있는 중요한 문제이므로 이에 대한 입증은 매우 중요한 사안이기도 하다.

따라서 본 논문에서는 필자가 돗토리번 번정사료를 자세하게 분석하던 중에 기존 연구자들이 주목하지 않아 발견하지 못했던 자료를 새롭게 발견하였으므로 그 자료를 제시하여 돗토리성 입성에 대한 기존 연구의 모순점을 지적하고, 그것을 입증하여 안용복 진술 내용의 신뢰성을 높이는 것을 목적으로 한다. 이 연구는 그동안 일본 측이 경시하고 무시해 온 안용복 진술의 신뢰성 고양과 함께 우리나라의 독도영유권 공고화를 위한 '울릉도 쟁계' 연구의 또 다른 디딤돌이 될 것이라고 생각한다.

2. 1696년, 안용복 일행의 도일 여정

1696년 5월 20일, 안용복은 10명의 일행과 함께, 일본 돗토리지방의 오키노시마(隱岐島)에 도착했다. 안용복 일행이 울릉도를 출발한 것은 5월 15일이었으며, 울릉도에서 5일 간의 항해를 거쳐 일본 오키노시마에 도착한 것이었다. 그 후 6월 3일에 오키노시마를 출발하여 6월 4일에 돗토리번의 아카사키(赤崎) 지역에 도착했다. 그리고 돗토리지방에서 약 2개월간 체류한 후에 8월 6일에 일본을 출발하여 강원도 양양으로 돌아왔다.

양양에 도착한 안용복 일행은 강원도의 감영에 체포되었으며, 이들의 체포

---

3 https://www.mofa.go.jp/mofaj/a_o/na/takeshima/page1w_000022.html#q3(일본 외무성 홈페이지, 2019.9.30. 방문).

소식은 8월 29일에 조선 조정에 보고되었다. 그리고 안용복 일행의 도일과 관련한 기록은 비변사의 조사기록과 2005년에 발견된 무라카미(村上) 가문의 『겐로쿠 9년 병자년 조선 선박 도착 관련 한권의 각서(元祿九丙子年朝鮮舟着岸一卷之覺書)』[4](이하 『원록각서』) 및 돗토리번의 번정 사료 등에 자세하게 기록되어 전해지고 있다.[5]

1696년 안용복 일행이 도일한 후의 행적과 관련해서는 오키노시마에서 안용복 일행을 조사한 일본 측 관리가 직접 기록하여 막부에 제출한 보고서인 『원록각서』가 가장 신뢰성이 있는 자료라고 할 수 있다. 『원록각서』에는 오키노시마에 도착한 안용복 일행의 이름과 인적사항, 소지품에 대한 기록과 함께 5월 20일부터 22일까지 오키노시마에서 이루어진 일본 측 관리와 안용복 일행과의 대담이 상세하게 기록되어 있다. 이 기록에 따르면 안용복 일행은 처음부터 돗토리 번주를 상대로 소송을 제기하기 위해서 왔다는 것을 밝히고 있었으며, 오키노시마에서 소송을 위한 소장까지 작성했다는 것을 알 수 있다. 하지만 안용복 일행은 자신들의 소송 내용에 대해서는 오키노시마의 관리들에게 밝히지 않고 돗토리번에 가서 직접 밝히겠다고 하였다.

그러나 안용복 일행이 소장을 작성하는 것을 곁에서 지켜 본 일본 측 관리들은 자세한 내용은 알지 못했지만 대략적인 내용은 파악하고 있었던 것으로 보여, 『원록각서』에 다음과 같은 내용의 내용을 기술하고 있다.[6]

---

4 『元祿九丙子年朝鮮舟着岸一卷之覺書』.
5 1696년의 안용복 도일과 관련해서는 池內敏, 「隱岐・村上家文書と安龍福事件」, 『鳥取地域史研究』第9號, 鳥取地域史研究會, 2007; 池內敏, 「安龍福と鳥取藩」, 『鳥取地域史研究』第10號, 鳥取地域史研究會, 2008; 朴炳涉, 「安龍福事件と鳥取藩」, 『北東アジア文化研究』第29號, 鳥取短期大學北東アジア文化總合研究所, 2009 등의 연구가 있으며, 안용복이 1696년에 도일한 목적과 관련해서는 졸고 「돗토리번 사료를 통해 본 울릉도 쟁계- 몇 가지 쟁점에 대한 검토를 중심으로」, 『독도연구』 25호, 2018을 참조.
6 『元祿九丙子年朝鮮舟着岸一卷之覺書』.

- 안용복이 말하기를 죽도를 다케노시마라고 부르며 조선국 강원도 동래부 안에 울릉도라고 부르는 섬이 있는데, 이것을 다케노시마라고 한다는 것입니다. 팔도의 그림에 기재하여 지니고 있습니다.
- 송도는 위와 같은 강원도 안에 자산이라고 부르는 섬이 있습니다. 이것을 송도라고 합니다. 이 두 개 모두 팔도 그림에 기재하였습니다.
- 죽도와 조선 사이는 30리, 죽도와 송도와의 사이는 50리가량 됩니다.

이 내용으로 유추해볼 수 있는 것은 안용복 일행이 오키노시마에 도착한 후에 '조선팔도지도(朝鮮八道之圖)'라는 것에 '죽도(竹島, 울릉도)'와 '송도(松島, 자산도)'를 기재해서 제시했으며, 울릉도와 자산도가 모두 강원도에 속한 섬이라고 밝힌 것을 알 수 있다. 따라서 안용복 일행의 소송 내용에 울릉도와 독도에 대한 내용이 포함되어 있었다는 것은 분명한 사실이다. 하지만 잠시 거쳐서 지나가는 곳인 오키노시마에서 그 내용을 자세하게 밝힐 필요성이 없었기 때문에 일본 측 관리의 요구를 거절하고 돗토리로 이동한 것으로 보인다.

오키노시마 관리들이 제출한 안용복 일행의 일본 도착에 관한 보고가 돗토리 번에 도착한 것은 6월 2일이었으며,[7] 안용복 일행은 6월 3일에 오키노시마를 출발하여 돗토리번의 아카사키(赤崎)에 6월 4일에 도착하여 돗토리성을 향해 동쪽으로 서서히 항해를 진행하고 있었다.[8] 이러한 보고를 받은 돗토리번 당국은 6월 5일에 각종 업무를 담당시키기 위한 야마사키 슈메(山崎主馬)와 조선인의 소송 건을 담당시키기 위한 메쓰케(目付) 히라이 긴자에몬(平井金左衛門), 그리고 기타 업무를 담당시키기 위한 고오리 부교(郡奉行) 노구치 지베(野口治兵衛), 다니 쇼자에몬(谷庄左衛門)를 호출하여 안용복 일행에 대한 대책을 강구하는 한편,[9] 에도에 있는 번주에게 비각(飛脚)을 보내 이 사실

---

7 『御右筆日記』元祿9年 6월 13일.
8 위의 책 元祿9年 6월 13일.

을 보고했다. 돗토리 번의 보고가 막부에 전달된 것은 6월 13일이었다.[10]

그 사이에 돗토리번 당국의 지시를 받아 안용복 일행을 마중하기 위해 급파된 야마사키 슈메는 6월 5일에 돗토리성을 향해 항해중인 안용복 일행을 만나 돗토리번 아오야(靑谷) 촌으로 인도했다. 아오야 촌으로 입항할 당시 안용복 일행은 선박에 깃발을 세우고 있었으며, 이 깃발을 촌민들이 그림으로 남긴 것이 훗날『이나바지(因幡志)』와『죽도고(竹島考)』,『인부역년대잡집(因府歷年大雜集)』에 기술되어 전해지고 있다.[11] 안용복 일행이 세운 깃발의 내용은 "조울양도감세장 신 안동지 기(朝鬱兩島監稅將 臣 安同知 騎)[12]"였다. 이 내용은 안용복이 귀국 후에 비변사 조사 과정에 일본에서 "울릉자산 양도감세장을 가칭했다[13]"고 진술한 것과 합치하는 것이다. 특히『이나바지』에는 "조울양도"의 의미를 기술하고 있는데, 그 내용은 "조울 양도는 울릉도〈일본에서 이것을 죽도라 부른다〉, 우산도〈일본에서 송도라 부른다〉이다"라고 기술하고 있어 안용복이 울릉도와 우산도를 담당하는 관리를 가칭했음을 명확하게 알 수 있다.

아오야 촌으로 입항한 안용복 일행은 돗토리번의 메쓰케 히라이 긴자에몬과 면담을 했으나, 돗토리번의 기록에 따르면 통역이 없어서 대화가 되지 않았다고 한다.[14] 그러자 돗토리번 당국은 유자(儒者) 쓰지 반안(辻晩庵)을 파견하여 필담으로 대화를 시도했다.[15] 이 필담에서 쓰지는 안용복 일행의 목적이 "죽도 소송인 것처럼 보이지 않았다"고 보고했다고 전해지고 있으나 필담을 통해 어느 정도의 대화가 가능했는지는 의문이다. 그 동안에 안용복 일행

9 『控帳』元祿9年 6월 5일.
10 『御用人日記』元祿9年 6월 13일.
11 岡島正義의『竹島考』,『因府歷年大雜集』과『因幡志』.
12 岡島正義,『竹島考』,『因幡志』.
13 『肅宗實錄』肅宗22年 9월 25일.
14 『御用人日記』元祿9年 6월 22일.
15 岡島正義『竹島考』.

이 승선하고 있던 선박의 비품에 대한 조사가 이루어졌으며, 그 조사기록이 에도로 송부되었다.[16] 그리고 돗토리 번 당국은 안용복 일행에 대한 대책을 위해 6월 12일에 회의를 열었으며, 그 회에서 안용복 일행을 아오야 촌에서 가로(賀露)에 있는 도젠지(東禪寺)로 이동시키기로 결정하였다. 이 결정에 따라 6월 14일에 안용복 일행은 도젠지로 이동하였다.

안용복 일행의 돗토리 도착이 에도 막부에 보고된 것은 6월 22일이었다. 이보고를 받은 에도 막부의 노중 오쿠보 가가노카미(大久保加賀守)는 다음 날인 23일에 쓰시마 번에 이 사실을 알리고 조선인의 소송을 돗토리번에서 접수할 수밖에 없으며, 대화를 위해 통역이 필요하므로 쓰시마번에서 파견하라고지시했다. 노중 오쿠보의 지시를 받은 쓰시마번의 스즈키 한베(鈴木半兵衛)는 바로 옆방에서 대기하고 있던 돗토리번의 요시다 헤마(吉田平馬)에게 다음과 같이 자세한 사정을 들었다.[17]

(돗토리번의 요시다 헤마가) "오키지방에서 조선인 11명이 배 1척을 타고 6월 4일에 호키에 도착하였습니다. 그 중에 5명은 출가한 승려입니다. 호키에 있는 가로(家老)가 이나바(因幡)에 빠르게 전달해왔습니다. 예전부터 우리 쪽(돗토리번)에서는 아무 것도 받아들이지 말고 나가사키 봉행소로 보내도록 전해왔습니다. 그래서 이나바로 가는 것은 안 된다고 말했지만 화를 내며 노로 우리 쪽 사람을 때려눕히면서 '우리만 먼저 온 것이다. 죽도에는 조선 배가 30척 이상 와 있다'고 말하였습니다. 다음 날인 5일에 조선인을 이나바에 붙잡아 두었습니다. 11명 중에 몇 년 전에 죽도에 왔던 조선인 안히챠쿠는 여러 가지 사정을 잘 알고 있으며, 대충 일본말도 할 줄 압니다. 소송 건은 그 쪽(쓰시마번)에 관련된 일인 것으로 들었습니다. 그렇지만 가가노카미(加賀守) 님에게 그쪽의 일을 어떻게 말하기 어려우므로 아무 것도 말이 통하지 않는다고 보고했습니다. 그것과 관련해서 가가노카미 님의 생각은 '필담으로 해결이 되지 않는가? 필담은 하지 않았는

---

16 『御右筆日記』元祿9年 6월 22일.
17 『竹島紀事』元祿9年 6月 23日.

가?'라고 물어보셨습니다. 그래서 '필담을 한다면 소송을 받아들이는 것과 같은 것이 되므로 필담도 하지 않았다'고 보고했습니다. 어쨌든 그 쪽의 일이므로 어떻게 해서든지 이나바에 통역을 위한 사무라이들을 파견해 주시기를 바랍니다." 그리고 "몇 년 전에 안히챠쿠가 죽도에 왔을 때 그 쪽의 영지나 조선에 있는 왜관에서 포박하지 않았습니까?"라는 말을 하며, "어쨌든 그 쪽의 일을 얘기하고 있다"고 말하였습니다. 따라서 한베(半兵衛)는 "이전에 그런 일을 들은 적이 없습니다"라고 답변하였습니다.

위 인용문 중에 나오는 스즈키와 요시다의 대화를 보면 돗토리번에 도착한 안용복 일행에 대해서 요시다가 "조선인 안히챠쿠는 여러 가지 사정을 잘 알고 있으며, 대충 일본말도 할 줄 압니다. 소송 건은 그 쪽(쓰시마번)에 관련된 일인 것으로 들었습니다."라고 하고 있어, 안용복과 일본인 사이에는 어느 정도 대화가 이루어지고 있었다는 것을 알 수 있다. 하지만 돗토리번 당국은 막부의 노중인 오쿠보에게 "아무 것도 말이 통하지 않는다고 보고"했다는 것을 알 수 있다. 그 이유는 쓰시마번과 관련된 일인 것 같아서 함부로 보고하기가 어려웠다는 것이다. 이 대화는 위에서 히라이 긴자에몬이 통역이 없어서 대화가 되지 않았다고 보고한 것이 사실과는 다르며 실제로는 상당한 대화가 이루어졌다는 것을 알 수 있다.

그리고 요시다는 "몇 년 전에 안히챠쿠가 죽도에 왔을 때 그 쪽의 영지나 조선(왜관)에서 포박하지 않았습니까?"라며 안용복이 1693년에 조선으로 귀국하는 길에 쓰시마번에서 받은 취급에 대한 불만을 호소하고 있다고 전하고 있다. 실제로 쓰시마번은 안용복을 나가사키에서 인수받은 후부터 동래부사에게 넘겨줄 때까지 죄인취급을 하여, 이동 중에도 포박과 감금을 하고, 부산의 왜관에 도착한 후에도 바로 조선 측에 넘겨주지 않고 40일간 감금하고 있었다. 안용복은 이러한 쓰시마번의 대우에 대한 불만을 토로한 것으로 보인다. 그리고 돗토리번은 대화가 통하지 않는다는 핑계를 대면서 안용복 일행이 오키 도착 이후 지속적으로 제기한 울릉도와 자산도에 대한 내용은 묵살하고 쓰시마번에서의 대우에 대한 내용만을 전달하고 있다. 이 내용으로 보아서 돗토리번 당국은 막부에 허위보고를 하고 가능한 이 문제를 쓰시마번에 떠넘기려고 하고 있었다는 것을 알 수 있다.

한편 6월 14일에 도젠지로 이동한 안용복 일행은 그 곳에서 20일까지 체류하고 있었으나, 6월 21일에 돗토리성에 있는 정회소(町會所)로 이동하여 체류하였다고 『죽도고』와 『인부연표(因府年表)』에 전해진다. 이 돗토리성에서 이루어진 체류 내용에 대해서는 돗토리번의 공식 기록에는 기록되어 있지 않다. 『인부연표』에 따르면 다음과 같은 내용으로 안용복 일행의 돗토리성 체류에 대해 기술하고 있다.[18]

> (6월) 21일 11인의 이방인 손님을 돗토리성에 맞이 하기 위해 전마(傳馬) 아홉 마리를 보냈다.(안동지·이진사 두 사람은 교자를 탔다.) 도다 이치에몬(戶田市右衛門), 오카지마 도베(岡嶋藤兵衛), 마키노 이치로에몬(牧野市右衛門)이 이동 경로를 경호하고 혼쵸(本町)의 정회소로 옮겨서 체류하도록 하고, 체류 중의 식사는 우하라 덴고베(羽原傳五兵衛)에게 맡겼다.

『인부연표』의 위의 기술 내용으로 보면 돗토리번은 안용복 일행은 조선의 사신으로 판단하고 그들을 돗토리 성의 정회소에 맞아들여 식사까지 대접한 것으로 보인다. 이 내용은 안용복의 비변사 진술에 있는 "그 섬에서 사람과 말을 보내어 맞이하므로, 저는 푸른 철릭[帖裏]를 입고 검은 포립(布笠)을 쓰고 가죽신을 신고 교자(轎子)를 타고 다른 사람들도 모두 말을 타고서 그 고을로 갔습니다.[19]"라는 대목과 내용적인 면에서 일치한다고 할 수 있다.

안용복 일행이 돗토리성의 정회소에 언제까지 머물렀는지 확인할 수는 없

18 『因府年表』元禄9年 6월.
19 『肅宗實錄』肅宗22年 9월 25일.

지만, 돗토리번이 도젠지로 안용복 일행을 옮긴 사실을 보고받은 막부의 노중 오쿠보가 6월 23일에 도젠지 체류를 허락하지 않고 그들을 선박 안에 그대로 둘 것을 지시했다. 오쿠보의 지시를 받은 돗토리번의 에도번저에서는 6월 26일에 이 지시를 돗토리번에 내렸으며,[20] 이 지시가 돗토리번에 도착한 것은 7월 4일에서 6일 사이였을 것으로 추정된다. 막부의 지시가 내려오자 돗토리번 당국은 7월 12일에 회의를 열어 안용복 일행을 돗토리번에 있는 호수인 고산지(湖山池)에 있는 아오시마(靑島)로 이동시키기로 결정하였으며, 7월 17일에 이동했다.[21]

한편 노중 오쿠보의 지시를 받은 쓰시마번은 통역을 위한 역관을 쓰시마에서 직접 돗토리로 파견하기로 결정했으며, 이 파견지시는 7월 7일에 비각을 통해 쓰시마에 전달되었다. 지시에 따라 쓰시마에서는 스즈키 곤베(鈴木權兵衛)를 사자(使者)로 삼고 아비루 소베(阿比留惣兵衛)를 서기로 해서 역관 모로오카 스케자에몬(諸岡助左衛門), 가세 도고로(加勢藤五郞)을 파견하기로 결정했다.[22] 그리고 역관을 파견할 때 쓰시마번 당국은 다음과 같은 6가지 내용의 주의사항을 하달하고 있다.

　　(1) 이번에 인슈(因州)에 조선인이 바다를 건너와 막부에 소송할 것이 있다고 했습니다. 따라서 막부가 통사를 파견하라고 지시하셔서 가세 도고로와 모로오카 스케자에몬에게 지시해서 보냈는데, 곤베에게 통사를 총괄하도록 지시하셨습니다. 그곳에 가도 에도의 히라타 하야토(平田隼人), 오우라 주자에몬(大浦忠左衛門)으로 부터 자세한 서장이 오지 않았을 때는 가령 저 지방의 관리들이 조선인과 대담하라고 하더라도 거절하고 대담하지 않아야 합니다. 에도에서 지시한 문서대로 하겠다고 말하고, 또한 죽도일건 등은 저 지방 관리가 물어보더라

20　『御右筆日記』元祿9年 6月 26일.
21　岡島正義, 『因府歷年大雜集』.
22　『竹島紀事』, 元祿9年 7月 7日, 이하 6가지의 주의사항 및 소 요시자네가 보낸 서한 그리고 대응방안 세 가지는 모두 이 자료에 기술되어 있다.

도 모른다고 하고 결코 그러한 말 등을 하지 말도록 명심해야 할 것이라고 하는 취지를 다시 한 번 말합니다.

(2) 조선인이 나가사키로 보내지는 일도 있을 것입니다. 이나바에서 보내는 사자도 함께 갈 것이라고 생각합니다. 몇 해 전 그곳에서 보내진 것처럼 도중에서 자유스러운 일들을 허가해서는 안 되며 엄하게 말해야 합니다. 매일 일본이 정한 거리를 가게 해야 할 것입니다.

(3) 인슈로 가게 되었을 때 잠시 체류할 수도 있다고 생각합니다. 결국 그렇게 되면 이나바 관리들에게 말해서 마치야(町屋)에서 머물러야 합니다. 그런데도 객옥(客屋)을 마련해 두었다면 그때의 상황에 따라 해 주십시오.

(4) 조선인이 나가사키로 보내질 때 이쪽 사람들에게 도중의 인마(人馬)나 가마비용 등의 접대 등을 지시하면 절대로 거절하고, 자기들이 여비, 가마비용 등을 지체 없이 지불하도록 하게 해야 할 것입니다.

(5) 비젠(備前)의 오카야마(岡山)에서 인슈로 갈 때와 저 포구에 배를 댈 때 성하(城下)이므로 주의하도록 해야 할 것입니다.

(6) 조선인을 바로 이쪽에서 인수하도록 지시가 있을 수도 있습니다. 그때는 방심하지 말고 모든 일에 주의하도록 해야 할 것입니다.

이 주의사항의 내용을 보면 에도로부터 지시가 내려올 때까지는 절대로 조선인과 대담에 응하지 말아야 한다는 것과, '죽도일건'에 대해서는 모른다고 대답하라고 하고 있다. 그리고 돗토리에서 나가사키로 이동할 경우에는 지난번 안용복, 박어둔의 이동 당시와 같이 자유롭게 이동해서는 안 되며, 매일 정해진 거리를 이동하도록 해야 한다고 지시하고 있다. 그 외의 주의사항은 출장 시의 통상적인 주의사항으로 가능한 상대방으로부터 접대를 받지 않도록 하라는 지시이다. 위의 내용으로 보면 쓰시마번은 에도에서 새로운 지시를 돗토리에 파견 가는 사람들에게 별도로 내릴 예정인 것으로 보인다. 그 지시를 위해 쓰시마번은 에도에 있는 번주에게 별도로 가지마 곤파치(賀嶋權八)을 파견하여 쓰시마번주의 아버지인 소 요시자네(宗義眞)의 서한을 보냈다. 그 서한은 상당히 장문으로 그 중요 내용만을 간추리면 다음과 같다.

(1) 이번 안용복 일행의 소송은 죽도문제와 관련 있을지도 모른다. 만약 그 소송을 받아들이면 지난번에 소 요시자네와 막부의 노중 아베 붕고노카미 간에 이루어진 합의대로 진행되지 않을 가능성이 높으니, 소송을 받아들이지 말고 돌려보내도록 막부에 요구하기를 바란다.

(2) 따라서 역관에게는 돗토리에 도착하더라도 에도의 지시가 올 때까지는 조선인과 대담하지 말도록 지시해두었다.

(3) 혹시 나가사키로 보내기로 결정된다면 그것도 돗토리에 파견한 역관들에게 전달해서 처리하도록 해야 한다.

(4) 만약 나가사키에서 소송을 받아들인다면 이후로 쓰시마의 고유 업무에 지장이 생기므로 직접 소송을 받아들이는 것은 좋지 않다.

(5) 나가사키나 쓰시마로 보낼 경우에도 법을 어기고 다른 나라로 건너온 자들이므로 접대를 후하게 하는 것은 좋지 않다.

(6) 만약 안용복이 쓰시마번의 전 번주인 소 요시쓰구(宗義倫)가 나쁜 일을 시켰다고 소송을 할지라도 이곳에는 윤번승들이 와서 양국의 통교관계를 관리하고 있으므로 사적으로 교신하는 일은 없다고 거듭 막부에 알려야 한다.

(7) 돗토리에서 바로 돌려보내는 것이 좋겠지만, 만약 막부에서 소송 내용을 들을 필요가 있다고 판단했을 경우에는 소 요시자네가 직접 돗토리로 건너가서 주선하는 것을 추천하는 것이 좋다.

(8) 조선과의 통교는 양국 간의 약속에 따라 쓰시마가 담당하고 있는데, 만약 다른 지방에서 직접 소송을 하는 것을 받아들인다면 정례화가 될지도 모른다. 매우 중요한 사안이므로 조심해서 처리하는 것이 좋다.

소 요시자네는 이상과 같은 내용을 아들인 번주 소 요시미치(宗義方) 및 에도에 있는 가신들에게 전달하고 막부와의 교섭에 최대한 주의해서 임할 것을 당부하고 있다. 요시자네의 입장은 쓰시마가 담당하고 있는 조선과 정상적인 외교관계에 새로운 요인으로 등장한 안용복 일행의 돗토리번 직접 방문이 막부의 대응에 따라 정례화될지도 모른다는 초조함과 함께 그것을 막고자하는 의지가 엿보인다. 이러한 요구사항과 함께 요시자네는 안용복 일행에 대한 대응방안으로 다음과 같은 세 가지 방안을 제시하고 있다.

(1) 외교 관계를 담당하는 곳을 제쳐두고 다른 나라에 직접 소송을 하는 것을 받아들일 수 없다며, 돗토리에서 바로 돌려보내는 방법

(2) 표류선박에 대한 대응방법과 같이 나가사키로 보내고 소송을 들어주지 않고 조선으로 귀국시키는 방법

(3) 소송 내용을 듣지 않고 돌려보내는 것이 어렵다면 쓰시마에서 이테이안(以酊庵)의 승려[23]들이 입회한 가운데 소송의 취지를 듣고 막부에 보고하는 방법

쓰시마번의 에도번저 관리들은 7월 23일에 당시 '죽도일건'을 담당하고 있던 아베 붕고노카미와 안용복 일행의 도일을 담당하고 있던 오쿠보 가가노카미를 찾아가서 요시자네의 제안을 제출했다. 이 제안을 받은 막부에서는 7월 24일에 안용복 일행의 문제 처리에 대한 결론을 내리고 돗토리번에 그것을 지시하였다. 담당노중인 오쿠보 가가노카미가 돗토리번에 내린 지시는 "조선인의 송사를 받아들이지 않을 것이니 인슈(돗토리번)에서 바로 돌려보내도록 하라"는 것이었다. 이 지시내용은 아베붕고노카미를 통해 쓰시마번에도 전달되었다. 이 막부의 지시내용은 바로 에도번저를 거쳐 돗토리번에도 전달되었는데, 막부의 지시가 돗토리에 전달된 것은 8월 4일이었다.[24] 막부의 지시를 받은 돗토리번 당국은 곧바로 이 지시를 이행했으며, 고산지의 아오시마에 체류 중이던 안용복 일행은 8월 6일에 가로항을 떠나 조선으로 귀국했다. 이것이 1696년 안용복 일행의 도일 사건의 전말이다. 아래에 제시하는 그림은 박병섭이 1696년 안용복 일행의 도일 여정을 정리한 것으로 참고로 제시해둔다.

23　1635년에 에도 막부가 쓰시마번의 외교문서 작성 및 조선통신사를 포함한 외교사절 응접, 무역 감시 등을 위해 쓰시마에 파견한 승려들을 일컫는 말로 1년 또는 2년에 한번 교체하는 방식을 택했으므로 이테이안 윤번승(以酊庵輪番僧)이라고 불리기도 한다.

24　『家老日記』元祿9年 8월 6일.

[그림 1] 1696년 안용복 일행의 도일 여정[25]

3. 도일 여정 관련 논쟁에 대한 고찰

1696년 안용복 도일사건과 관련해서는 두 가지의 문제가 한일 연구자 사이에 논점이 되고 있다 그 중 가장 중요한 문제는 안용복의 도일목적이며, 두 번째는 안용복 일행이 돗토리번에 체류하고 있는 2개월 반 사이에 돗토리성을 방문했는지 여부이다. 첫 번째인 안용복 일행의 도일목적 문제와 관련해서는

---

25 朴炳涉,「安龍福事件と鳥取藩」,『北東アジア文化研究』第29號, 鳥取短期大學北東アジア文化總合研究所, 2009, p.30에서 인용.

이미 필자가 졸고를 통해 그의 도일목적이 울릉도와 독도에 대한 영유권을 주장하러 간 것이 아니라 안용복의 개인적인 피해에 대한 보상을 요구하기 위한 것이라고 밝혔다.[26] 하지만 그 과정에서 안용복이 자신이 납치당한 울릉도가 조선의 영토라는 것과 함께 독도 또한 강원도에 속한 조선의 영토라고 주장한 것은 부정할 수 없는 사실이란 것도 밝혔다. 그러므로 안용복이 일본으로 건너가서 울릉도와 독도가 조선의 영토라고 주장했다는 역사적 사실은 변함이 없는 것이라고 할 수 있다.

그러나 안용복이 귀국 후에 비변사에서 증언한 돗토리성 방문과 관련해서는 아직까지 명확한 결론이 내려지지 않고 있다. 안용복은 8월 6일에 돗토리번의 가로 항을 떠나 8월 29일에 강원도 양양에 도착했으며, 그 후 비변사에서 조사를 받을 당시에 다음과 같은 진술을 했다.[27]

비변사(備邊司)에서 안용복(安龍福) 등을 추문(推問)하였는데, 안용복이 말하기를,

"저는 본디 동래(東萊)에 사는데, 어미를 보러 울산(蔚山)에 갔다가 마침 중[僧] 뇌헌(雷憲) 등을 만나서 근년에 울릉도(鬱陵島)에 왕래한 일을 자세히 말하고, 또 그 섬에 해물(海物)이 많다는 것을 말하였더니, 뇌헌 등이 이롭게 여겼습니다. 드디어 같이 배를 타고 영해(寧海) 사는 뱃사공 유일부(劉日夫) 등과 함께 떠나 그 섬에 이르렀는데, 주산(主山)인 삼봉(三峯)은 삼각산(三角山)보다 높았고, 남에서 북까지는 이틀길이고 동에서 서까지도 그러하였습니다. 산에는 잡목(雜木)·매[鷹]·까마귀·고양이가 많았고, 왜선(倭船)도 많이 와서 정박하여 있으므로 뱃사람들이 다 두려워하였습니다. 제가 앞장서서 말하기를, '울릉도는 본디 우리 지경인데, 왜인이 어찌하여 감히 지경을 넘어 침범하였는가? 너희들을 모두 포박하여야 하겠다.' 하고, 이어서 뱃머리에 나아가 큰소리로 꾸짖었더니, 왜인이 말하기를, '우리들은 본디 송도(松島)에 사는데 우연히 고기잡이

26 졸고 「돗토리번 사료를 통해 본 울릉도 쟁계 – 몇 가지 쟁점에 대한 검토를 중심으로」, 『독도연구』 25호, 2018.12, pp.213-250.
27 『肅宗實錄』 肅宗22年 9월 25일.

하러 나왔다. 이제 본소(本所)로 돌아갈 것이다.' 하므로, '송도는 자산도(子山島)로서, 그것도 우리 나라 땅인데 너희들이 감히 거기에 사는가?' 하였습니다. 드디어 이튿날 새벽에 배를 몰아 자산도에 갔는데, 왜인들이 막 가마솥을 벌여 놓고 고기 기름을 다리고 있었습니다. 제가 막대기로 쳐서 깨뜨리고 큰 소리로 꾸짖었더니, 왜인들이 거두어 배에 싣고서 돛을 올리고 돌아가므로, 제가 곧 배를 타고 뒤쫓았습니다. 그런데 갑자기 광풍을 만나 표류하여 옥기도(玉岐島)에 이르렀는데, 도주(島主)가 들어온 까닭을 물으므로, 제가 말하기를, '근년에 내가 이곳에 들어와서 울릉도·자산도 등을 조선(朝鮮)의 지경으로 정하고, 관백(關白)의 서계(書契)까지 있는데, 이 나라에서는 정식(定式)이 없어서 이제 또 우리 지경을 침범하였으니, 이것이 무슨 도리인가?' 하자, 마땅히 백기주(伯耆州)에 전보(轉報)하겠다고 하였으나, 오랫동안 소식이 없었습니다.

제가 분완(憤惋)을 금하지 못하여 배를 타고 곧장 백기주로 가서 울릉 자산 양도 감세(鬱陵子山兩島監稅)라 가칭하고 장차 사람을 시켜 본도에 통고하려 하는데, 그 섬에서 사람과 말을 보내어 맞이하므로, 저는 푸른 철릭[帖裏]를 입고 검은 포립(布笠)을 쓰고 가죽신을 신고 교자(轎子)를 타고 다른 사람들도 모두 말을 타고서 그 고을로 갔습니다. 저는 도주와 청(廳) 위에 마주 앉고 다른 사람들은 모두 중계(中階)에 앉았는데, 도주가 묻기를, '어찌하여 들어왔는가?' 하므로, 답하기를 '전일 두 섬의 일로 서계를 받아낸 것이 명백할 뿐만이 아닌데, 대마도주(對馬島主)가 서계를 빼앗고는 중간에서 위조하여 두세 번 차왜(差倭)를 보내고 법을 어겨 함부로 침범하였으니, 내가 장차 관백에게 상소하여 죄상을 두루 말하려 한다.' 하였더니, 도주가 허락하였습니다. 드디어 이인성(李仁成)으로 하여금 소(疏)를 지어 바치게 하자, 도주의 아비가 백기주에 간청하여 오기를, '이 소를 올리면 내 아들이 반드시 중한 죄를 얻어 죽게 될 것이니 바치지 말기 바란다.' 하였으므로, 관백에게 품정(稟定)하지는 못하였으나, 전일 지경을 침범한 왜인 15인을 적발하여 처벌하였습니다. 이어서 저에게 말하기를, '두 섬은 이미 너희 나라에 속하였으니, 뒤에 혹 다시 침범하여 넘어가는 자가 있거나 도주가 혹 함부로 침범하거든, 모두 국서(國書)를 만들어 역관(譯官)을 정하여 들여보내면 엄중히 처벌할 것이다.' 하고, 이어서 양식을 주고 차왜를 정하여 호송하려 하였으나, 제가 데려가는 것은 폐단이 있다고 사양하였습니다."

하였고, 뇌헌 등 여러 사람의 공사(供辭)도 대략 같았다. 비변사에서 아뢰기를,

"우선 뒷날 등대(登對)할 때를 기다려 품처(稟處)하겠습니다."
하니, 윤허하였다.

　안용복 일행이 비변사에서 진술한 위의 내용은 『숙종실록』에 기술되어 있는 내용으로 상당히 간략하게 요약되어 있는 것이다. 따라서 안용복의 실제 진술이 그대로 반영된 것은 아닐 것이다. 하지만 안용복이 일본으로 건너가서 가칭이지만 조선의 관리를 칭하고 일본 측 관리들과 울릉도와 독도에 대한 대화를 나눈 것은 위에서 살펴본 것과 같다.

　특히 안용복은 일본인들에게 울릉도와 자산도(독도)가 조선의 '지경(地境)'이며, 조선의 땅이라는 것을 명확하게 천명하고 있었으며, 이러한 그의 주장을 담은 문서를 일본 측에 제출하려고 한 것으로 보인다. 따라서 안용복 일행은 1696년 도일했을 당시에 오키노시마에서 소송을 위한 문서를 작성했으며, 이 문서를 오키노시마에 있는 막부의 관리들에게는 제출하지 않고 돗토리번에 가서 직접 제출하겠다고 했다.

　또한 위의 문서를 제출했다는 것은 쓰시마번 측의 문서에서도 그 내용을 발견할 수 있다. 쓰시마번은 1697년 2월에 조선 측에 "지난겨울에 귀국의 사람이 단자(單子, 서한)을 제출한 적이 있는데 조정의 명령으로 받은 것인가?"라는 질문을 했다.[28] 시기적으로 겨울은 아니었지만 이 내용은 안용복 일행이 돗토리번에 제출했다는 문서를 가리키고 있는 것으로 명백하게 안용복 일행과 돗토리번 사이에 문서왕복이 있었다는 것을 의미하고 있다. 안용복의 진술에 따르면 그것이 관백, 즉 막부의 쇼군에게는 제출되지 않았으나, 돗토리번에는 제출했다고 증언하고 있다. 그리고 그것은 안용복 일행이 말과 교자를 타고 돗토리성으로 갔을 때에 제출되었다고 하고 있다.

　안용복 일행이 돗토리성으로 간 것은 앞에서 제시한 『인부연표』에 기술되

28　『竹島紀事』元祿11年 2月.

어 있는 것처럼 1696년 6월 21일이었다. 안용복의 진술과 『인부연표』의 기술 내용은 매우 흡사하며, 『인부연표』에는 안용복 일행의 이동을 위해 말 아홉 마리를 보냈으며, 안용복과 이인성은 교자를 이용했다고 매우 구체적으로 기술하고 있다. 이날 안용복 일행이 돗토리성으로 가서 체류한 것은 분명한 사실인 것으로 보인다.

안용복 등의 돗토리성 이동 및 체류와 관련해서 나이토 세츄(內藤正中)는 돗토리성에는 안용복 등에게 정회소를 숙사로 제공하는 등 후대를 하였으며, 이 사이에 안용복이 막부의 쇼군에게 제출한 소장을 돗토리번의 중신들에게 제출했을 가능성이 있다고 하고 있다. 그리고 안용복 일행의 돗토리성 이동 및 체류와 관련한 돗토리번이 남긴 번정 사료가 남아 있지 않은 것은 이동 직후인 7월 초에 막부의 지시가 도착했기 때문이라고 주장하고 있다. 그것은 막부가 안용복 일행을 선박 안에 그대로 둘 것을 지시했으며, 안용복 일행이 돗토리성으로 이동해서 체류한 것은 막부의 지시에 상반되는 것이라서 발각될 경우에는 처벌을 받을지도 모르는 일이므로 관련 자료를 모두 폐기했기 때문에 번정 사료가 남아 있지 않은 것이라는 주장이기도 하다.[29]

이러한 나이토 주장은 『죽도고』 및 『인부연표』의 기술내용을 그대로 받아들인 것으로 안용복의 진술내용이 거짓이 아니라는 것을 뒷받침해주는 주장이기도 하다. 그러나 나이토의 주장에 대해 이케우치 사토시(池內敏)는 실증적으로 성립되지 않는 것으로 나이토가 번정 사료를 잘못 읽은 것이라고 전면적으로 반박하며 부정하고 있다. 이케우치는 나이토의 주장을 반박하기 위해 세 가지의 근거를 제시하면서 안용복 일행의 돗토리성 이동 및 체류를 부정하고 있다.[30]

이케우치가 제시하는 근거의 첫 번째는 나이토가 근거로 삼고 있는 『죽도

---

29 內藤正中, 『竹島(鬱陵島)をめぐる日朝關係史』, 多賀出版, 2000, pp.103-107.
30 池內敏, 『竹島問題とはなにか』名古屋大學出版會, 2012, pp.158-167.

고』와 『인부연표』가 사건이 발생한 후에 120년 후에 편찬된 사료라는 점을 강조하면서 사료의 신빙성에 문제를 제기하고 있다.[31]

이케우치의 두 번째 근거는 만약 6월 21일에 안용복 일행이 돗토리성으로 이동했다면, 그 이동행렬을 위해 사전에 교통 규제가 이루어지는 것이 통상적인 절차인데, 1696년에 교통 규제가 있었다는 기록이 없다는 것이다. 이를 증명하기 위해 이케우치는 에도시대에 돗토리성에서 이루어진 외국인 통행을 위한 교통 규제를 모두 열거하면서 1696년에는 그러한 사례가 없다고 제시하고 있다.[32] 이것은 통상적으로 이루어지는 교통 규제가 없었다는 측면에서 근거로 삼기에 적당한 것으로 보인다.

마지막으로 이케우치가 제시한 근거는 『인부연표』에 기재되어 있는 안용복 일행을 경호한 돗토리번의 무사들의 인명이 모순된다는 것이다. 즉 당시 안용복 일행의 이동경로에 대한 경호를 담당했다고 기록되어 있는 도다 이치에몬(戸田市右衛門), 오카지마 도베(岡嶋藤兵衛), 마키노 이치에몬(牧野市右衛門) 중에 오카지마와 마키노의 경우는 돗토리번의 고오리부교(郡奉行)로 재임 중이었으므로 경호를 담당하는 것에 문제가 없지만, 도다의 경우는 1695년 3월부터 번주인 이케다 쓰나키요(池田網淸)의 참근교대를 위해 에도에 파견 가 있었기 때문에 1696년 6월에 돗토리에 존재하지 않았으므로 안용복 일행을 경호할 수 없었다는 것이다.[33]

하지만 이케우치의 주장은 완전하게 성립되지 않는다. 첫 번째의 나이토의 『죽도고』 기술내용 인용과 관련한 문제 제기의 경우는, 이케우치 본인도 안용복이 아오야촌에 입항할 당시의 깃발에 대해 『죽도고』의 기사를 인용하여 그대로 수긍하고 있다.[34] 이것은 사료에 대한 모순된 태도를 보이는 것이

---

31 위의 책, p.160.
32 위의 책, pp. 160~161.
33 위의 책, p. 161.

라고 할 수 있다. 즉 『죽도고』와 『인부연표』는 120년 후에 기술된 사료이지만 그 내용에 있어서 신빙성이 결여된 사료로 보기는 어렵다는 것을 본인 스스로 증명해주고 있는 것이다. 따라서 『죽도고』와 『인부연표』의 내용에 대해 사료적인 가치를 근거로 부정하기는 어렵다.

또 두 번째 주장인 교통 규제와 관련해서는 이케우치의 주장이 나이토의 주장을 번복할 수 있는 것은 아니다. 왜냐하면 나이토는 돗토리번이 안용복 일행의 돗토리성 이동 및 체류를 막부에 감추기 위해 공식기록에서 삭제·폐기하였다고 주장하고 있으므로 교통규제 기록 또한 폐기되었을 가능성이 있기 때문이다. 오히려 나이토의 돗토리번 측의 기록 삭제라는 주장을 뒷받침해주는 사료라고 할 수 있을 것이다.

마지막으로 경호를 담당한 인물의 돗토리 부재설은 사료를 근거로 한 합리적인 주장으로 보인다. 그러나 도다가 번주인 이케다 쓰나키요를 따라서 에도로 간 것은 1년 전인 1695년 3월이었으며, 그 사이에 도다가 에도에서 계속 근무하고 있었다는 기록을 제시하지 않는 한 설득력이 약간 떨어진다. 잘 알려진 것처럼 에도시대의 각 지방 다이묘들의 참근교대(參勤交代)는 해당 번에게 경제적으로 큰 부담이 되었으며, 이것이 번정의 피폐를 초래한 한 원인이라는 것은 유명한 사실이다. 따라서 각 번들은 참근교대를 위해 번주가 에도로 상경할 때 가신들은 거느리고 가지만 에도 도착 후에 곧바로 가신들을 다시 돌려보내기도 했으며, 2년 내지 3년의 참근 기간 동안 해당 인물을 지속적으로 에도에 체류시키는 일도 드물었다.[35] 따라서 도다 또한 번주의 에도 상경에 동참했을 지라도 1696년 6월에 돗토리에 돌아와 있을 가능성이 전혀 없지 않다는 점을 지적해두고 싶다.

이처럼 이케우치는 위의 세 가지 사실을 근거로 하여 안용복 일행의 돗토

34 위의 책, pp. 168~169.
35 山本博文, 『參勤交代』〈講談社現代新書〉, 講談社, 1998.

리성 이동 및 체류가 역사적 사실이 아니라고 규정하고, 번정 사료에 관련 기록이 존재하지 않는 것은 삭제되거나 폐기된 것이 아니라 애초에 존재하지 않았기 때문이라고 주장하며 나이토의 주장을 배격하고 있다. 따라서 이케우치에 따르면 안용복 일행은 6월 5일에 처음 도착한 아오야 촌에서 가로에 있는 도젠지로 이동한 후, 바로 고산지에 있는 아오시마로 이동 한 후에 8월 6일에 귀국할 때까지 아무런 움직임을 보이지 않았다고 보고 있다. 그러므로 안용복 일행이 돗토리성에서 돗토리번 당국자에게 소송을 위한 문서를 제출한 적도 없으며, 안용복이 울릉도와 자산도, 즉 독도에 대한 영유권을 주장하지 않았다고 보고 있다. 그리고 이러한 안용복의 행동을 한국 측이 과대포장을 통해 독도영유권을 주장한 영웅으로 만들어서 교과서에 기재하는 등의 행위를 하고 있다고 비판하고 있기도 하다.

그렇다면 과연 이케우치의 주장처럼 안용복은 돗토리성으로 간 적이 없는지에 대한 검증이 다시 필요해진다. 이케우치가 근거로 삼고 있는 세 가지 사실이 완전하지 않다는 것은 앞에서 기술한 것과 같다. 여기서 새로운 사료를 제시하며 안용복의 돗토리성 이동 및 체류를 입증하고자 한다.

안용복 사건과 관련이 있는 사료 중에 돗토리번이 작성한『히카에초(控帳)』라는 사료가 있다.『히카에초』란 돗토리번의 가로(家老)들이 작성한 것으로『오야구라일기(御櫓日記)』또는『가로일기(家老日記)』라고도 불린다. 현재『히카에초』는 1655년부터 1779년까지의 기록이 전해지고 있으며, 이 내용 중에는 안용복 사건 당시의 기록도 다수 포함되어 있다. 내용은 상당히 축약되어 있으며, 당시 번정을 담당했던 가로들이 자신들의 업무수행을 위해 작성한 간단한 메모형식으로 기술되어 있는 사료이다. 이 사료에서 1696년 안용복 일행의 도일과 관련 있는 자료를 뽑아서 제시하면 다음과 같다.

<표 1> 『히카에초』 수록 안용복 도일관련 자료

일자	주요 내용 요약
6월 5일	조선 선박이 아카사키에 도착, 담당자를 지정하여 업무 지시
6월 12일	조선인 건에 관해 회의 개최
6월 14일	조선인을 아오야 촌에서 가로의 도젠지로 이동
6월 15일	조선인 건에 관해 회의 개최, 조선인 관련 담당자를 지정하여 업무 지시
7월 16일	이국선 관련 봉서를 내림. 영지의 모든 포구에 전달하도록 지시
7월 19일	번주의 귀성 영접을 위해 출동
7월 22일	조선인 담당자를 지정하여 업무 지시
8월 1일	요나고의 오야·무라카와 가문에 죽도도해를 금지하는 봉서의 사본을 요나고 성주인 아라오 슈리(荒尾修理)에게 내림
8월 6일	조선인들이 가로 항을 출항하였으며, 이 사실을 에도에 알리기 위한 사자를 파견
8월 19일	조선인 건으로 통역을 위해 영지에 도착한 쓰시마의 관리들을 돌려보냄

이상의 내용이 『히카에초』에 수록된 안용복 일행 도일 관련 내용이다. 내용적으로 매우 간략하며, 단순한 메모형식의 내용만을 수록하고 있어서 구체적으로 어떠한 결정이 이루어졌는지에 대해서는 알 수가 없다. 그런데 『히카에초』에는 지금까지 주목받지 못하고 있던 또 다른 기록이 수록되어 있다. 그것은 안용복 일행이 돗토리를 떠난 지 약 40일 후인 9월 19일에 기록된 것으로 그 동안 연구자들이 안용복 일행이 일본에 도착하고 귀국한 일정 동안에 생산된 자료에만 주목한 탓인지, 이 기록을 발견하지 못한 듯하다. 필자는 『히케에초』를 자세하게 살펴보던 중에 이 자료를 발견하였으며, 이 내용이 가진 의미를 파악할 수 있었다. 발견한 자료의 내용은 다음과 같다.[36]

---

36 『控帳』元祿9年 9월 19일 원문은 다음과 같다.
   一、加路東禪寺、当春朝鮮人被差置候付て、白銀貳枚東禪寺住持江被遣候旨、山田佐助江申渡事。
   同口

〈9월 19일〉

(1) 가로(加路) 도젠지, 올봄에 조선인이 체류한 건으로 인해 백은(白銀) 2장, 도젠지 주지에게 하사한다는 뜻을 야마다 사스케(山田佐助)에게 지시했음

같은 날

(2) 아오야에 거주하는 의사 사이도 도쿠겐(齋藤德元), 조선인이 왔을 때 아오야에서 이곳에도 따라왔으며, 뿐만 아니라 조선인이 병이 났을 때 치료를 하였음. 그러므로 금자(金子) 2쪽을 하사한다. 이 뜻을 구로다 겐모쓰(黑田監物)를 시켜 고오리부교(郡奉行)에게 지시했음

위에 제시한『히카에초』의 내용은 안용복 일행이 귀국한 후에 기록된 것으로 그동안 연구자들에게 주목받지 못했던 기록들이다. (1)의 내용은 안용복 일행이 돗토리번에 체류할 당시에 그들이 숙박했었던 가로의 도젠지 주지에게 번주가 수고비로 백은 2장을 하사했다는 내용이며, (2)의 내용은 아오야 촌에 거주하는 의사 사이토 도쿠겐이 조선인들을 따라다니면 치료까지 해주었으므로 그 수고를 치하하여 금자 2쪽을 하사했다는 내용이다.

그런데 이 아오야 촌의 의사 사이토에 대한 치하 내용이 매우 중요하다. 기록 내용으로 보면 사이토는 "**조선인이 왔을 때 아오야에서 이곳에도 따라왔으며, 뿐만 아니라 조선인이 병이 났을 때 치료**"를 하였다고 되어 있다. 이 내용에 따르면 사이토가 아오야에서 "**이곳**" 즉 돗토리성까지 따라왔다고 기술되어 있는 것이다. 번청의 가로가 작성한 문서인『히카에초』에 "**이곳**"이라고 표현되는 곳은 가로가 근무하는 돗토리성 외에는 있을 수가 없다. 따라서 사이토는 6월 5일에 아오야 촌에 안용복 일행이 도착했을 당시부터 그들의 건강을 책임지고 있었으며, 아오야에서 뿐만 아니라 그들을 따라서 돗토리성까지 갔다는 것을 알 수 있다. 이 사실은 안용복 일행의 돗토리성 이동 및 체류가 실

一、靑屋二罷有候医師齋藤德元、朝鮮人參候節、靑屋ヨリ爰元江も附參、其上朝鮮人相煩候節、療治仕、旁以金子貳切被遣候。此旨黑田監物以、御郡奉行江申渡事。

제로 있었다는 것을 증명해주는 것으로 그것을 부정하는 이케우치의 주장을 명확하게 배격하는 사료라고 할 수 있다.

『히카에초』에 수록되어 있는 위의 내용을 근거로 한다면 안용복 일행이 6월 21일에 돗토리성에 들어가서 정회소에 체류했다고 하는 『인부연표』와 『죽도고』의 기술 내용은 상당히 신빙성이 있는 것으로 판단해야 할 것이다. 그리고 돗토리번 당국이 막부에 그 사실을 감추기 위해 번정 사료에서 기록을 삭제, 폐기했을 것이라고 하는 나이토의 주장도 다시 한 번 신뢰성이 높아진다고 할 수 있을 것이다. 뿐만 아니라 안용복이 비변사에서 진술한 돗토리성 입성과 소송을 위한 문서제출 건, 또한 그 신뢰성이 상당히 높아질 것이다.

4. 맺음말

1696년에 스스로 일본으로 건너가서 울릉도와 독도가 조선의 영토임을 천명하고 돌아온 안용복의 행적과 관련해서 그동안 그의 비변사 진술을 부정하여 안용복의 행적을 퇴색시키려는 일본 측 연구자들의 주장이 있었다. 이러한 연구의 거의 대부분에는 자국 사료에 대한 무비판적인 맹신이나 에도시대의 일본 정치 권력자들의 정치행위에 대한 신뢰가 어느 정도 영향을 미쳤을 것이라고 본다. 역사학자에게 필요한 것은 사료에 대한 정확한 검증과 인식이며, 사료의 내용을 부정할 경우에는 명확한 근거가 있어야 한다. 명확한 근거가 없을 경우에는 그 사료의 내용을 그대로 수긍하는 것이 역사학자의 자세이다.

하지만 독도문제와 관련해서 일본 연구자들은 명확한 근거 없이 한국 측 사료는 물론이며 자국의 사료조차도 경시하는 태도와 함께, 가능한 부정하려는 태도를 보이고 있다. 특히 '울릉도 쟁계'와 관련한 안용복의 진술에 대한 일본 연구자들의 자세는 사료에 대한 검증이라기보다는 애초에 부정할 대상을 정해두고 그것을 입증하려고 노력하는 것처럼 보인다. 본 논문을 통해서 사료는 당대에 조작당할 수 있다는 것이 입증되었다. 그리고 안용복이 주장했던 돗토리성 입성은 사실이었음이 밝혀졌으므로 그가 당시 돗토리성의 정회소에서 얼마간 체류하면서 돗토리번 당국자와 대담을 하였다는 진술 또한 가능성이 높아졌다고 할 수 있다.

안용복 사건으로 인해 발생한 '울릉도 쟁계'가 독도영유권과 관련해서 지니는 의미는 상당히 큰 것이며, 특히 1696년에 안용복이 자발적으로 도일하여 일본에 울릉도와 독도가 강원도에 소속된 한국의 영토임을 천명했다는 역사적 사실은 무엇보다도 큰 의미를 지니고 있는 것이다. 따라서 새로운 사료를 발굴하여 안용복 진술의 진위파악을 위해 노력할 필요성이 있으며, 그 노력은 우리나라의 독도영유권 공고화를 위해 반드시 지속적으로 추진해야할 중요한 사항이기도 하다.

[참고문헌]

신용하, 『한국의 독도영유권 연구』, 경인문화사, 2006.
송병기, 『울릉도와 독도, 그 역사적 검증』, 역사공간, 2010.
田川孝三, 「竹島領有に關する歷史的考察」, 『東洋文庫書報』 20卷, 1988.
川上健三, 『竹島の歷史地理學的研究』(復刻新裝版), 古今書院, 1996.
內藤正中, 『竹島(鬱陵島)をめぐる日朝關係史』, 多賀出版, 2000.
나이토세이츄, 『獨島와 竹島』, 제이엔씨, 2005.
池內敏, 「隱岐・村上家文書と安龍福事件」, 『鳥取地域史研究』 第9號, 鳥取地域史研究會, 2007.
_____, 「安龍福と鳥取藩」, 『鳥取地域史研究』 第10號, 鳥取地域史研究會, 2008.
朴炳涉, 「安龍福事件と鳥取藩」, 『北東アジア文化研究』 第29號, 鳥取短期大學北東アジア文化總合研究所, 2009.

池內敏,『大君外交と「武威」』, 名古屋大學出版會, 2006.

_____,『竹島問題とはなにか』, 名古屋大學出版會, 2012.

박지영,「돗토리번 사료를 통해 본 울릉도 쟁계」,『독도연구』25호, 2018.12.

山本博文,『參勤交代』〈講談社現代新書〉, 講談社, 1998.

Sin Yong Ha, Dokdo Sovereignty in Korea, kyoungin-munhwasa, 2006.

Song Byoung ki, Ulleungdo and Dokdo, Historical Verification, Yeoksagonggan, 2010.

Tagawa Kozo, Philological report from the Toyo Bunko:A Historical Study of Takeshima Territory, 20, 1988.

Kawakami Kenjo, A Study of Takeshima's Historical Geography, Kokinshoin, 1996.

Naito Seityu, History of Japan-korea relations over Takeshima (Ulleungdo), Taga Press, 2000.

Naito Seichu, Dokdo and Takeshima, J&C, 2005.

Ikeuchi Satoshi, Tottori Area History Study: The Oki Murakami family document and the Ahn Yong Bok incident, 9, Tottori Area History Study Group, 2007.

_____, Tottori Area History Study: Ahn Yong Bok and Tottori feudal clan, 10, Tottori Area History Study Group, 2008.

Park Byoung Seob, Northeast Asian Studies:Ahn Yong Bok incident and Tottori feudal clan, 29, 2009.

Ikeuchi Satoshi, Great diplomatic diplomacy and "Buwi", Nagoya University Press, 2006.

_____, What is the Takeshima problem?, Nagoya University Press, 2012.

Park Ji Young,, THE JOURNAL OF DOKDO:Territorial Dispute over Ulleungdo' seen through the document of Tottori-Han, 25, 2018.12.

Yamamoto Horohumi, The Sankinkotai, Kodansha, 1998.

제2장

돗토리번 사료를 통해 본 울릉도 쟁계
―몇 가지 쟁점에 대한 검토를 중심으로―

박 지 영[*]

1. 머리말

1693년에 울릉도에서 조선인 어민들과 조우한 일본 돗토리번의 어민들은 안용복과 박어둔을 납치하였으며, 그로인해 촉발되어 발생한 조선과 일본 간의 울릉도 영유권을 둘러싼 외교교섭을 '울릉도쟁계'라 부른다. 이 외교교섭은 조정에서 동래부로 파견한 접위관(接慰官)과 쓰시마번에서 왜관으로 파견한 대차왜(大差倭) 사이에 이루어졌으며, 우여곡절을 거쳐 1696년 1월에에도 막부가 울릉도로 일본인이 도해하는 것을 금지하는 지시를 내림으로 해서 일단락되었다. 하지만 최종적으로 모든 외교교섭이 완료된 것은 1699년의 일이었다.

---

[*]　영남대학교 독도연구소 연구교수

이러한 과정에 대한 연구는 한국과 일본의 수많은 연구자들에 의해 이루어 졌으며, 그 연구는 양적으로도 질적으로도 상당한 수준을 이루고 있다.[1] 따라서 이 연구에서는 '울릉도쟁계'의 역사적 성격과 그 의미에 대한 분석을 하고자 하는 것은 아니다. '울릉도쟁계'의 전반적인 부분에 대한 분석은 선학들의 연구에 미루고 단지 '울릉도쟁계'가 발생한 시기를 전후한 돗토리번의 관련문서에 대한 검토를 통하여 현재 한일 간에 쟁점이 되고 있는 몇 가지 사안에 대해서 검토하고자 한다.

현재 '울릉도쟁계'와 관련해서 한일 간에 쟁점이 되고 있는 돗토리번 사료 관련 사안은 여러가지가 있으나, 그중에서 핵심적이라 할 수 있는 것은 에도 막부가 발급한 '다케시마[2] 도해면허'의 발급 시기와 그 성격, 그리고 '다케시마 도해금지령'에 독도가 포함되어 있었는지에 대한 여부일 것이다. 또 1693년에 일본으로 납치되어 갔다가 귀국한 안용복이 1696년에 스스로 또 다시 돗토리번을 찾아간 목적이 무엇인가에 대한 고찰도 필요할 것이다. 안용복의 목적에 대해서는 한국 측에서는 울릉도와 독도가 조선 영토임을 천명하기 위해 일본으로 간 것이라는 것이 정설로 자리 잡고 있지만, 일본 측에서는 그것을

---

1 '울릉도쟁계'와 관련된 대표적인 연구로 한국 측에서는, 신용하, 『한국의 독도영유권 연구』, 경인문화사, 2006; 송병기, 『울릉도와 독도, 그 역사적 검증』, 역사공간, 2010, 일본 측에서는, 田川孝三, 「竹島領有に關する歷史的考察」, 『東洋文庫書報』20卷, 1988; 川上健三, 『竹島の歷史地理學的硏究』(復刻新裝版), 古今書院, 1996; 下條正男, 「日本の領土 '竹島'」の歷史を改竄せし者たちよ」, 『諸君』2007年 9月號; 內藤正中, 『竹島(鬱陵島)をめぐる日朝關係史』, 多賀出版, 2000; 나이토세이츄, 『獨島와 竹島』, 제이엔씨, 2005; 池內敏, 「隱岐・村上家文書と安龍福事件」, 『鳥取地域史硏究』第9號, 鳥取地域史硏究會, 2007; 池內敏, 「安龍福と鳥取藩」, 『鳥取地域史硏究』第10號, 鳥取地域史硏究會, 2008; 朴炳涉, 「安龍福事件と鳥取藩」, 『北東アジア文化硏究』第29號, 鳥取短期大學北東アジア文化總合硏究所, 2009 등이 있다.

2 이 논문에서 울릉도와 독도의 명칭은 울릉도와 독도로 표기하는 것을 원칙으로 한다. 하지만 일본 측 사료에 등장하는 표기는 '다케시마'와 '마쓰시마'를 사용하는 것으로 한다. 이 논문에 나오는 '다케시마'는 모두 울릉도를 의미하며, '마쓰시마'는 독도를 의미한다.

부정하려고 하는 연구가 중점적이기 때문에 그의 도일 목적을 분석 검토하는 것은 독도영유권 문제와 관련해서 상당히 중요한 의미를 지니고 있다.

따라서 이 연구에서는 '다케시마 도해면허'의 발급 시기와 그 성격 및 '다케시마 도해금지령'에 독도가 포함되어 있는지 여부, 마지막으로 안용복의 1696년 도일 목적에 대한 검토를 목적으로 하여 아래에서 고찰해보고자 한다.

2. '다케시마 도해면허'의 발급 시기 및 성격

'다케시마 도해면허(이하 '도해면허')'와 관련한 일본 측의 주장에 따르면, 1617년(元和3년)에 오야 진키치(大谷甚吉)라는 돗토리 번 요나고의 상인이 에치고(越後) 지방에서 귀항 중에 표류하여 '다케시마', 즉 울릉도에 도착하였다. 울릉도를 처음 와 본 오야는 그곳의 물산이 풍부한 것을 알고 귀국 후에 같은 요나고 상인인 무라카와 이치베(村川市兵衛)와 함께 도모하여 울릉도로 도항하기로 결심하였다. 당시에 돗토리 번은 번주의 교체로 인해 막부에서 내려온 아베 시로고로(阿部四郎五郎)가 막부를 대리하여 돗토리번을 통치하고 있었다. 따라서 오야와 무라카와는 아베를 통해 막부에 울릉도로 도해하고 싶다는 요청을 하였으며, 이 요청에 따라 막부가 1618년에 돗토리번의 번주인 마쓰다이라 신타로(松平新太郎)[3]에게 내려준 것이 '도해면허'이다.[4] 다

---

3 돗토리 번의 제1대 번주 이케다 미쓰마사(池田光政)의 별칭.
4 『鳥取藩史』(六), pp.466-467, 「事変志一」竹島渡海禁止幷渡海沿革(1).
   元和三年甚吉越後より歸帆の時漂流して竹島に至る。島は隱岐の西北百里計。朝鮮に五十里。周囲十里計。当時人家無くして山海産物有り。喬水、大竹繁茂し、禽獸、魚、貝、其品を盡す。就中鰒を獲るに、夕に竹を梅に投じ、朝にこれを上ぐれば、彼鮑技葉に着く事木の子の如く、其味又絶倫なり。甚吉情を齊して米子に歸る。時に幕臣安倍四郎五郎正之檢使として米子に在り。甚吉卽ち村川市兵衛と共に竹島渡海の許可を周旋せむ事を請ふ。四

음은 현재까지 전해 내려오고 있는 막부의 '도해면허' 문장이다.

> 호키지방 요나고에서 다케시마로 몇 년 전에 배를 건네 보냈다고 들었습니다. 그러므로 그와 같이 이번에도 도해하고 싶다는 내용을 요나고 주민 무라카와 이치베와 오야 진키치가 말씀 올린 것과 관련해서 쇼군님께 보고 드렸더니 이의가 없다는 취지로 말씀하셨습니다. 따라서 그 뜻을 받들어 도해하는 것을 지시하셔야 할 것입니다. 황공하게 말씀드립니다.

5월 16일　　　나가이 시나노노카미　나오마사 인

이노우에 가즈에노카미 마사쓰구 인

도이 오이노카미　　　도시카쓰 인

사카이 우타노카미　　　다다요　인

마쓰다이라 신타로 님(관련자 귀중)[5]

이 '도해면허'의 발급연도와 관련해서 1618년이라는 설과 1625년(寬永2년)이라는 두 가지 설이 있다. 1618년이라는 설은 1684년(天和4년)에 오야, 무라카와 가문이 막부에 제출한 「오야·무라카와 유서서(由緒書)[6]」에 실린 것으

　　　年兩人江戶に下り、安倍氏の紹介に困って請願の事募府の議に上り、五月十
　　　六日渡海の免狀を下附せらる。之を竹嶋波海の濫觴とす。渡海免許の狀左の
　　　如し
5　「竹島渡海免許」, 『大日本史料』(十二編), 二十九「大谷氏旧記」.
　　　從伯耆國米子竹島江先年舟相渡之由候、然者如其今度致渡海度之段、米了町人
　　　村川市兵衛大屋(大谷)甚吉申上付而、達上聞候之處、不可有異儀之旨被仰出候
　　　間、被得其意、渡海之儀可被仰付候、恐々謹言
　　　　　五月十六日　　　　　　　　永井信濃守
　　　　　　　　　　　　　　　　　　　井上主計守
　　　　　　　　　　　　　　　　　　　土井大炊頭
　　　　　　　　　　　　　　　　　　　酒井雅樂頭
　　　　松平新太郎殿
6　이 유서는 1828년에 오카지마 마사요시가 작성한 『죽도고(竹島考)』에 「오야·무라카와가 막부에 올린 유서서(大谷村川捧由緒書于幕府)」라는 제목으로 실려 있다. 원문은 "台德院君ノ御代、元和四年政老ヨリ松平新太郎光政公へ賜フ處ノ御奉書ノ文如左".

로 그 내용에는 다음과 같은 내용이 실려 있다.

다이토쿠인(台德院[7])의 시대인 1618년에 막부의 로주(老中)가 마쓰다이라 신타로 미쓰마사 공에게 내리신 바 있는 봉서의 문서는 다음과 같다.

이 문장의 뒤에는 위에 언급한 '도해면허'의 문장이 이어져 있다. 그리고 「오야가 구기(大谷氏旧記)」에도 '도해면허'를 1618년에 막부로부터 받았다는 내용이 실려 있다. 그 내용은 다음과 같다.

저희들이 다케시마로 도해한 것은 마쓰다이라 신타로 님이 이나바와 호키를 영지로 받았을 때인 1617년으로 호키지방의 처분을 위해 파견하신 아베 시로고로 님이 오셨을 때였습니다. 저희들의 부친이 소송을 올려서 다음해 에도에 참근교대를 가셨을 때 평의를 하신 후에 신타로 님에게 봉서를 내리셨으며, 즉 그 봉서를 신타로 님으로부터 저희들의 부친이 받아서 대대로 소지했습니다. 그때부터 격년으로 두 사람이 도해하였습니다.[8]

위의 내용은 1681년(延寶9년) 5월 13일에 무라카와 이치베가 막부의 기관인 사사봉행소에 제출한 서류에 적힌 내용이다. 이처럼 오야 가문과 무라카와 가문은 어디까지나 '도해면허'를 아베 시로고로의 중재를 거쳐 막부로부터 1618년에 받았다고 주장하고 있으며, 그러한 내용을 막부의 기관인 사사봉행소에도 서면으로 제출한 바가 있다는 것을 알 수 있다.

한편, 이러한 오야 · 무라카와 가문의 주장과 달리 위에서 언급한 '도해면

7 제2대 쇼군 도쿠가와 히데타다(德川秀忠)의 계명(戒名).
8 『大日本史料』(十二編), 二十九「大谷氏旧記」, 원문은 다음과 같다.
私共竹嶋江渡海仕候儀ハ、松平新太郎樣因幡・伯耆御領知之時分、元和四年、伯耆國御仕置之爲御使、阿部四郎五郎樣御越被成候時分、私共親御訴訟申上、翌年御江戸江相詰、御詮議之上、新太郎樣江御奉書被遣之、則其御奉書新太郎樣より私共親頂戴、代々所持仕候、夫より隔年ニ兩人ニ而渡海仕候

허'가 발급된 것은 1618년이 아니라 1625년이라는 주장이 있다. 이케우치 사토시(池內敏) 씨는 '도해면허'에 서명한 막부의 도시요리(年寄) 4명 중에 한 사람인 이노우에 가즈에노카미가 번주에게 보내는 막부의 문서에 서명한 것은 부자연스러운 것이라는 이유를 들어 1618년 발급설을 부정하였다.[9] 그리고 이케우치 씨는 1637년에 울릉도에서의 어렵활동을 마치고 귀국 중에 풍랑을 만나 울산에 표착한 무라카와 가문의 선원 30명에 대한 부산 왜관의 쓰시마 측 관리들의 취조 내용과 1681년에 오야 가쓰노부(勝信)가 막부의 순검사(巡檢使)에게 진술한 내용을 들어 '도해면허'가 1625년에 발급된 것이라고 논증했다.[10] 당시의 쓰시마 번이 남긴 취조 내용과 오야 가쓰노부의 진술은 다음과 같다.

> 13년 전에 쇼군이 다케시마를 호키 님에게 하사해주신 것을 무라카와 이치베에게 지시하셔서 매년 다케시마에 도해하였습니다.[11]

> 다이유인(大猷院[12]) 때인 50년 이전 아베 시로고로 님의 주선으로 다케시마를 받았습니다.[13]

즉, 울산에 표착한 무라카와 가문 선원들의 말에 따르면, 1637년부터 13년 전인 1625년에 막부는 울릉도를 돗토리 번주인 이케다 미쓰마사에게 넘겨주었으며, 돗토리번은 그것을 무라카와 가문에 맡겨서 도해 및 어렵활동을 하도록 지시했다는 것이다. 그리고 오야 가쓰노부의 진술 또한 1681년으로부터

9 池內敏, 『大君外交と「武威」』, 名古屋大學出版會, 2006, pp. 246-247.
10 池內敏, 『大君外交と「武威」』, 名古屋大學出版會, 2006, p. 247.
11 「漂倭入送謄錄」, 서울대학교 규장각 소장, 丁丑 七月十六日條.
12 제3대 쇼군 도쿠가와 이에미쓰(德川家光)의 계명(戒名).
13 川上健三, 『竹島の歷史地理學的硏究』(復刻新裝版), 古今書院, 1996, p. 51. 저본은 『大谷家古文書』에서 인용, 원문은 다음과 같다.
   大猷院殿御代、五十年以前、阿部四郎五郎樣御取持を以竹島拜領仕.

약 50년 전인 1631년 이전에 막부로부터 울릉도를 받았다는 것이다. 이 두 가지 진술내용과 후지이 죠지(藤井讓治)의 주장을 근거로 하여 이케우치 씨는 '도해면허'가 발급된 것이 1625년이라고 논증하고 있다.[14]

하지만 위에서 인용한 오야·무라카와 가문의 주장은 사실이 아니라는 것을 밝히고 넘어가고자 한다. 당시 울릉도가 조선 영토라는 것을 일본 측도 인정하고 있었다. 1614년에 동래부사 윤수겸, 박경업과 쓰시마번은 울릉도가 조선의 영토이므로 일본인의 도항과 거주를 금지한다는 것을 확인한 외교문서를 교환한 바가 있다. 따라서 당시 막부는 돗토리번에 울릉도 도해를 허락할 수 있는 아무런 권한도 없었으며, 그러한 행위는 조선의 영토를 침탈하는 것으로 간주해도 무방한 것이었다.

'도해면허'가 1625년에 발급된 것이라는 이케우치 씨의 주장에 어느 정도 논리적 타당성이 있는 것처럼 보이지만, 1681년에 무라카와 이치베가 막부의 기관인 사사봉행소에 제출한 서류에 기재되어 있는 1618년에 막부로부터 '도해면허'를 받았다는 진술에 대한 명확한 해명이 되지는 않는다. 이케우치 씨는 오야·무라카와 가문이 그러한 주장을 한 이유를 오야·무라카와 가문의 쇼군 알현과 관련해서 1681년에 그동안 주선을 담당했던 아베 시로고로 대신에 돗토리번이 직접 담당하게 되었는데, 그 과정에서 오야·무라카와 가문의 울릉도 도해가 유서 깊은 것이라는 것을 강조하기 위해 도해의 역사를 보다 오래 된 것처럼 신임 사사봉행에게 설명한 것이라고 하고 있다.[15]

하지만 그러한 이유로 막부에 제출하는 문서에 거짓된 정보를 기술하는 것은 지극히 위험한 행동이다. 만약 사사봉행소가 사실관계를 조사하여 사실이

---

14 池內敏, 『大君外交と「武威」』, 名古屋大學出版會, 2006, p.247, 후지이 죠지는 「도해면허」의 발급시기가 1624년 또는 1625년 둘 중에 하나라고 판정했다.(藤井讓治, 『江戶幕府老中制形成過程の硏究』, 校倉書房, 1990, p.18, p.326)
15 池內敏, 『大君外交と「武威」』, 名古屋大學出版會, 2006, p.270.

아닌 것으로 밝혀질 경우에는 오야·무라카와 가문뿐만 아니라 돗토리번 당국도 책임을 면치 못하는 심각한 사태를 초래할 것이기 때문이다. '도해면허'는 막부가 오야·무라카와 가문에게 직접 발급한 것이 아니라 돗토리 번주인 이케다 미쓰마사에게 발급한 것이다. 만약 1625년에 발급받은 것을 1618년에 발급받은 것으로 허위보고를 한 것이라면 돗토리번 또한 이러한 사실을 묵인한 것이라고 볼 수 있을 것이다. 과연 모든 사실관계를 알고 있는 돗토리번 당국자가 그런 위험천만한 행위를 방조했을 것인지에 대한 의문이 든다.

그렇다면 먼저 앞에서 기술한 오야·무라카와 가문이 1618년에 아베 시로고로를 통해서 막부의 허락을 받았다는 내용은 과연 이케우치 씨의 주장처럼 신임 사사봉행에게 오야·무라카와 가문의 울릉도 도해가 유서 깊은 것이라는 것을 강조하기 위해 도해의 역사를 보다 오래 된 것처럼 설명한 것이라고 할 수 있는 것인지에 대해서 고찰해 보도록 한다.

사실관계를 명확하게 파악하기 위해서는 사료의 내용을 현재의 시점에서 판단하는 것이 아니라 악의적인 왜곡이나 조작이 없는 이상은 기술된 내용을 그대로 수긍하고서 그 맥락을 파악하려고 노력하는 것이 중요하다.

일단 오야·무라카와 가문이 주장하는 1617년에 당시 돗토리번에 파견을 나와 있던 아베 시로고로를 통해서 1618년에 막부의 허락을 받았다는 것은 상당히 일관성이 있다. 또한 역사적 사실과도 부합한다. '도해면허'의 발급대상자인 마쓰다이라 신타로, 즉 이케다 미쓰마사는 1617년에 막부로부터 히메지번(姬路藩)에서 돗토리번으로 전봉(轉封)을 명령받았으며, 이러한 전봉과정을 감시하기 위해 막부가 파견한 것이 아베였다. 따라서 아베가 1617년에 돗토리번에 주재했던 것은 명백한 역사적 사실이다.

오야·무라카와 가문은 아베를 통해 울릉도 도해에 대한 허락을 요청했으며, 그 요청은 다음해인 1618년에 막부의 승인을 받았다. 막부는 1618년에 '도해면허'를 돗토리 번주인 이케다 미쓰마사에게 발급했으며, 그 면허를 받은 미쓰마사는 오야·무라카와 가문에게 울릉도 도해를 지시했다. 이 내용에 있어서 두 가문의 주장은 상당히 일관성을 띠고 있다.

이케우치 씨의 주장대로 오야·무라카와 가문이 1625년에 '도해면허'를 발급받은 것이라면, 그들이 이미 영지를 장악한 돗토리번 당국을 도외시한 채 임무를 마치고 에도로 돌아간 아베를 찾아가서 막부의 허락을 요청하고, 그러한 요청을 막부가 받아들여서 돗토리 번주에게 '도해면허'를 발급했다는 것이 된다. 따라서 오야·무라카와 가문이 주장하는 1618년에 발급받았다는 것은 사실일 가능성이 높다. 이것을 증명해주는 것이 바로 '도해면허'의 내용이다.

막부가 돗토리번에 내린 '도해면허' 봉서는 "호키지방 요나고에서 다케시마로 몇 년 전에 배를 건네 보냈다고 들었습니다."라는 문장으로 시작한다. 이 내용을 살펴보면 요나고의 오야·무라카와 가문이 이미 울릉도로 최소한 한 차례씩 도해했었다는 것을 알 수 있다. 뿐만 아니라 그들의 울릉도 도해가 돗토리번의 지시에 의한 것이었다는 것도 알 수 있다. 두 가문이 한 차례씩 도해하려면 최소한 2년의 시간이 필요하다. 따라서 '도해면허'가 발급되기 이전에도 최소한 2년간의 울릉도 도해가 이루어졌다는 것을 알 수 있다. 이 문장은 현존하는 '도해면허'가 최초로 발급된 것이 아닐 수 있다는 것을 의미한다고 할 수 있다.

에도시대에 국외로 도항하는 선박의 경우는 '주인장(朱印狀)'을 지닌 선박과 '로주봉서(老中奉書)'를 지닌 선박으로 구분할 수 있다. '주인장'의 경우는 매번 도항이 완료되면 막부에 반납하는 1회용 허가증이었다. 그리고 '로주봉서'를 지닌 선박의 경우는 막부의 로주가 나가사키(長崎)봉행소에 보내는 봉서가 필요했다. 하지만 '도해면허'는 돗토리 번주에게 발급된 것으로 전혀 다른 성격을 띤 것이라고 할 수 있다. 따라서 매년 도항이 완료될 때마다 막부에 반납하고 재발급 받는 형식의 문서는 아니었을 것이다. 그러므로 한번 발급받은 문서는 특별한 경우를 제외하고는 그대로 사용이 가능했을 것이다.

그러나 주지의 사실과 같이 에도시대에는 쇼군이 교체되거나 번주가 교체될 경우에 소령안도(所領安堵)라는 의식이 있었으며, 그 때 막부와 번주 사이의 영지에 대한 재계약이 이루어졌다.[16] 그 때 기존에 막부로부터 받은 영지에 대한 증명서를 대신하는 새로운 증명서를 발급받았으며, 그것이 쇼군과 번주 사이의 충성계약이기도 했다.

그렇다면 '도해면허' 또한 쇼군 교체 또는 번주 교체 시에 기존의 문서가 아닌 새로운 문서로 교체되어야 했을 가능성이 높다. 1624년은 제3대 쇼군 도쿠가와 이에미쓰(德川家光)가 취임한 해이다. 이에미쓰는 7월 27일에 후시미성(伏見城)에서 정식으로 쇼군에 취임했다. 돗토리번 입장에서는 안정적인 울릉도 도해사업을 위해서는 새로운 쇼군인 이에미쓰의 허락을 받은 '도해면허'가 필요했을 것이다. 따라서 막부에 새로운 '도해면허'를 요청하고 그 허락을 받은 것이 1625년 5월 16일이었을 것이다.

이상과 같이 '도해면허'의 발급 시기에 대한 상반된 주장을 정리해보면 오야·무라카와 가문은 1617년에 아베 시로고로에게 요청하여 막부의 '도해면허'를 1618년에 발급받았으며, 그 '도해면허'로 울릉도 도해를 실시했다. 그리고 1624년에 쇼군이 교체되자 향후로도 안정적인 울릉도 도해를 약속받기 위해 새로운 '도해면허'를 신청하고 1625년에 발급받은 것으로 보는 것이 합당할 것이다. 이러한 이해를 바탕으로 앞에 언급한 사료를 살펴보면 오야·무라카와 가문의 주장이 상반되고 있는 것도 이해할 수 있다. 즉 그들이 최초로 '도해면허'를 막부로부터 발급받은 것은 1618년이지만 1637년에 울산에 표착한 선원들은 1625년에 재발급받은 '도해면허'를 공식적인 것으

16　大野瑞男,「領知朱印狀」,『日本史大事典 6』, 平凡社, 1994.

로 인식하고 있었으며, 오야 가쓰노부 또한 동일한 인식을 하고 있었다고 볼 수 있다.

이러한 사실은 현존하는 '도해면허'가 최초로 발급된 것이 아니라는 것을 명확하게 밝혀주고 있으며, '도해면허'에 기술된 내용 또한 그 사실을 입증해 주고 있다. 따라서 이케우치 씨의 '도해면허' 1625년 발급설은 시기적인 측면 에서는 정확했으나 역사적 사실관계에 대한 해명이라는 부분에서는 미흡한 점이 있었다고 할 수 있다.

이상과 같이 '도해면허'의 발급 시기에 대해 고찰해 본 결과 역사적으로 돗 토리번에 발급된 '도해면허'가 총 두 통이 존재했었다는 사실을 알 수 있다. 1618년에 발급된 것과 1625년에 발급된 것이 그것이다. 1618년에 발급된 '도 해면허'는 1625년에 새로운 '도해면허'를 발급받으면서 막부에 반납되었을 것 이므로 돗토리번 측에서 그것을 지니고 있지는 않았을 것이다. 따라서 후세 에 전해지지도 않았을 것이다.

그런데 여기에서 문제가 되는 것은 1625년에 발급된 '도해면허'가 그 후로 쇼군 교체 및 번주 교체 시에 갱신되지 않고 1696년에 막부에 반납될 때까지 그대로 사용되었다는 것이다. 그것은 오야·무라카와 가문은 물론이며 돗 토리번 당국조차도 울릉도로 도해하는 것에 대한 막부의 허락을 갱신하지 않고 사용했다는 것을 의미하며, 그들의 울릉도 도해가 막부의 공식적인 허 락 없이 지속되었다는 것을 의미한다. 그것은 1696년에 돗토리번에 내려진 '다케시마 도해금지령'으로 불리는 막부의 '로주 봉서'에 여지없이 반영되어 있다.

> 몇 년 전 마쓰다이라 신타로가 이나바·호키 지방을 영지로 하였을 때에 문의 한 호키지방 요나고의 죠닌 무라카와 이치베·오야 진키치가 다케시마로 도해 하였으며, 지금에 이르도록 어렵을 했을지라도 향후 다케시마로 도해하는 것을

금지하라고 지시해야만 할 것입니다. 이 뜻을 말씀하셨습니다. 그 취지를 잘 생각하셔야 할 것입니다. 황송하게 말씀 드립니다.[17]

　　1월 28일

　위의 문장의 밑줄 친 부분을 보면 막부는 마쓰다이라 신타로, 즉 이케다 미쓰마사가 돗토리번을 다스릴 때 요청을 받아 허락한 울릉도 도해가 1696년까지 그대로 지속되고 있었다는 것을 알지 못했다는 것을 명확하게 알 수 있다. 또한 1618년과 1625년에 막부로부터 '도해면허'를 받은 이케다 미쓰마사는 1632년에 돗토리를 떠나 오카야마로 전봉되었다. 그리고 1632년 이후 돗토리번을 다스렸던 이케다 미쓰나카(池田光仲)는 막부로부터 발급받아야 할 '도해면허'를 요청도 하지 않았던 것이다. 그 이유는 오야·무라카와 가문이 새로운 돗토리번 당국에 요청을 하지 않았기 때문일 것이다. 그 과정에서 돗토리번 당국자들은 오야·무라카와 가문의 울릉도 도해 사업에 대한 비용을 대여해주고 있었으며, 울릉도에서 채취해 온 전복을 특산품으로 활용하여 막부 관계자들에게 뇌물로 공여하기도 했다. 그들이 오야·무라카와 가문이 도해하는 '다케시마'라는 섬이 울릉도인 것을 인지하고 있었는지는 알 수 없지만 1632년 이후 돗토리번이 실시한 울릉도 도해는 당시의 일본 국내법적으로 불법행위였다. 1625년에 막부가 이케다 미쓰마사에게 허락한 '도해면허'는 그대로 그들에게 상속되는 것이 아니었으며, 그들이 도해사업을 계속할 경우에는 이케다 미쓰나카 명의의 새로운 '도해면허'로 갱신했어야만 했다. 그러나 그들은 '도해면허'를 갱신하지 않은 채로 타인 명의로 된 면허증을 사용하여

17　「竹島渡海禁止令」, 『伯耆志』, p.413, 원문은 다음과 같다.
先年松平新太郎因州伯州領知之節、相窺之伯州米子之町人村川市兵衛·大屋甚吉、竹嶋江渡海、至于今雖致漁候、向後竹嶋江渡海之義制禁可申付旨被仰出之候、可被存其趣候、恐々謹言
正月廿八日

불법적인 도해행위를 몰래 하고 있었던 것이다. 막부의 '도해금지령'에 기술되어 있는 "지금에 이르도록 어렵을 했을지라도"라는 문구는 그들의 행위가 허락받지 못한 행위란 것을 명백하게 입증해주고 있다. 따라서 오야·무라카와 가문의 울릉도 도해는 조선의 영토를 침탈한 행위일 뿐만 아니라 당시의 일본정부를 기망한 행위이기도 하다. 이러한 불법적인 행위를 근거로 17세기에 영유권을 확립했다는 일본정부의 주장은 역사적 사실을 왜곡하는 것이라고 밖에 볼 수 없다.

3. '다케시마 도해금지령'과 독도[18]

1693년에 안용복과 박어둔이 울릉도에서 납치되어 일본으로 끌려 간 것으로 인해 촉발된 '울릉도쟁계'는 1696년에 에도 막부가 일본인의 도해금지를 지시하는 것으로 일단락되었다. 하지만 현재의 일본 정부 및 시마네현의 공식 입장은 막부의 '다케시마 도해금지령(이하 도해금지령)'은 울릉도만을 대상으로 한 것 일뿐 독도는 그 대상으로 한 것이 아니라는 것이다. 앞에서 언급한 '도해금지령'의 내용에 기술되어 있는 "몇 년 전 마쓰다이라 신타로가 이나바·호키 지방을 영지로 하였을 때에 문의한 호키지방 요나고의 죠닌 무라카와 이치베·오야진키치가 다케시마로 도해하였으며, 지금에 이르도록 어렵을 했을지라도 향후 다케시마로 도해하는 것을 금지하라고 지시해야만 할 것입니다[19]"라는 내용에도 당시 독도에 대한 일본식 명칭이었던 '마쓰시마'라는

---

18 이 내용은 박지영, 「일본 산인(山陰)지방민과 '울릉도·독도 도해금지령'에 대하여」, 『독도연구』, 영남대학교 독도연구소, 2017에 수록된 내용의 일부분을 가필 수정한 것이다.

19 「竹島渡海禁止令」, 『伯耆志』, p.413.

것은 보이지 않는다. 따라서 현재 일본은 당시의 막부가 독도를 자국의 영토로 판단하고 있었다고 주장하고 있다.

그동안 이러한 일본 측 주장에 대한 한국 측 연구자들의 반론이 있었으며, 그 내용은 주로 독도는 울릉도의 속도(屬島)로 울릉도로 도해를 금지한다는 것은 당연히 독도도 포함시킨 것이라는 주장이 대다수를 이루고 있었다. 그런데 최근 당시에 울릉도로 건너가서 어로행위를 했던 오야·무라카와 가문과 막부의 담당 관료들이 '도해금지령'에 울릉도뿐만 아니라 독도도 포함되어 있다는 인식을 지니고 있었다는 것을 입증해 주는 사료가 발견되었다. 그것은 『무라카와가 문서(村川家文書)』라는 것으로 현재 돗토리현의 요나고(米子)시립도서관에 소장되어 있다.[20]

이 문서는 1696년의 '도해금지령'으로 인해 오야·무라카와 가문이 약 70년 간에 걸쳐서 생계수단으로 삼았던 울릉도에 대한 이권을 박탈당한 후에 그들의 생계를 유지하기 힘들다는 이유로 1740년에 막부의 사사봉행소(寺社奉行所[21])와 간죠봉행소(勘定奉行所[22]), 나가사키봉행소(長崎奉行所[23])를 상대로 청원서를 제출한 것과 관련된 것이다. 당시 두 가문을 대표하여 오야 가문의 오야 가쓰후사(人谷勝房)가 에도로 올라가서 청원서를 제출하였으며, 그 내용은 '도해금지령' 이후의 생계유지를 위해 오사카로 운송하는 미곡의 수송

---

20 『村川家文書』, 「延享元年子五月於江戶表奉願上候一件」, 원문 및 국역문은 경상북도 독도사료연구회, 『독도관계 일본고문서4』, 경상북도, 2017, pp.243-321에 수록되어 있다.

21 사사봉행은 쇼군 직속의 봉행으로 절과 신사 및 그 영지의 사람들을 관리하고, 그들의 소송을 담당했다. 마치봉행, 간죠봉행과 함께 3대 봉행으로 불렸으며 가장 최상위의 봉행이었다.

22 간죠봉행은 막부의 최고위직인 로주(老中)의 관할 하에 있으며, 막부 직할령의 수세와 금전 출납, 영내 농민의 소송을 담당했다.

23 나가사키봉행은 로주 관할 하에 속하며, 에도막부의 직할령인 나가사키에서 네덜란드와 중국 대상 무역업무와 나가사키 통치를 담당했다.

에 참여하거나, 나가사키의 관물(貫物), 즉 무역사업에 참여할 수 있게 해달
라는 것이었다.

결국 이들의 청원은 사사봉행소에서는 담당업무가 아니라는 이유로 거부
당하고, 간죠봉행소와 나가사키 봉행소에서는 기존의 업자들과의 계약기간
이 남아있어서 신규참여는 불가능하다는 이유로 거부당해 그 뜻을 이루지는
못했다. 하지만 청원 과정에서 오야·무라카와 가문과 막부의 담당 관료들이
'도해금지령'에 대해서 어떻게 인식하고 있었는지를 명확하게 확인할 수 있는
내용이 기술되어 있다. 장문이지만 내용의 정확한 전달을 위해 아래에 인용
하기로 한다.

경신년(庚申年, 1740년) 4월 17일, 마키노 엣츄노카미 님께서 호출장을 보내
셔서 다음날인 18일 오전 10시경에 저에게 관저로 출두하라고 지시하셨습니다.
따라서 그렇게 하겠다는 답변서를 제출하였습니다. 따라서 18일 10시경에 출두
하여 여쭤보자, 봉행님들께서 월례회의를 개최하셔서 각종 청원에 대한 조사를
시작하셨으며, 저를 부르셔서 황공스럽게 나아가서 여쭤보았습니다. 봉행님들
께서 앉아 계신 순서는

　　－ 마키노 엣츄노카미 님
　　－ 혼다 기이노카미(本田紀伊守) 님
　　－ 오오카 에치젠노카미(大岡越前守) 님
　　－ 야마나 이나바노카미(山名因幡守) 님

위와 같은 순서대로 앉아 계셨습니다. 옆방에는 각 가문의 하급관리들께서
순서대로 앉아 계셨습니다. 그 다음 방에서 저희가 제출한 청원서를 관리님들께
서 꺼내서 봉행님들의 앞에서 읽으셨으며, 그것이 끝났습니다. 그 다음에 엣츄
노카미 님께서 말씀하셨습니다. 그것은 "규에몬, 다케시마의 지배는 누가 한 것
이냐"라고 하는 질문이었습니다. 기이노카미 님께서도 같은 질문을 하셨습니
다. 따라서 답변 드렸습니다. "다케시마를 지배하는 것은 선조들이 받들어서 저

희들까지 지배해 왔습니다"라고 말씀드렸습니다. 바로 봉행 님들께서 모두 "그것은 소중한 일이다"라고 말씀하셨습니다. 다음으로 질문하시기를 **"다케시마(竹嶋)·마쓰시마(松嶋) 두 섬에 대한 도해금지령이 내린 이후에는 호키 지방[伯耆國]의 요나고 성주가 불쌍히 여겨서 도와주셨기 때문에 생업을 유지하여 왔다"**고 청원서에 적어두었는데 그렇다면 녹봉[扶持]을 받았던 것이냐"고 말씀하셨습니다. 따라서 말씀드렸습니다. "녹봉을 받은 것은 아닙니다. 불쌍히 여겨서 도와주셨다고 말씀드린 것은 요나고 성으로 각 지방에서 가지고 들어오는 생선과 조류의 도매 수수료를 받는 것을 저희 집안의 일로 맡겨 두셨습니다. 그리고 같은 처지인 무라카와 이치베(村川市兵衛)에게도 성으로 들어오는 소금 도매 수수료를 받는 것을 맡겨두셨습니다. 두 사람 모두 위와 같은 뜻을 받들어 황송하게 생각하고 있습니다"라는 뜻을 말씀드렸습니다. 그 다음으로 오오카 에치젠노카미 님께서 말씀하셨습니다. 그것은 "규에몬이 첨부서류에 적은 대로 오사카의 미곡 회선 차용 건과 나가사키(長崎)의 관물(貫物) 운송업자에 참가하는 것을 청원하는 것이냐"고 물어보신 것입니다. 따라서 답변드리기를 "도리에 어긋나지 않고 불쌍히 여기신다면 위의 두 가지를 황송하지만 부탁드린다"고 하였습니다. 그러자 에치젠노카미 님께서 말씀하시기를 "규에몬, 두 가지 건 중에 나가사키 건은 나가사키 봉행소(長崎奉行所)의 담당업무이며, 미곡 회선은 간조봉행(勘定奉行)의 담당업무이므로 우리가 결정할 수 있는 것이 아니다. 그러므로 이 건은 간조봉행소에서 청원하여야 하는 것이다. 우리 쪽에서 마음대로 할 수 있는 것이 아니다"라고 말씀하셨습니다.[24]

---

24 경상북도 독도사료연구회, 『독도관계 일본고문서4』, 경상북도, 2017, pp.249 255, 원문은 다음과 같다.

一、申ノ四月十七日、牧野越中守樣ヨリ御差紙ヲ以明十八日四時御屋敷へ私儀罷出可申ト被爲仰付故、御請書差上、隨テ十八日四時參上仕、相窺罷在候得者、御奉行樣方、例月之通御寄合被爲成、諸願之御吟味相始リ、私儀被爲召出、イ恐罷出相窺居申候、御奉行所樣方御座敷之次第

一 牧野越中守樣
一 本田紀伊守樣
一 大岡越前守樣
一 山名因幡守樣

右之通御連座被爲成候、御次ノ間御家々ノ御下役人衆中樣方御連座被爲成

위의 인용문은 오야·무라카와 가문이 사사봉행소에서 각 봉행들이 좌정한 가운데 조사받은 내용을 담은 것으로 그 내용을 살펴보면 1696년의 '도해금지령' 이후에 요나고의 성주이자 돗토리 번의 가로(家老)인 아라오(荒尾) 가문으로부터 오야 가문은 생선과 조류의 도매 수수료를 징수하는 것을, 무라카와 가문은 소금 도매 수수료를 징수하는 것을 허락받아 생계를 유지하고 있었다는 것을 알 수 있다.

하지만 이러한 수수료 징수만으로는 생계를 유지하기가 힘들다는 이유로 위에서 언급한 것처럼 오사카로 운송하는 미곡의 수송과 나가사키에서의 무역사업에 대한 참여를 청원한 것이다. 오야 가쓰후사는 이것을 막부로부터 허락받기 위해 1740년에 직접 에도로 가서 사사봉행소에 청원을 하였으며, 4월 17일에 4명의 사사봉행들과 직접 면담을 하였다. 위의 내용은 그 면담에서 사사봉행들과 오야 가쓰후사의 문답 내용을 정리한 것이지만 그 후 오야 가쓰

候、其次ノ間ニテ私共奉指上候御願書御役人樣方御持出シ被成候得而、御奉行樣方御前ニテ御讀上被成候得テ相終リ申候、其上ニテ越中守樣被爲成御意候趣、九右衛門竹嶋之支配誰カ致候哉トノ御尋被爲成候、紀伊守樣ニモ御同樣前ノ御尋被爲成候、隨テ御請申上候、竹嶋御支配之義先祖之者共相蒙私共迄支配仕來リ候由申上候、則御奉行樣方御一同ニ夫ハ重キ事哉ト御意被爲成候、次ニ御尋之趣竹嶋松嶋兩嶋渡海禁制ニ被爲仰出候以後ハ<u>伯州米子之御城主ヨリ御憐憫ヲ以渡世仕罷在候</u>由願書ニ書顯シ候段、然者扶持扷請申候哉ト御意被爲成候、隨テ申上候、御扶持ニテハ無御座候、御憐愍ト書上申候義ハ米子御城下江諸方ヨリ持參候魚鳥之問屋口錢之座則私家督ト被爲仰付下シ被置候幷同役村川市兵衛儀モ御城下江入込候塩問屋口錢ノ儀被爲仰付候、兩人共ニ右之趣頂戴仕忝奉存候旨申上、其上ニテ大岡越前守樣御意被爲成候趣、九右衛門此添書書顯候通、大坂御廻米船借リ之義幷長崎貫物連中江加ハリ申度儀、弥御願申上候哉トノ御尋ニテ御座候、隨テ御請申上候ハ天道ニ相叶御憐愍相トリ申候得者、右之二品乍恐御願申上度旨申上候、然者亦越前守樣ヨリ被爲成御意候趣、九右衛門二品ノ儀、長崎表ノ儀ハ長崎御奉行所ノ作廻幷御廻米之儀ハ御勘定奉行方懸リニ有之候得者此方之作廻ニテ無之候故、此儀ハ御勘定方へ相願申候得テ可然筋ニ候、此方ノ了簡ニ不及候ト被爲仰付候

후사는 간죠봉행소와 나가사키 봉행소에도 동일한 내용의 청원서를 제출하였다.

인용문의 내용을 살펴보면 오야·무라카와 가문은 1696년에 '도해금지령'이 내리기 전까지는 그들이 당시의 '다케시마', 즉 울릉도에 대한 지배권을 그들의 선조가 막부로부터 허락받아서 유지하고 있었던 것으로 인식하고 있었다는 것을 알 수 있다. 하지만 그들이 그렇게 인식하고 약 70년간에 걸쳐서 울릉도에서 어로행위를 하였다고 하더라도 앞에서 설명한 것처럼 일본 국내법 질서적인 측면에서 막부의 공식적인 허락 없이 이루어진 불법행위로 용인될 수 없는 일이었다. 그러므로 잘못된 인식을 바탕으로 오야·무라카와 가문은 약 70년간 불법행위를 자행하였던 것이다.

그런데 사사봉행소의 4명의 봉행과 오야 가쓰후사의 일문일답 중에 1696년의 '도해금지령' 이후에 오야·무라카와 가문이 울릉도와 독도에 대해 어떻게 인식하고 있었는지를 알 수 있는 대목이 있다. 그것은 사사봉행들이 오야에게 질문한 내용으로 "'**다케시마**(竹嶋)·**마쓰시마**(松嶋) **두 섬에 대한 도해금지령이 내린 이후에는 호키 지방**(伯耆國)**의 요나고 성주가 불쌍히 여겨서 도와주셨기 때문에 생업을 유지하여 왔다**'고 청원서에 적어두었는데 그렇다면 녹봉(扶持)을 받았던 것이냐'라는 것이다.

이 내용은 오야·무라카와 가문이 사사봉행소에 제출한 청원서에 1696년의 '도해금지령'으로 인해 그들이 '다케시마', 즉 울릉도뿐만 아니라 '마쓰시마', 즉 독도에 대한 도해도 금지 당했다고 기술하였다는 것이다. 이러한 오야·무라카와 가문의 인식은 현재 일본 정부가 주장하고 있는 것과는 상반된 것이다. 나아가 이러한 인식이 오야·무라카와 가문만의 인식에 그치는 것이 아니라 막부의 공식기관인 사사봉행소의 4명의 봉행 모두가 그러한 인식에 대해 이의를 제기하지 않고 그대로 인정하고 있었다는 것을 보여주고 있다.

뿐만 아니라 오야 가쓰후사는 동일한 청원서를 간죠봉행소와 나가사키봉
행소에도 제출했는데, 두 곳 모두 이러한 인식에 반론을 제기하지 않았다. 그
것은 1740년 당시의 에도 막부도 1696년의 '도해금지령'에 울릉도뿐만 아니라
독도도 포함되어 있었던 것으로 인식하고 있었다는 것을 입증해주는 것이기
도 하다. 그러므로 위의 『무라카와가 문서』에 기재되어 있는 내용은 1696년
의 '도해금지령'이 울릉도뿐만 아니라 독도에 대한 도해도 금지한 것이며,
현재의 일본 정부가 주장하고 있는 것이 거짓이라는 명백한 증거라고 할 수
있다.

이와 관련해서 '울릉도 쟁계' 당시의 돗토리 번 당국자는 "울릉도, 독도는
물론 그 외에 돗토리 번에 속하는 섬은 없다"고 막부에 보고하고 있으며,[25] 특
히 "마쓰시마(독도)는 어느 지방에도 부속되지 않는다고 들었습니다.[26]"라고
보고한 것으로 보아 당시에 이미 독도 또한 조선 영토로 인정하고 있었다는
것을 알 수 있다. 따라서 '울릉도 쟁계' 이후에 도해가 금지된 것은 울릉도뿐만
아니라 독도도 포함되어 있었다는 것이 명백한 것이라는 것을 알 수 있다.

4. 안용복의 1696년 도일 목적

1696년 5월 15일에 울릉도를 출발한 안용복은 승려 뇌헌 등과 함께 일본 돗
토리 지방으로 건너갔다가, 8월 29일에 강원도 양양으로 돌아왔다. 그 사이
안용복은 5월 18일부터 6월 3일까지 오키노시마를 방문하고, 돗토리번의 아
카사키(赤崎) 지역에 도착한 것은 6월 4일이었다. 그 후 8월 6일에 돗토리 지

25 『竹島之書付』, 「亥12月24日 竹島の御尋書の御返答書 同25に 平馬持參 曾我六郎
兵衛に渡す」.
26 『竹島之書付』, 「小谷伊兵衛差出候竹島の書付」.

방을 벗어나기까지 약 2개월 반에 걸쳐서 안용복 일행은 일본에 체류했다.

이러한 안용복 일행의 일본 도해에 관해서는 조선 측은 비변사에서 조사한 내용이 현재까지 남아있으며, 일본 측은 2005년에 발견된 무라카미(村上) 가문의 『겐로쿠 9년 병자년 조선 선박 도착 관련 한권의 각서(元祿九丙子年朝鮮舟着岸一卷之覺書)』(이하 『원록각서』)와 돗토리번의 번정 사료 등에 자세하게 기록되어 전해지고 있다.[27]

안용복이 비변사의 조사과정에서 진술한 내용을 간략하게 정리해보면 원래 안용복은 동래에 살고 있었다. 하지만 어머니를 만나기 위해 울산으로 갔을 때 우연히 승려인 뇌헌 일행을 만났으며, 그들에게 1693년에 울릉도로 갔다 온 사실을 얘기하고 그곳의 해산물이 풍부하다는 얘기를 하자 뇌헌 등이 그 섬에 흥미를 가지고 함께 울릉도로 가게 되었다. 하지만 그곳에 도착하자 일본에서 온 선박이 많이 정박해있기에, 안용복은 이전의 경험을 바탕으로 "울릉도는 조선의 땅인데, 일본인이 왜 감히 국경을 넘어 침범하였는지를 따지며 그들을 체포하겠다고 했다"고 한다.

그러자 일본인들은 "자신들이 원래 송도(松島)에 살고 있는데, 어쩌다가 고기를 잡으러 왔으며, 지금 돌아가려고 하던 참이라고 했다"고 한다. 그 말을 들은 안용복은 "송도는 자산도로 이것도 또한 우리나라의 땅인데 너희들이 왜 감히 그곳에 사는가?"라고 물었으며, 다음날 배를 타고 자산도로 가보니 일본인들이 솥을 걸고 기름을 끓이고 있었다고 했다. 안용복은 그 솥을 깨부수고 큰 소리로 혼을 내자 일본인들은 배를 타고 돌아갔으며, 안용복은 그들의 뒤를 쫓아서 가던 도중에 광풍을 만나 일본으로 건너갔다고 한 것이다.

---

27 안용복의 제2차 도일의 자세한 행적에 관해서는 池内敏, 「隱岐・村上家文書と安龍福事件」, 『鳥取地域史研究』 第9號, 鳥取地域史研究會, 2007; 池内敏, 「安龍福と鳥取藩」, 『鳥取地域史研究』 第10號, 鳥取地域史研究會, 2008; 朴炳涉, 「安龍福事件と鳥取藩」, 『北東アジア文化研究』 第29號, 鳥取短期大學北東アジア文化總合研究所, 2009를 참조.

즉 안용복은 애초부터 일본으로 가기 위한 목적으로 울릉도로 간 것이 아니라 우연히 울산에서 만난 뇌헌 등과 함께 울릉도로 어렵을 하기 위해 간 것이었다. 그 과정에서 울릉도와 독도에 일본인이 와 있는 것을 발견하고, 도주하는 그들을 쫓아서 가다보니 일본으로 건너가게 되었다는 것이다. 뿐만 아니라 단지 도주하는 일본인을 쫓아간 것이지 일본으로 가려는 목적으로 간 것도 아니었다고 주장하고 있다. 즉 도주하는 일본인들을 추격하던 중에 갑자기 광풍을 만나 표류하여 옥기도(玉崎島, 오키노시마)에 도착했다는 것이 안용복의 변명이다.

안용복은 광풍으로 인해 오키노시마에 표착했으며, 그곳에서 도주(道主)를 만나 방문 이유를 설명하는 과정에서 "근년 여기에 와서 울릉도와 자산도를 조선의 땅으로 정하고 관백의 서계(書契)까지 받았음에도 불구하고 이 나라에서는 정해진 규칙이 없어 지금 또 다시 우리 땅을 침범했다. 이것은 무슨 도리냐?"라고 물었더니, "돗토리번에 전달하겠다고 답변한 후 오랫동안 소식이 없었다"고 주장하고 있다. 즉 안용복은 울릉도에서 만난 일본인들을 추적하던 중에 광풍을 만나 오키노시마에 표착하였으며, 그곳에서 접촉한 오키노시마의 일본 측 관리에게 일본인의 울릉도 불법도항 및 어로행위를 따졌다는 것이다.

이것이 조선 측 기록에 나타난 안용복의 일본 도해 이유이자 목적이다. 즉 일본인이 여전히 조선 영토인 울릉도로 출어하고 있는 것을 일본 정부 관계자에게 항의하기 위해서 건너갔다는 것이다. 또한 그것은 미리 계획한 것이 아니라 우연히 발생한 일본인과의 조우로 인해 돌발적으로 발생한 것이었다. 그 이후 그의 약 2개월 반에 걸친 일본에서의 행적과 관련해서는 그 진위여부를 두고 연구자들 사이에서 갑론을박이 이루어지고 있다. 그러나 이 연구에서는 그 진위여부에 대해서는 선학들의 연구에 맡기고 단지 안용복이 1696년에 스스로 일본으로 건너간 목적이 무엇인가에 대해서만 검토해보고자 한다.

안용복의 일본 도해 목적에 대해서는 그것을 밀항으로 규정하고 이미 1696년 2월에 막부가 돗토리번에 울릉도로 도해하는 것을 금지시키고 그들이 지니고 있던 '도해면허'도 반납시켰으므로 그곳에서 일본 어민을 만날 일도 없으며, 또한 일본으로 건너와서 울릉도와 독도가 조선 영토라는 것을 밝힐 일도 없었다는 주장도 있다.[28]

그러나 돗토리번 당국이 '도해면허'를 막부에 반납한 것은 2월이었지만, 실제로 오야 · 무라카와 가문을 비롯한 돗토리번의 주민들에게 전달한 것은 8월이었으므로 그 사이에 도해가 금지된 것을 알지 못하던 오야 · 무라카와 가문이 도해를 했을 가능성도 있지만 실제로는 도해하지 않았을 것이라는 주장도 있다.[29]

그리고 『원록각서』에 대한 분석과 다른 사료와의 비교검토 결과, 안용복의 소송 목적이 "다케시마와 마쓰시마를 조선의 영토로 주장했다"는 등과 같은 것이 아니었다는 것은 명백하며, 오히려 쓰시마번에서 냉대받은 사실을 돗토리번에 호소하기 위해서 도일한 것이라는 주장도 있다.[30]

이와 관련해서는 앞에서 언급한 무라카미 가의 문서인 『원록각서』에 따르면 안용복이 울릉도에서 일본인들을 만났으며 그들을 쫓아서 온 것이라는 내용이 전혀 실려 있지 않으므로 일본인과의 조우는 존재하지 않았을 가능성이 높다. 그리고 당시의 오야 · 무라카와 가문의 경제 상태를 감안하여 고려해본다면 1696년의 도해는 이루어지지 않았을 가능성이 높다는 것이 합리적인 설명이다.[31]

---

28 下條正男, 「最終報告にあたって 「竹島の日」條例から二年」, 『「竹島問題に關する調査研究」最終報告書』, 2007, p.4.

29 朴炳涉, 「安龍福事件と鳥取藩」, 『北東アジア文化研究』第29號, 鳥取短期大學北東アジア文化總合研究所, 2009, p.30.

30 池內敏, 「隱岐 · 村上家文書と安龍福事件」, 『鳥取地域史研究』第9號, 鳥取地域史研究會, 2007, p.10.

따라서 안용복이 울릉도에서 오야·무라카와 가문의 어부들과 만났을 가능성은 낮으므로 안용복이 비변사에서 한 진술이 진실이 아닐 가능성이 높다. 그렇다면 안용복은 우연히 울릉도에서 조우한 일본인들을 추적하다가 광풍을 만나 일본의 돗토리 지방으로 표착한 것이 아니라 처음부터 어떤 목적을 지니고 일본으로 건너간 것이라고 보는 것이 타당한 것인지에 대해 고찰해보기로 한다.

안용복의 도일 목적과 관련해서 그가 지참하고 있었던 '조선팔도지도(朝鮮八道之圖)'라는 것이 큰 의미를 지니고 있다. 이 '조선팔도지도'에 대해서는 지금까지 많은 연구자들 사이에 지도라는 개념으로 인용되고 있으며, 그것을 처음부터 안용복이 일본 측에 제시하기 위해 조선에서 지니고 건너갔다고 회자되고 있다.

이 지도와 관련해서 이케우치 사토시 씨는 다음과 같은 견해를 피력하고 있다. 약간 긴 문장이지만 정확한 의미전달을 위해서 인용하는 것으로 한다.

안용복이 다케시마·마쓰시마를 기재한 '조선팔도지도'를 지참하고, 뿐만 아니라 최초의 대담에서 처음부터 제시한 이유는 무엇일까라는 문제가 있을 수 있다. 해답은 간단하다. 1693년에 다케시마에서 포박되어 오키를 경유하여 돗토리번으로 연행된 안용복은 돗토리번에서는 갖가지 생활에 필요한 물품을 지급받으며 좋은 대접을 받았다. 하지만 쓰시마번에 인계된 후부터는 냉대를 받게 되었다. 그 냉대를 받은 사실을 돗토리번에 호소하기 위해서는 자신이 그러한 경험을 했던 당사자라는 것을 돗토리번에 알릴 필요가 있다. 다케시마에서 포박되어 마쓰시마나 오키를 경유하여 돗토리번의 영토인 요나고까지 끌려갔다는

31 박병섭의 주장에 따르면 오야·무라카와 가문은 매년 울릉도로 도해할 때 돗토리번으로부터 울릉도 도해사업자금으로 은(銀) 10kg을 대여 받았으나, 1695년에는 돗토리번이 대여를 거부했다. 그럼에도 불구하고 도해를 감행했지만 이미 조선인들이 울릉도에 와 있었기 때문에 아무런 수확을 얻지 못하고 귀국했다. 朴炳涉, 「安龍福事件と鳥取藩」, 『北東アジア文化研究』第29號, 鳥取短期大學北東アジア文化總合研究所, 2009, p.31.

소위 '당사자만이 알 수 있는 비밀을 밝히는 것'을 당시에는 어떻게하면 가능했을까? 산인지방에서 사용되고 있던 섬의 이름 즉 마쓰시마나 실제로 자신이 포박된 섬 즉, 다케시마가 기재된 '조선팔도지도'를 지참하는 것은 바로 그것을 증명해주는 문서가 되는 유일한 길이었던 것이다.[32]

이처럼 안용복은 자신이 1693년에 울릉도에서 납치되어 일본으로 끌려왔던 사람이란 것을 증명하기 위해서 '조선팔도지도'를 지니고 있었다고 이케우치 씨는 주장하고 있다. 하지만 이러한 주장에는 논리적인 타당성이 결여되어 있다는 것을 알 수 있다. 본인이 1693년에 일본으로 끌려 온 장본인이라는 것을 증명하기 위해 굳이 울릉도와 독도의 일본 측 명칭이 기재된 '조선팔도지도'를 제시할 필요성은 없을 것이다. 그리고 일본 측에서 사용하는 명칭을 안용복이 알고 있다는 사실이 3년 전에 그가 일본으로 왔던 당사자라는 것을 증명해주는 증거가 될 리도 없다.

안용복의 도일과 관련해서 『원록각서』에는 다음과 같은 내용을 기록하고 있다. 『원록각서』는 오키노시마에서 안용복 일행을 조사한 일본 측 관리들이 그 당시에 직접 기록하여 막부에 제출한 보고서이므로 당시의 상황을 설명해주는 가장 신뢰성이 높은 사료 중의 하나라고 할 수 있다.

> 안용복이 말하기를 "자신이 타고 있는 배의 11명은 호키지방(돗토리번)으로 가서 돗토리의 호키노카미 님에게 말씀드릴 것이 있어서 갑니다. 바람 사정이 안 좋아서 이곳에 기항했습니다. 순풍으로 바뀌는 대로 호키지방으로 도해하겠습니다.(중략) 안용복과 도라베, 두 사람은 4년 전 계유년 여름에 다케시마에서 호키지방 배에 끌려 갔습니다. 그 도라헤로 이번에 동행하였지만 다케시마에 남겨두고 왔습니다.[33]"

32 池内敏, 「隱岐·村上家文書と安龍福事件」, 『鳥取地域史研究』第9號, 鳥取地域史研究會, 2007, p.10.
33 『元祿九丙子年朝鮮舟着岸一卷之覺書』.

앞의 내용으로부터 알 수 있는 것은 안용복 일행이 처음부터 돗토리 번주를 상대로 무언가 호소할 것이 있어서 일본으로 건너왔다는 것이다. 그리고 자신이 그 당사자라는 것을 증명하기 위해서 자신을 납치하여 끌고 갔던 사람들의 정체에 대한 언급과 당시에 같이 끌려왔던 박어둔에 대한 언급도 하였다. 이 정도면 본인이 그 장본인이라는 것을 입증할 수 있었을 것이다. 또한 안용복의 목적지인 돗토리번으로 가기만 하면 그가 장본인이라는 것을 증명하는 것은 그다지 어려운 일이 아니었을 것이다. 불과 3년밖에 지나지 않은 일이었으므로 그 당시에 안용복과 접촉했던 돗토리번의 관리들이 그를 기억하고 있었을 것이다. 그러므로 굳이 오키노시마에서 자세하게 그들의 정체를 입증해야할 필요성은 없었을 것이라고 할 수 있다.

특히 『원록각서』에 기술되어 있는 것처럼 안용복은 소송목적이 무엇인지를 작성하여 제출해달라는 오키노시마 관리들의 요구를 처음에는 수락했다가 다음날 아침에 돗토리번으로 가서 자세하게 설명할 것이므로 묻지 말아달라고 답변한 것을 보면 그가 오키노시마의 막부 관리들을 상대로 자세하게 설명할 필요성을 느끼지 않고 있었다는 것을 잘 알 수 있다. 그리고 안용복은 오키노시마에서 그가 1693년에 일본으로 끌려 온 장본인이라는 것을 입증해야만 하는 상황에 놓여 있지도 않았다. 단지 그에게 오키노시마는 광풍으로 인해 표착했거나, 아니면 그냥 돗토리번으로 가는 도중에 기항한 곳에 불과했던 것이다.

오히려 안용복 일행이 오키노시마에서 한 행동 중에 가장 중요한 것은 돗토리번 당국에 제출할 소송서류를 작성한 것이다. 1696년 5월 22일, 안용복 일행은 배안에서는 흔들림으로 인해서 서류를 작성하기 어렵다는 이유로 상륙하여 농가를 빌려서 배안에서 작성한 초고를 '소송일권(訴訟一卷)'으로 작성했다고 한다. 이 내용에서 알 수 있는 것은 그들이 배안에서 서류의 초안을 작성했다는 것이다. 그 문서의 내용이 어떠한 것인지는 정확하게 알 수 없으나,

『원록각서』에 실린 다음의 내용을 본다면 추측이 가능할 것이다.

  - 안용복이 말하기를 다케시마를 다케노시마라고 부르며 조선국 강원도 동
    래부 안에 울릉도라고 부르는 섬이 있는데, 이것을 다케노시마라고 한다
    는 것입니다. 팔도의 그림에 기재하여 지니고 있습니다.
  - 마쓰시마는 위와 같은 강원도 안에 자산이라고 부르는 섬이 있습니다. 이
    것을 마쓰시마라고 합니다. 이 두 개 모두 팔도 그림에 기재하였습니다.
  - 다케시마와 조선 사이는 30리, 다케시마와 마쓰시마와의 사이는 50리 가
    량 됩니다.[34]

이 내용을 본다면 안용복 일행이 얘기한 울릉도와 자산도라는 것이 현재의
울릉도와 독도를 가리키고 있다는 것을 알 수 있다. 또 안용복 일행은 오키노
시마에 도착하자마자 '조선팔도지도'라는 것을 제시하였으므로 지도를 일본
으로 건너가기 전에 조선에서 입수하여 지니고 갔다는 것을 알 수 있다. 그리
고 울릉도와 독도를 "두 개 모두 팔도 그림에 기재하였습니다."라는 내용으로
부터 알 수 있는 것은 그들이 직접 '조선팔도지도'에 울릉도와 독도를 기재하
였다는 것을 알 수 있다.

그렇다면 안용복 일행은 언제 '조선팔도지도'에 울릉도와 독도를 기재한
것인지에 대한 의문을 해소할 필요가 있다. 그들이 일본으로 건너가기 전에
돗토리번에 서류를 제출하여 소송을 할 의도가 있었다면 출발 전인 울산 또는
울릉도에서 작성하였을 것이다. 하지만 배안에서 서류를 작성하기 어렵다는
것은 이미 5월 22일의 행적을 통해서 보면 알 수 있다. 따라서 안용복 일행은
오키노시마에서 농가를 빌려서 돗토리번에 제출할 서류를 작성했다. 이러한
사실을 본다면 그들은 애초부터 서류제출을 통한 소송을 상정하지 않은 채로
일본으로 건너왔지만, 오키노시마에 도착하자마자 '조선팔도지도'를 제시한

---

34 『元祿九丙子年朝鮮舟着岸一卷之覺書』.

것을 보면 울릉도와 독도를 거쳐오는 과정에서 기재했을 가능성이 높다.

그리고 안용복 일행의 소송내용에 울릉도와 독도에 대한 내용이 포함되어 있었다는 것은 위의 『원록각서』의 내용을 통해 알 수 있다. 그렇다면 그들이 자신들의 주장을 관철하기 위한 보조서류로서 '조선팔도지도'가 필요했을 것이라는 것은 당연한 수순일 것이다. 또한 일본 측의 이해를 돕기 위해 그 섬들을 일본에서 무엇이라고 부르는지도 밝혀줄 필요가 있었을 것이다. 때문에 그들은 '조선팔도지도'를 작성했으며, 그것을 그들이 지니고 있다고 오키노시마 관리들에게 밝힌 것이다. 따라서 그들이 지니고 있다고 밝힌 '조선팔도지도'는 일본으로 도해하기 전에 입수한 것이며, 도해과정에서 지도에 울릉도와 독도를 기재한 것으로 보는 것이 타당할 것이다.

위와 같은 내용을 정리하면 안용복 일행은 울산을 출발한 후 울릉도를 거쳐서 일본의 오키노시마로 갔으며, 그 과정에서 일본인과 조우를 했는지는 불명확하지만 그렇다고 해서 안용복 일행이 스스로 일본으로 간 사실에는 변함이 없다. 그리고 오키노시마에서 만난 막부의 관리에게 돗토리번에 송사를 하기 위해 가는 도중에 잠시 기항한 것이라는 뜻을 밝혀서 그들의 도일 목적이 돗토리번에 대한 소송에 있다는 것을 알렸다. 또한 그 내용에 대해 자세하게 밝히지는 않았지만 울릉도와 독도에 대한 설명을 하였으며, 일부러 '조선팔도지도'에 울릉도와 독도를 기재하고 조선의 강원도 소속임을 밝히고 있었다.

따라서 안용복 일행의 도일 목적은 돗토리번에 대한 소송이며, 그 소송내용에 울릉도와 독도가 관련이 있다는 것을 알 수 있다. 하지만 안용복은 돗토리번에 도착한 이후에 울릉도와 독도에 관한 언급을 하지 않았다는 다음과 같은 일본 측 기록이 있다. 이 기록을 근거로 하여 안용복의 도일목적이 울릉도와 독도의 영유권 주장과는 무관하다는 주장도 있다.

(돗토리번의 요시다 헤마가) "오키지방에서 조선인 11명이 배 1척을 타고 6월 4일에 호키에 도착하였습니다. 그 중에 5명은 출가한 승려입니다. 호키에 있는 가로(家老)가 이나바(因幡)에 빠르게 전달해왔습니다. 예전부터 우리 쪽(돗토리번)에서는 아무 것도 받아들이지 말고 나가사키 봉행소로 보내도록 전해왔습니다. 그래서 이나바로 가는 것은 안 된다고 말했지만 화를 내며 노로 우리 쪽 사람을 때려눕히면서 '우리만 먼저 온 것이다. 다케시마에는 조선 배가 30척 이상와 있다'고 말하였습니다. 다음 날인 5일에 조선인을 이나바에 붙잡아 두었습니다. 11명 중에 몇 년 전에 다케시마에 왔던 조선인 안히챠쿠는 여러 가지 사정을 잘 알고 있으며, 대충 일본말도 할 줄 압니다. 소송 건은 그 쪽(쓰시마번)에 관련된 일인 것으로 들었습니다. 그렇지만 가가노카미(加賀守) 님에게 그쪽의 일을 어떻게 말하기 어려우므로 아무 것도 말이 통하지 않는다고 보고했습니다. 그것과 관련해서 가가노카미 님의 생각은 '필담으로 해결이 되지 않는가? 필담은 하지 않았는가?'라고 물어보셨습니다. 그래서 '필담을 한다면 소송을 받아들이는 것과 같은 것이 되므로 필담도 하지 않았다'고 보고했습니다. 어쨌든 그 쪽의 일이므로 어떻게 해서든지 이나바에 통역을 위한 사무라이들을 파견해 주시기를 바랍니다." 그리고 "몇 년 전에 안히챠쿠가 다케시마에 왔을 때 그 쪽의 영지나 조선에 있는 왜관에서 포박하지 않았습니까?"라는 말을 하며, "어쨌든 그 쪽의 일을 얘기하고 있다"고 말하였습니다. 따라서 한베(半兵衛)는 "이전에 그런 일을 들은 적이 없습니다"라고 답변하였습니다.[35]

인용문에 나오는 가가노카미는 막부의 로주(老中)인 오쿠보 가가노카미(大久保加賀守)를 가리키는 것이며, 요시다 헤마(吉田平馬)는 돗토리번의 에도번저에 근무하는 루스이(留守居)이다. 그리고 한베는 쓰시마번의 에도번저에 근무하는 루스이 스즈키 한베(鈴木半兵衛)를 가리킨다.

위의 내용은 돗토리번에 도착한 안용복 일행을 조사하기 위해 쓰시마번의 통역관을 파견하라는 막부의 지시를 전달하기 위해 쓰시마번의 스즈키 한베를 찾아간 돗토리번의 요시다 헤마가 전달한 일련의 사정이다. 여기에서 보

---

35 『竹島紀事』, 元祿九年六月二十三日.

면 돗토리번에 도착한 안용복 일행은 1693년에 안용복이 일본으로 납치되어 왔다가 조선으로 귀국하는 길에 쓰시마번에서 받은 취급에 대한 불만을 호소하고 있었다는 것을 알 수 있다. 요시다 헤마의 "몇 년 전에 안히챠쿠가 다케시마에 왔을 때 그 쪽의 영지나 조선(왜관)에서 포박하지 않았습니까?"라는 질문이 그 내용을 단적으로 설명해주고 있다.

안용복은 나가사키 봉행소로부터 쓰시마번에 인계되자마자 죄인취급을 받았으며, 묶인 채로 이동하고 심지어 동래왜관에 도착한 후에도 40일간 감옥에 감금되어 있었다. 이러한 쓰시마번 측의 취급은 그 이전에 돗토리번에서 받은 대우와 비교해보면 매우 큰 차이가 있었다. 그리고 안용복 개인의 입장에서 봤을 때 자신은 조선 땅인 울릉도에서 조업을 하던 중에 불법적으로 일본 측 어민에게 납치되어 끌려간 피해자임에도 불구하고 쓰시마번의 죄인취급은 감내하기 어려운 일이었을 것이다. 따라서 안용복은 쓰시마번에 대한 매우 큰 불만을 지니고 있었을 것이다.

그래서 이케우치 씨는 안용복의 도일 목적이 앞에서 언급한 것처럼 쓰시마번에서 "냉대를 받은 사실을 돗토리번에 호소하기 위한 것"이라고 주장하고 있다. 그러나 박병섭 씨는 "과연 단지 냉대 받은 것을 호소할 목적으로 중대한 범죄인 해금(海禁)을 어기면서까지 일본으로 갔을까?"라는 의문을 던지면서 "일반적으로 개인적인 원한 등은 해를 넘기면 약해지는 것으로 안용복이 쓰시마번에서 냉대를 받은 지 3년이나 지나서 원한을 호소하기 위해 중죄를 각오하고 도일을 결의한 것이라고 보는 것은 동기로서 약하다"며 이케우치 씨의 주장을 부정하고 있다.[36] 오히려 박병섭 씨는 1695년에 안용복이 또 다시 울릉도로 도해하였으며 그곳에서 일본인 어민들과 조우한 것이 아닐까라는 가설을 세우고, 여전히 울릉도를 침범하고 있는 일본인들의 행위가 그의 원

---

36 朴炳涉,「安龍福事件と鳥取藩」,『北東アジア文化研究』第29號, 鳥取短期大學北東アジア文化總合研究所, 2009, p.40.

한과 의분을 되살려 그로 하여금 중대한 결의를 하게 한 것일지도 모른다는 주장을 하고 있다. 그 중대한 결의란 것은 "1695년에 울릉도로 출어한 안용복은 일본인이 울릉도에 있는 것을 목격하고 일본인이 조선 영토로 계속해서 도항하는 것을 어떻게 해서든지 막겠다고 결심했다"는 것이다.[37]

하지만 오키노시마와 돗토리번에서 안용복은 그러한 "중대한 결의"를 표명하지는 않았다. 오히려 돗토리번에서의 소송내용을 검토하면 쓰시마번에서 받은 죄인 취급에 대한 불만만을 밝혔을 뿐이다. 따라서 안용복이 일본인의 조선 영토 침범을 막겠다는 "중대한 결의"를 하고 1696년에 울릉도로 건너갔으며, 나아가 일본으로 건너간 것일 것이라는 주장은 문제점이 많다. 왜냐하면 1695년에 울릉도에서 일본인과 조우한 안용복이 1년간의 준비기간을 거치고 이듬해인 1696년에 울릉도를 거쳐 돗토리번으로 가는 과정에서 어떠한 계획성도 보이지 않기 때문이다.

안용복은 일본에 도착해서 소송관련 문서를 작성하였는데, 만약 그가 처음부터 일본정부를 상대로 어떠한 목적을 지니고 있었다면 출발 전에 이미 관련 문서를 작성해서 지니고 출발했어야만 할 것이다. 하지만 안용복은 오키노시마에 도착해서 일본 측 관리의 요구를 받고 문서를 작성하기 시작했다. 특히 안용복은 3월 18일에 영해를 출발하여 그날 바로 울릉도에 도착했으나, 그후 5월 15일까지 약 2개월간 울릉도에서 체류하고 있었다. 만약 그가 1695년에 "중대한 결의"를 하고 일본인들의 영토 침범을 막기 위해 일본으로 건너가려고 결심했다면, 그가 울릉도에서 이토록 장기간 체류한 이유를 설명할 수가 없다. 국법을 어기면서까지 실행할 "중대한 결의"를 했을 정도라면 울릉도에서 장기간 체류할 것이 아니라 곧 바로 일본으로 출발하는 것이 상식적인 행동이라고 할 수 있다. 그러므로 안용복의 1695년도 울릉도 도해라는 가설이

---

37 朴炳涉, 「安龍福事件と鳥取藩」, 『北東アジア文化研究』 第29號, 鳥取短期大學北東アジア文化總合研究所, 2009, p.43.

사실이라 할지라도 그가 1696년에 일본으로 도해한 이유를 명확하게 설명하기에는 부족하다고 할 수 있다.

그렇다면 안용복 일행, 특히 안용복의 도일 목적은 과연 무엇이었을까? 앞에서 언급한 내용들을 정리해보면 명확하지는 않지만 그 해답이 나올 것이다. 그 해답과 관련해서 일단 안용복이라는 개인의 입장에서 일련의 사건들을 돌아볼 필요가 있을 것이다. 1693년, 안용복은 조선의 영토인 울릉도에서 조업 중에 박어둔과 함께 돗토리번의 어민들에게 납치되어 일본으로 끌려갔다. 그 이후 돗토리번을 떠나 나가사키와 쓰시마를 거쳐 귀국했으며, 그 여정은 약 8개월에 이르렀다. 그 과정에서 쓰시마번은 그를 일본의 영토를 침범한 죄인으로 취급하였으며, 그를 포박하여 감옥에 가두어 두기까지 했다. 뿐만 아니라 조선에 인계된 후에도 또다시 금지된 울릉도 도해가 문제가 되어 옥살이까지 하게 되었다. 개인적으로는 상당히 억울한 입장에 처하게 된 것이다. 상식적으로 이러한 억울한 입장에 처하게 되면 그에 대한 보상을 받고 싶은 것이 인간적인 행동일 것이다.

하지만 이러한 억울한 사정을 보상해 줄 당사자는 사건의 원인을 제공한 돗토리번의 어민들뿐이었다. 그들은 조선이 아닌 일본에 있었으며, 당시의 제도상 개인이 외국을 상대로 어떠한 보상을 받을 수 있는 방법은 없었다. 따라서 안용복은 자신이 당한 억울한 일에 대한 보상을 요구하기 위해 국법을 어기면서까지 일본 도해를 결심하게 되었으며, 그것을 1696년에 실행한 것이라고 보아야 할 것이다. 안용복이 돗토리번 당국을 상대로 쓰시마번에서 당했던 죄인 취급에 대한 얘기를 한 것도 본인의 억울한 사정을 호소하기 위한 방편이었을 것이며, 또한 '조선팔도지도'를 준비하여 제시한 것도 그가 납치된 곳이 일본에서는 '다케시마'라고 불리는 곳이지만 명백하게 조선 영토인 울릉도라는 것을 입증하기 위한 것이라고 볼 수 있다.

그러나 돗토리번 당국이 안용복에게 보상을 해줄 수는 없었을 것이다. 만약 보상을 해주고 훗날 그 사실이 발각되면 막부의 문책을 피할 수 없기 때문이다. 따라서 돗토리번 당국은 쓰시마번 측에 책임을 떠넘기는 회피행위를 하였다. 돗토리번의 요시다 헤마가 쓰시마번의 스즈키 한베에게 한 "몇 년 전에 안히챠쿠가 다케시마에 왔을 때 그 쪽의 영지나 조선(왜관)에서 포박하지 않았습니까?"라는 질문은 바로 그것을 의미하는 것이다. 즉 막부의 지시대로 표류민 송환절차에 따라 나가사키에서 쓰시마번에 안용복과 박어둔을 인계한 돗토리번은 그들을 가마에 태워 나가사키까지 호송하는 등, 상당히 후하게 대접하였으며, 그로인해 책임을 져야할 아무런 행위를 하지 않았다. 그런데 쓰시마번 측이 그들을 죄인으로 취급하여 문제의 소지를 제공하였으므로 그 책임을 질 것을 요구한 것이다. 돗토리번 입장에서는 당연한 귀결이었을지 모르겠지만 안용복 입장에서는 그렇지 않았을 것이다. 그는 원인을 제공한 돗토리번 당국이 책임을 져야한다고 판단해서 쓰시마번이 아닌 돗토리번을 찾아온 것이었기 때문이다.

이상과 같이 일련의 전개과정을 살펴보면, 안용복은 1693년에 자신을 조선 영토인 울릉도에서 납치해서 상당한 피해를 준 어민들을 대신하여 돗토리번 당국 혹은 일본정부에 보상을 요구하기 위해 스스로 일본으로 건너간 것이라고 보아야 합당할 것이다. 결국 안용복은 자신의 목적이었던 개인적인 피해보상을 받지 못하고 귀국하였으나, 그가 한 행동은 독도영유권 문제에 상당히 큰 영향을 미쳤다. 그는 자신이 당했던 억울한 사정을 설명하기 위해 자신이 납치된 장소인 울릉도와 일본 측에서 '마쓰시마'라고 부르던 자산도, 즉 현재의 독도도 조선의 영토이며 강원도에 속한 섬이란 인식을 돗토리번 당국에 명백하게 밝혔다. 즉 비록 안용복의 도일 목적이 울릉도와 독도에 대한 영유권을 주장하기 위한 것은 아니었을지라도, 그 과정에서 영유권을 명백하게 밝혔다는 것은 부정할 수 없다. 이와 같은 안용복의 활약으로 인해 17세기에 일본이 독도에 대한 영유권을 확립했다는 주장은 명확하게 부정되고 있으며, 울릉도뿐만 아니라 독도 또한 한국인의 생활 터전이었음이 입증되는 것이다.

5. 맺음말

이상과 같이 이 연구에서는 17세기 말에 조일양국 간에 벌어진 '울릉도쟁계'와 관련해서 쟁점이 되고 있는 문제 중에 돗토리번과 관련 있는 부분만을 선정하여 돗토리번의 사료를 중심으로 살펴보았다. 그것은 '도해면허'의 발급 시기와 성격, '도해금지령'의 독도, 그리고 안용복의 도일 목적에 대한 기존 연구에 대한 분석과 사료에 드러난 사실관계를 해석하여 역사적 사실관계를 규명하려고 한 것이다.

독도문제와 관련해서 21세기의 시점에서 17세기의 역사적 사실을 조망해보면 현재의 일본정부보다 17세기의 일본정부가 보다 합리적인 판단을 하고 있었다는 생각이 드는 것은 필자만이 아닐 것이다. 에도시대의 막부는 당시의 지리적 식견으로 인해 울릉도와 독도가 정확하게 어디에 있는지는 알지 못했지만, 그것이 조선의 영토라는 것을 알게 되자 바로 일본인들에게 도해를 금지하는 명령을 내릴 정도로 명석했다. 그런데 현재의 일본인들은 17세기 일본인들에 대해서도 제대로 된 이해를 하지 못하고 있는 것이 아닌가라는 생각이 든다.

본문에서 언급한 것처럼 에도시대에는 쇼군과 번주는 일종의 계약관계를 전제로 하는 주종관계였다. 따라서 쇼군이 교체되거나 번주가 교체될 경우에는 통상적으로 새로운 계약관계를 맺어왔다. 주지하는 바와 같이 '도해면허'는 막부, 즉 쇼군이 울릉도로 직접 도해하여 어렵활동을 했던 오야 · 무라카와 가문에게 내린 것이 아니라, 돗토리번의 번주로 있었던 마쓰다이라 신타로, 즉 이케다 미쓰마사에게 내린 것이다. 이것은 주군인 쇼군과 신하인 번주사이에 이루어진 일종의 계약관계이다. 따라서 '도해면허'와 같은 중요문서는 쇼군이나 번주가 교체되면 당연히 갱신되어야 하는 것이 맞다. 그러나 지금까지는 현존하는 '도해면허'가 유일무이한 것으로 해석되어 왔으며, 그 문서의 효력이 영원히 가는 것으로 호도되어져 왔다. 하지만 '도해면허'는 이케다 미쓰마사에게 내려진 것이므로 그가 사망하거나 번주에서 물러나면 효력이 상실되는 것이 에도시대의 일반적 상식이다. 그러므로 돗토리번에서 계속해서 울릉도 도해사업을 영위하려면 '도해면허'를 갱신하여야만 했다. 하지만 돗토리번 당국뿐만 아니라 오야·무라카와 가문은 갱신을 하지 않은 채 약 70년간 도해사업을 지속하면서 조선의 영토인 울릉도에 대한 불법적인 침탈행위를 이어왔다. 이러한 불법적인 행위를 현재의 일본인들은 독도에 대한 영유권을 확립한 사례로 들고 있다.

또 '도해금지령'에 독도가 명문화되어 있지 않다는 이유를 들어 독도를 조선영토로 인정한 것이 아니라는 주장을 이어오고 있는 일본 정부 입장에서는 『무라카와가 문서』에 기술되어 있는 내용이 상당히 불편할 것이다. 당사자인 오야·무라카와 가문이 남긴 문서이며, 거기에 에도 막부의 주요 기관들이 모두 망라되어 있는 역사적 사실 앞에 망연자실해질지도 모른다. 그들은 자신들의 주장을 청소년에게 강제로 주입시키기 위해 교과서에서도 "17세기에 영유권을 확립했다"는 내용을 수록하고 있을 정도인데, 자국의 사료에 그것과 상반되는 사실이 수록되어 있다는 것을 어떻게 설명해야 할 것인지를 고민해야 할 것이다.

마지막으로 그동안 안용복이 왜 국가의 금령을 어기고 스스로 일본으로 건너간 것인지에 대한 의문이 해소되지 않아 한일 양국 연구자들 사이에서 갑론을박이 이루어지고 있었으나, 이 연구에서는 그에 대한 명확한 해답을 제시했다. 비록 안용복이 울릉도와 독도에 대한 영유권을 주장하기 위해서 간 것이 아니라는 결론에 도달하기는 했지만, 그가 그의 목적인 개인적인 피해에 대한 보상을 요구하는 과정에서 그가 납치당한 울릉도가 조선의 영토라는 것과 함께 독도 또한 강원도에 속한 조선의 영토라고 주장한 것은 부정할 수 없는 사실이다. 따라서 안용복이 일본으로 건너가서 울릉도와 독도가 조선의 영토라고 주장했다는 역사적 사실은 변함이 없는 것이라고 할 수 있다.

이상과 같이 이 연구에서는 일본 측이 그동안 독도에 대해 주장해왔던 내용들 중에 그들 자신의 무지로 인한 잘못된 주장이 있다는 것을 명백하게 밝히고 그것을 바로잡았다. 따라서 일본정부는 미래지향적인 한일관계를 위해 역사적 사실을 직시하고 오류로 점철된 주장을 철회하여야만 할 것이다.

[참고문헌]

신용하, 『한국의 독도영유권 연구』, 경인문화사, 2006.
송병기, 『울릉도와 독도, 그 역사적 검증』, 역사공간, 2010.
경상북도 독도사료연구회, 『독도관계 일본고문서4』, 경상북도, 2017.
田川孝三, 「竹島領有に關する歷史的考察」, 『東洋文庫書報』 20卷, 1988.
川上健三, 『竹島の歷史地理學的研究』(復刻新裝版), 古今書院, 1996.
下條正男, 「日本の領土「竹島」の歷史を改竄せし者たちよ」, 『諸君』 2007年 9月號, 2007.
內藤正中, 「竹島(鬱陵島)をめぐる日朝關係史」, 多賀出版, 2000.
나이토세이츄, 『獨島와 竹島』, 제이엔씨, 2005.
池內敏, 「隱岐・村上家文書と安龍福事件」, 『鳥取地域史研究』 第9號, 鳥取地域史研究會, 2007.
_____, 「安龍福と鳥取藩」, 『鳥取地域史研究』 第10號, 鳥取地域史研究會, 2008.
朴炳涉, 「安龍福事件と鳥取藩」, 『北東アジア文化研究』 第29號, 鳥取短期大學北東アジア文化總合研究所, 2009.
池內敏, 『大君外交と「武威」』, 名古屋大學出版會, 2006.
大野瑞男, 「領知朱印狀」, 『日本史大事典 6』, 平凡社, 1994.
下條正男, 「最終報告にあたって「竹島の日」條例から二年」, 『「竹島問題に關する調査研究」最終報告書』, 2007.

제2부

독도근대사

제3장

『태정관지령』‘竹島外一島’의 해석과 메이지 정부의 울릉도·독도 인식

송 휘 영*

1. 머리말

본고의 목적은 일본 메이지 정부의 울릉도·독도에 대한 「태정관지령문」에서 「竹島外一島」의 의미하는 바를 검증하고자 하는 것이다. 1876년 10월 5일 근대화된 체재정비를 하던 메이지 행정부의 내무성이 지적편찬을 위해 시마네현에 대해 울릉도와 독도 즉 「죽도[1]외일도」에 관한 관계서류 등을 조사하여 보고하도록 지시하였다. 6개월 정도의 기간 동안 내무성, 시마네현, 태정관 등의 기관이 조회, 검토, 조사, 심의한 결과는 ‘「죽도외일도」는 본방

---

* 영남대학교 독도연구소 연구교수
1 17세기 이후 일본에서는 울릉도를 죽도(竹島) 혹은 송도(松島), 독도(우산도)를 송도(松島) 혹은 리앙쿠르섬(Liancourt Rocks)이라 불러왔다. 여기서는 일본어 발음인 ‘다케시마’ 혹은 ‘마츠시마’라고 하지 않고, 우리 한글 음독을 취하기로 한다.

(일본)과 관계없으므로 명심할 것'이라는 태정관지령문으로 매듭지어졌던 것이었다.

이 태정관지령의 존재는 일본의 독도침탈 정당화 논리에서 늘 아킬레스건과 같은 것이었고, 이것은 지금도 마찬가지라 할 수 있다. 독도 일본 영유권 논리의 기초를 다진 외무성 조사관 가와카미 겐조(川上健三)조차 '울릉도에서 독도는 보이지 않는다'거나, 조선의 정사를 기록한 '조선왕조실록'이 신빙성이 없고 안용복의 진술이 거짓이라고까지 하면서도, 이 태정관지령문에 대해서는 전혀 언급을 하지 않았다(川上健三 1966:274-292). 당시 일본의 최고결정기관이 2섬을 일본의 판도 외로 결정한 이 문서를 쉽게 부정할 수는 없었을 것이다. 그러나 2005년 시마네현의「죽도의 날」제정 이후, 시모조 마사오(下條正男)가 좌장을 맡은「죽도문제연구회」가 본격적으로 활동을 개시하면서「죽도외일도(竹島外一島)」의 '외일도(外一島)'를 거론하기 시작한 것이다(島根縣竹島問題硏究會 2011.2:11-28).「죽도문제연구회」에서는 '외일도'를 죽서(댓섬)라고 주장하기도 하다가 최근에는 '당시 죽도라고도 송도라고도 불렀던 울릉도'라고 하고 있다. 즉, '죽도'도 '외일도'도 울릉도를 가리키는 말이라고 주장하고 있다.[2]

「태정관지령」의「죽도외일도」을 둘러싼 해석의 근저에는 앞서 언급한 가와

2 예를 들어, 죽도문제 연구회의 좌장 시모조 마사오(下條正男), 부좌장 스기하라 다카시(杉原隆), 연구위원 야마자키 요시코(山崎佳子) 등을 들 수 있다. 下條正男,「最終報告にあたって」,『「竹島問題に關する調査研究」最終報告書』, 竹島問題研究會, 2007, p.2, 山崎佳子,「1898(明治31)年韓國船遭難事件についての一考察」,『第2期「竹島問題に關する調査研究」中間報告書』, 第2期島根縣竹島問題研究會, 平成23年(2011)2月, pp.19-28, 杉原隆,「明治10年の太政官指令－竹島外一島之儀本邦關係無之について」,『山陰地方の歷史が語る「竹島問題」』, 2010, pp.80-87,「明治10年太政官指令－竹島外一島之儀ハ本邦關係無之－をめぐる諸問題」,『第2期「竹島問題に關する調査研究」中間報告書』, 第2期島根縣竹島問題研究會, 平成23年(2011)2月, pp.11-18.

카미 겐조의 '명칭전도론'(川上健三 1966:9-49)이 배후에 깔려있다고 하겠다. 즉 18C 중반 해외에서 유입된 해도 등에서 울릉도를 송도(마츠시마, Matsushima)라고 기재한 서양지도의 영향으로 말미암아 명칭혼란이 발생한 것은 사실이다 (川上健三 1966:9-18).[3] 그러나 최근의 「죽도문제연구회」의 연구에서는 이러한 '명칭전도' 혹은 명칭혼란을 「태정관지령」의 「죽도외일도」에도 교묘하게 적용하고 있다. 그러나 당시 해군성을 제외한 일본 정부, 즉 내무성과 외무성, 태정관 등은 울릉도를 죽도, 독도를 송도라고 일관되게 인식하고 있었으며, 결과적으로 「태정관지령문」의 「외일도」는 송도라고 지칭하였던 울릉도가 될 수 없다.

본고에서는 태정관지령이 결정되기까지의 과정과 그 문서내용도 분석하겠지만, 당시 관찬사료를 통하여 메이지 정부의 각 성청이 울릉도 독도를 어떻게 인식하고 있었는가를 분석해냄으로써 「죽도외일도」가 울릉도(죽도)와 독도(외일도=송도)를 가리키는 것이 명백함을 재확인하고자 하였다. 태정관지령에 관한 연구는 일본의 독도 영유권 주장에서 이슈화 하지 않은 탓일까 국내에서는 아직 본격적인 분석이 이루어지지 않고 있다. 태정관지령을 해설한 것으로 정태만(2012a), 岡田卓己(2012), 漆崎英之(2013)가 있으며, 이에 대한 부분적 분석을 한 것으로 정태만(2012b), 김호동(2012), 송휘영(2014)이 있다. 그러나 이들 연구는 태정관지령 이전의 일본의 독도 인식을 다루거나 특정 연구자 또는 주장의 쟁점에 초점을 맞추고 있어 태정관지령의 경위와 의의를 체계적으로 분석해내고 있지는 못하다 하겠다.[4]

---

3 이러한 명칭혼란 또는 명칭전도의 원인을 가와카미 겐조(川上健三)는 나가사키 데지마(出島)의 상관 의사로 있었던 지볼트(Siebold)가 잘못된 일본지도를 유럽에 소개한 탓으로 돌리고 있다.

4 정태만(2012)에서는 태정관지령 이전 즉 안용복 사건 당시 및 이후의 일본의 독도 인식과 메이지 초기의 독도 인식에 초점을 두고 있다. 또한 김호동(2012)은 「죽도문제연구회」의 스기하라 다카시의 주장을 비판한 것이며, 송휘영(2014)은 죽도문제연구

2. 태정관지령문 「죽도외일도」의 해석을 둘러싸고

우선 태정관지령문이 발령되기까지의 경위를 살펴보기로 하자. 일본의 메이지 정부는 죽도·송도를 일본의 영토 외로 한다는 방침을 1905년 2월 22일 「량코섬(죽도＝독도) 편입」까지 일관되게 견지하고 있었다. 그 하나의 사례가 되는 것으로 지적편찬(地籍編纂) 사업을 들 수 있다. 메이지 정부는 근대적인 토지 대장을 작성하기 위해 전국의 지적편찬 사업을 실시했지만, 그 과정에 대해 죽도(竹島)의 지적(地籍)이 문제가 되었다. 1876(메이지 9)년 10월 5일, 내무성 지리료(국)의 다지리(田尻) 등은 시마네현(島根縣)을 순회했을 때에 죽도에 대한 정보를 접하였고, 이것을 내무성의 지적편찬에서 어떻게 취급해야 할 것인가 동현의 지적편제계에 죽도를 조회했다(〈표 1〉 참조).

〈표 1〉「태정관지령문」 발령까지의 경과

연월일	전달·보고	내 용	문서 번호	비 고(명의)
1876.10.5	內務省⇒島根縣 (지적편찬계)	「죽도」의 지적편찬 에 대해, 지방관 주의서 제5조에 비추어, 구기·고지도 등을 조사하여 보고 하도록 지시.	乙第 28號	지리료12등 출사 田尻賢信, 檜山榮藏
1876.10.16	島根縣⇒內務省 (내무경 大久保 利通)	「일본해내 죽도외일도 지적편찬 방사」 죽도의 경위서와 관련 부속문서 5종을 첨부하여 내무성에 보고·문의	地第 664號	현회 佐藤信寬 현참사 境二郎
1876.10.16- 1877.3.17	內務省 검토	약 3개월간 내무성에서 검토	-	(약5개월)

회의 『100문 100답』에서 전개한 「고유영토론」 비판의 하나로 태정관지령 관련 주장을 부분적으로 비판하고 있다.

1877.3.17	內務省⇒太政官	죽도 소관의 건에 대해 시마네현에서 문의하여 조사한 바, 본방과 관계없는 것으로 생각되나 판도의 취사는 중대한 사건이므로 별지서류를 첨부하여 문의함	第223號	내무경 大久保利通 내무소보 前島密
1877.3.20	太政官 (우대신 岩倉具視)	내무성 문의는 죽도외일도의 지적편찬에 관한 것으로, 막부 때 이미 본방과 관계없다는 결론에 이르렀다고 듣고 있으며, 문의의 취지를 검토한 후 지령을 내려주길 바람.	立案 第20號	
1877.3.27	太政官	위의 「태정관지령안」 입안	-	
1877.3.17 -1877.3.29	太政官 검토	**12일간 태정관에서 검토·의결**	-	(12일간)
1877.3.29	太政官⇒內務省 (우대신 岩倉具視)	문의한 「죽도외일도」는 본방과 관계없으므로 주의할 것	太政 官指令	
1877.4.9	內務省⇒島根縣	위의 태정관지령을 시마네현에 전달		내무경 大久保利通 내무소보 前島密

이러한 지시를 받은 시마네현은 17C에 죽도로 도해하고 있었던 오야가문 (大谷家)의 기록 등을 조사하였고, 그러한 서류를 첨부하여 동년 10월 16일, 내무경(內務卿)에게 문의서 「일본해내 죽도외 일도 지적편찬 방사(日本海內 竹島外一島地籍編纂方伺)」를 제출하였다. 여기서 '죽도(竹島)'란 울릉도를 '외일도(外一島)'란 송도(=독도)를 가리킨다. 이 때, 시마네현이 지리료의 문의서에는 없었던 '외일도'를 일부러 문의서에 덧붙인 것은, 오타니가 자료에 「죽도 부근 송도」, 「죽도의 안 송도」 등이라고 기록되어 있어, 송도는 죽도와 한 세트, 혹은 죽도의 속도(나라 또는 본섬에 속한 섬)라고 하는 인식이 강했기 때문으로 보여진다(堀和生 1987:103-104).[5] 두 섬은 시마네현 문의서의 부속서류 「유래의 개략」에 이렇게 기술되었다.[6]

5 이 점에 대해서는 호리 가즈오(堀和生)도 이미 지적하고 있다.

기죽도(磯竹島) 또는 죽도라 부른다. 오키국(隱岐國)에서 북서쪽(乾位) 120
리 정도의 위치에 있으며, 주위 약 10리가량으로 산은 준험하고 평지가 별로 없
다. 하천이 세 개 있고 폭포가 있기는 하지만 계곡이 그윽하고 깊숙하여 나무와
대나무가 조밀하여 그 근원지는 알 수 없다. ····다음으로 섬이 하나 더 있는데
송도(松島)라고 부른다. 둘레 36정(町)[7] 정도로 죽도(竹島)와 동일 선로에 있다.
오키에서 떨어지기를 80리(里)[8] 정도로 수목과 대나무가 거의 없다. 또한 어수
(魚獸)가 난다.[9]

이 문장으로 보면 송도, 즉 '외일도'가 현재의 독도를 가리키는 것은 의심할
여지가 없다. 그렇기 때문에 대부분의 연구자들은 '외일도'란 당연히 송도 즉

---

6 시마네현은 「죽도(울릉도)」에 대해 11일간 조사한 결과를 내무성에 보고하게 되는
   데, 그 부속자료 일람을 제시하면 다음과 같다.

〈부표〉 시마네현이 내무성에 보고한 부속자료 일람

자료	자료명	작성시기	내 용	비 고
①	【유래의 개요】	1876.10	1)죽도도해의 유래 2)죽도도해허가서(막부, 1625.5.16) 3)도해금지의 경과 4)죽도도해금지령(1696.1.28)	『公文錄』
②	【제1호】부속문서	1696.1.28	구정부 평의의 취지	『公文錄』
③	【제2호】부속문서	1696.10	역관에의 달서(達書)	『公文錄』
④	【제3호】부속문서	1698.3	조선에서 온 서신(예조참의 이선부가 쓰시마 태수(宗義眞)에게 보낸 감사장)	『公文錄』
⑤	【제4호】부속문서	1699.1	일본의 답신(【3호】시신에 대해, 쓰시마 태수가 예조참의에게 서계를 막부에 보 고했다는 답신)	『公文錄』
⑥	【구상지각 (口上之覺)】	1699.3.21	아비루 소베(阿比留惣兵衛)가 왜관으 로 건너가, 위 답신을 건네면서 한 말 (『竹島紀事』의 내용)	『公文錄』

7 1정(町)=109.09m. 36정(町)=3.927km로 실제 독도의 둘레 5.4km(동도의 둘레 2.8km,
   서도의 둘레 2.6km)에 근접한다.
8 1리(里)=1해리(海里)=1.852km, 80리=148.16km, 실제 오키섬－독도의 거리는 157.5km임.
9 「磯竹島一に竹島と称す隱岐國の乾位一百二拾里許に在り周回凡十里許山峻險
   にして平地少し川三條あり又瀑布あり然れとも深谷幽邃樹竹稠密其源を知る
   能はす……次に一島あり松島と呼ふ周回30町許竹島と同一線路に在り隱岐を
   距る八拾里許樹竹稀なり亦魚獸を産す」(『公文錄』「內務省之部」,明治9年10月).

독도를 가리키는 것으로 이해하고 있다. 예를 들면, 호리 가즈오(堀和生)와 츠카모토 다카시(塚本孝), 나이토 세이추(內藤正中) 등이 그렇다고 할 수 있다(堀和生 1987:103, 塚本孝 1996:5, 內藤正中 2007:20). 그러한 가운데, 「죽도문제연구회」의 좌장인 시모조 마사오(下條正男)는 그의 독도에 관한 논리와 마찬가지로 「죽도외일도」의 비정에 관한 견해도 조금씩 바꾸고 있어 주목 받는다. 당초 시모조는 "「죽도외일도」의 '일도'가, 지금의 죽도(독도)를 가리키는지 그렇지 않은 것인지 확실하지 않다"(下條正男 2004:123)라고 하였으나, 2006년에는 견해가 변하여 "외일도란 당시의 송도, 현재의 죽도(독도)를 가리키고 있다고 생각한다"(下條正男 2006:19)라고 생각을 바꾸었다. 그런데 2007년 3월 「죽도문제연구회」의 『최종보고서』에는 더욱이 자신의 견해를 변경하여, 다음과 같이 적고 있다(下條正男 2007:2).

ⓐ 시마네현이 문의를 한 「죽도외일도」와 태정관이 판단한 「죽도외일도」에는 차이가 있었다. 『공문록』에 첨부된 시마네현 제출의 「기죽도약도」에는, 현재의 죽도와 기죽도(현재의 울릉도)가 그려져 시마네현에서는 울릉도와 죽도를 일본령으로 인식하고 있다. …… 결론부터 말하면, 태정관이 「관계없다」고 한 「죽도외일도」는, 두 개의 울릉도를 가리키고 있어 현재의 죽도와는 관계가 없었던 것이다.

이러한 견해는 시마네현 죽도문제연구회의 좌장으로서 견해를 제시한 만큼 중요한 것이다. 시모조 마사오는 이 문장에서, 시마네현은 '외일도'를 죽도＝독도라고 인식하고 있었지만, 태정관은 '외일도'를 울릉도라고 인식하여, 양자의 이해에는 차이가 있었다고 주장하고 있다. 그러나 이 견해조차도 불과 6개월도 되지 않는 동안에 시모조는 좌장의 견해를 변경하여, "시마네현이 말하는 '외일도'도 울릉도를 가리킨다고 하여 「시마네현은 '죽도'뿐만 아니라, '송도'도 울릉도라고 인식하고 있었다. 즉 「죽도외일도」는, 모두 현재의 울릉도를 가리키고 있었던 것이다"(下條正男 2007b:103)라며 또다시 자설을 바꾸었다. 이와 같이 자설을 어떤 설명도 없이 자주 바꾼다는 것은 아주 이례적이지만, 이러한 그의 「죽도외일도」에 대한 견해는 점차적으로 「죽도문제연구회」의 연구 멤버들에게도 파급되기에 이르렀고, 사료 왜곡 해석의 하나의 큰 줄기를 이루고 있는 것이다. 그 대표적 영향으로 스기하라 다카시(杉原隆)와 야마자키 요시코(川崎佳子) 등을 들 수가 있다. 과거에는 「죽도외일도」의 '외일도'는 죽서(竹嶼, 댓섬)라는 주장이 일기도 했지만, 최근에는 일관되게 '외일도'는 '죽도라고도 부르고 송도라고도 불렀던 울릉도' 하나의 섬을 지칭하는 것으로 그의 견해를 피력하고 있다(竹島問題硏究會 2011:11-18, 19-28).

ⓐ 최근 연구자 한 명으로부터 메이지 14년 시마네현령 사카이 지로(메이지 9년 현 참사로서 내무성에 문서를 제출한 인물입니다)의 이름으로 내무경, 농상무경 앞으로 「일본해내 송도개간의 건에 대한 문의」라는 서신이 제출되었던 사실을 배웠습니다. 내용은 시마네현 나가군(那賀郡) 아사이 무라(淺井村)의 사족 오야 겐스케(大屋兼助)라고 하는 사람으로부터 송도개간 청원이 나와 있었던 것에 대해 대응하는 문의입니다. 여기서 말하는 송도는 문면으로 보아 울릉도인 것은 명백합니다. 이것에 대해서 내무성과 외무성과의 사이에 문서의 왕복이 이루어지고 있습니다만, 그곳에서는 「조선국 울릉도 즉 죽도·송도의 건에 대해」와 같은 문언이 담당자에 의해서 사용되고 있습니다. 당연 「울릉도 즉 죽도라고도 송도라고도 부르고 있는 섬」을 의미합니다.
ⓑ 메이지 9년 지적(地籍)이라고 하는 역사에도 관련되는 내용의 질문에, 시마네현은 에도시대의 사실을 중심으로 「죽도외일도」로 문의서를 작성하여 제출했습니다. 이것에 대해 내무성의 지시는, 시마네현이 이용한 「죽도외일도」의 문언을 그대로 이용하고 있지만, 메이지 초기의 현상을 반영해 「죽도라고도 송도라고도 부르고 있는 섬(울릉도)은 일본령이 아니다」를 의미할 가능성이 큽니다. 그러나 그것을 모두 여러분에게 인정받으려면, 관계의 문서·지도 등의 분석을 한층 더 진행할 필요가 있겠지요. 이 문제가 「죽도문제」의 논쟁의 하나인 것은 당연하다고 생각합니다(杉原隆 2010:84-85).

여기서 보면 스기하라는 1881년 시마네 현령이 내무경 등에게 제출한 「송도개간에 대한 문의」라는 문서에서 울릉도를 송도라고 지칭하고 있으므로 역사적 사료를 역으로 소급하여 1877년 3월 태정관지령에서 말하는 「죽도외일도」를 두고 '죽도라고도 송도라고도 불렀던 울릉도'라고 주장하는 우를 범하고 있기도 하다. 아무튼 최근 그는 메이지 초기의 울릉도를 송도라고 칭하고 있는 관련문건을 조사하기에 열성적이다(山崎佳子 2011:19-28).

그리고 야마자키 요시코(山崎佳子)의 논리도 메이지 정부의 영토 인식을 나타내는 1877년 3월 17일의 「태정관지령문」에 대해서는 거의 동일하다고 할 수 있다. 이것은 시마네현 「죽도문제연구회」의 연구멤버가 공통적으로 독도에 대한 역사적 사실(史實)을 왜곡하고 있는 문제들이기도 하다.

　　ⓐ 일본의 메이지 정부가 「한국 송도」라 한 것은 당시의 인식 「조선국 울릉도 즉 죽도 송도」와 일치하고 있으며, 울릉도를 송도라고 하고 있었던 서양 각국의 인식과도 일치한다 점을 각각 확인했다(山崎佳子 2011:27).

　　ⓑ 그런데, 1881년에 외무성이 「송도」를 울릉도로 하는 결론을 낸 것은 전술했지만, 일본 제작의 해도 『일본 혼슈 큐슈 시코쿠 및 조선(日本本州九州四國及朝鮮)』(1891년)과 『조선동안』(1893년)에 「울릉도(송도)」라고 기재되어 있는 것부터 보면, 1890년대 당시 일본 정부도 「송도」는 울릉도이다 라고 인식한 것은 의심의 여지가 없다. 더욱이 「1894년 영국해군의 수로잡지에 의한다」라고 서문에 적혀 있는 수로부 작성 『조선수로지』(1894년)에 있어서도, 「울릉도(일명 송도)」라고 하고 있다(山崎佳子 2011:26).

　　ⓒ 이 「송도」의 명칭에 관하여, 일본 정부가 「죽도외일도(竹島外一島)」를 판도외이다고 한 태정관의 지령(메이지 10(1877)년 4월)을 가지고 일본이 송도(현 죽도)를 한국령으로 하였다, 라고 한국 측은 주장한다. 그러나, 메이지 14(1881)년부터 15년의 시마네현, 내무성, 그리고 외무성의 사이의, 울릉도 벌목사건에 관하여 이 지령을 논의하는 교환문서와 통달(通達)을 포함한 관련 사료—그것은, 「송도개간지의(松島開墾之儀)」를 문의하는 것으로, 문제의 「10년(1877)년 4월 지령」, 즉 4년 전의 태정관지령의 내용에 변경이 없다(「송도의 건은 최초의

지령대로 본방과 관계없다」[10])는 것을 확인하는 것이었다—에 의해, 메이지 14
년(1881)의 시점에서 메이지 정부는, 메이지 10년(1880)의 태정관지령이 판도 외
로 한 것은, 당시 죽도라고도 송도라고도 불리우고 있던 울릉도 일도(一島)라고
생각하고 있었던 것은 명확하다(山崎佳子 2011:26).

앞에서도 언급했듯이 울릉도의 변칭으로서의 송도(Matsushima)는 구미 전
래의 해도의 영향이었다. 이 해도의 제작과 수로의 측량, 해상관측 등의 업무
를 하면서 일본제국의 해양경계 획정에 일익을 담당했던 일본 해군성에서는,
일찍이 지도의 제작을 위해 서양 제작의 해도 및 지지에 관한 정보를 비교적
빈번히 접하고 있었다. 이러한 서양지도 등과의 접촉이 겐로쿠년간[11]의「죽
도도해금지령」이후 일본의 서북해(동해) 연안의 어민들 및 일본 정부 관료
들의 기억에서 조금씩 멀어져갔던 죽도(=울릉도), 송도(=독도)는 서양 해도
의 유입으로 일시기 명칭혼란을 초래하기도 했다. 그 후, 송도=울릉도라는 명
칭은 해군 수로부에서 주로 사용되었고, 이는 일본제작의 지도에도 반영되곤
하였다. 그러나『조선수로지』,『환영수로지』등에서 공식적으로는 울릉도
라는 명칭을 사용하면서도, '울릉도 일명송도'(海軍水路局 1886:398)라고 병
기하거나 '울릉도[일명송도]'(海軍水路局 1894:256)라고 울릉도의 이칭이 송
도임을 나타내고 있다. 그렇다고 해서 이 '송도'를 공적으로 사용하고 있었던
사례는 거의 제한적이었고, 하물며 해군성 이외의 다른 정부 부성(部省)에서
는 19세기말에 이르기까지 여전히 죽도(竹島)는 울릉도, 송도(松島)는 독도
라고 하는 인식을 하고 있었던 것이다. 따라서 19세기말의 메이지 정부가 '송
도'를 주로 울릉도의 호칭으로써 공적으로 사용했다는 주장은 사실이 아니
다. 그리고 당시 메이지 정부가 마치 울릉도를 송도라고 인식한 것처럼 왜곡
하고 있으나, 사실은 내무성도 외무성도 그리고 태정관까지도 울릉도는 죽

---

10 島根縣,『明治十四年, 明治十五年縣治要領』明治15年1日條.
11 1688~1704년.

도, 독도는 송도로 인식하고 있었다. 그리고 이는 메이지 초기의「조선국 교제시말 내탐서」(1870)와 그 흐름을 같이하는 것이다.

3. 태정관지령문의 「죽도외일도」와 그 내용

그럼 태정관지령에서 최종적으로 언급되는「죽도외일도」의 경위에 대해 살펴보기로 하자. 앞에서 언급하였듯이 일본 내무성은 지적편찬을 도모하기 위해 시마네현의 서북쪽에 있는 '죽도(울릉도)'에 대해 지방관 주의서 제5조를 참조하여 구기(舊記)·고지도 등을 조사하여 내무성에 보고하도록 지시하였다(1876.10.5). 이에 대해 시마네현은 11일간 조사를 하였고, 두 섬의 소속을 확인하기 위해서 시마네현의 지적에「죽도외일도(竹島外一島)」를 포함시킬지 어떨지를 내무성에 조회한 것이다. 따라서 관련 문서 6점(「유래의 개요」, 부속문서①~④,「구상지각」)을 부속자료로 첨부하여 내무성에서 언급하지도 않은 송도(독도)에 대해서까지 포함하여「죽도외일도」의 지적편찬 방법을 문의한 것이었다. 이때 내무성의 조회서와 시마네현의 문의서는 다음과 같다.

[자료 1] 乙제 28호
관할 내 오키국 어떤 사람을 만나 종래에 죽도라고 말하는 고도(孤島)가 있다고 들었습니다. 원래부터 돗토리번 상선이 왕복하여 선로도 있는 듯합니다. 우(右)는 말로 설명한 것(口演)을 가지고 조사 방침 및 협의를 해둔다는 것입니다. 게다가 지적편제 지방관 주의사항(心得書) 제5조의 취지도 있으며 또한 만일의 경우를 위해 협의를 한다는 조목인 우(右)의 제5조에 조준하여 구기(舊記)와 고도(古圖)도 함께 조사하여 본성(本省)에 문의해 주시기를 바라고 조회하는 바입니다.

메이지 9년(1876) 10월 5일

    지리과 편찬출사(出仕) 다지리 다카노부(田尻賢信)

        지리대속(地理代屬) 스기야마 에이죠(杉山榮藏)

시마네현 지적편제계 귀중[12]

[자료 2] 일본해 내 죽도외 일도(竹島外一島) 지적편찬 방침 문의

귀성 지리과(地理寮)[13] 관원이 지적편찬 검열을 위해 본현(시마네현)을 순회한 바, 일본해 가운데 있는 죽도 조사 건에 대해 별지乙 제28호와 같이 조회하고자 한다.

이 섬은 에이로쿠 시기(永祿, 1558~1570년)에 발견하여 돗토리번의 시기 겐나(元和) 4년(1618년)부터 겐로쿠 8년까지 거의 78년간 돗토리번 영지 호키국(伯耆國) 요나고마치(米子町)의 상인 오오야 규에몽(大谷九兵衛), 무라카와 이 치베(村川市兵衛)라는 자가 구 막부의 허가를 거쳐서 매년 도해하였다. 섬 안의 동식물을 싣고 돌아와 내지에서 매각한 확증이 있었다. 지금 고서, 구 서장 등 전해지는 것에 대해서는 별지의 대략 도면(大畧累圖面)을 함께 첨부하여 상신합니다. 이번에 전도(全島)를 실검(實檢)한 위에 자세한 사정을 기재하도록 처음부터 본 현 관할로 확정한 적도 없으며, 또한 북해 백 여리를 떨어져 노선(線路)도 대개 불분명하다. 배가 흔들리거나 하여 잘 왕래를 할 수 없다. 위 오오야 모씨와 무라카와 모씨가 전기(傳記)에 근거하여 상세하게 상신합니다. 그렇게 해서 그 대부분을 추측하건대 관내 오키국의 범위에 해당하며 산인일대에서 서부로 통한다. 보기에는 본 현 국도(國圖)에 기재하여 지적에 편입하는 등의 건은 어떻게든 조처를 취해야 합니다.

---

12 「(乙第二十八号)
御管轄内隱岐國某方ニ當テ從來竹島ト相唱候孤島有之哉ニ相聞 固ヨリ舊鳥取藩商船往復ノ線路モ有之 趣右ハ口演ヲ以テ調査方及御協議置候儀モ有之 加フルニ地籍編製地方官心得書第五條ノ旨モ有之候得トモ 尙爲念及御協議候 條右五條ニ照準 而テ舊記古圖等御取調本省へ御伺相成度 此段及御照會候也
明治九年十月五日 地理寮第十二番出仕 田尻賢信
       地理大屬 杉山榮藏
島根縣地籍編纂係御中」(『公文錄』內務省之部一, 明治九年十月)

13 료우(寮)란 각 성(省)에 속한 관청명의 하나로 국에 상당하는 것으로, 메이지 초기에 사용되었음.

메이지 9년(1876) 10월 16일

현회 　　　　　　　　　사토 노부히로(佐藤信寛) 대리

시마네현 참사(參事)　　사카이 지로(境二郞)

내무경 오오쿠보 도시미치(大久保利通) 전[14]

[자료 3] 태정관지령 첨부지도(磯竹島略圖)

자료: 「磯竹島略圖」『公文錄』, 1877年

---

14 「日本海内竹島外一島地籍編纂方伺

御省地理寮官員地籍編纂苞檢ノ爲メ 本縣巡回ノ切 日本海内ニ在ル竹島調査ノ儀
ニ付キ 別紙乙第二十八号ノ通リ照會有之候處 本島ハ永祿中發見ノ由ニテ 故鳥
取藩ノ時 元和四年ヨリ元祿八年マテ凡七十八年間 同藩領内伯耆國米子町ノ商
大谷九右衛門 村川市兵衛ナル者舊幕府ノ許可ヲ経テ毎歳渡海 島中ノ動植物ヲ
持歸リ內地ニ賣却シ候ハ已ニ確証有之 今ニ古書舊狀等持傳へ候ニ付 別紙原由
ノ大畧圖面トモ相副 不取敢致シ上申候 今回全島實檢ノ上 委曲ヲ具へ記載可致ノ
處 固ヨリ本縣管轄ニ確定致候ニモ無之 且 北海百余里ヲ懸隔シ線路モ不分明 尋
常帆舞船等ノ能ク往返スヘキ非ラサレハ 右人谷某 村川某カ傳記ニ就キ追テ詳
細ヲ上申可致候 而シテ其大方ヲ推按スルニ管内隱岐國ノ乾位ニ當リ山陰一帶
ノ西部ニ貫付スヘキ哉ニ相見候ニ付テハ本縣國圖ニ記載シ地籍ニ編纂スル等
ノ儀ハ如何取計可然哉 何分ノ御指令相伺候也

　　　　　明治九年十月十六日　島根縣參事 境二郞
內務卿 大久保利通殿」(『公文錄』 內務省之部一, 明治九年十月)

[자료 3]은 『공문록』 내무성지부에 보존된 「일본해내 죽도외일도 지적편찬 방사」의 부속지도 「기죽도약도」이다. 시마네현이 내무성에 문의한 「죽도외일도」가 무엇인가를 나타내주는 자료로, 지도에는 조선과 오키섬 사이에 기죽도(磯竹島=울릉도)와 송도(松島)가 그려져 있고, 그 중간에는 두 섬의 방향과 거리가 명시되어 있다. 즉 여기서 송도가 지금의 독도를 지칭한다는 것은 지도만으로 보더라도 일목요연하다([자료 3]을 참조). 이 지도에 그려진 송도는 동서 두개의 섬으로 구성된 작은 섬이며 누구의 눈에도 독도인 것은 분명하다. 이 지도는 시마네현이 오타니가의 소장 도면을 기초로 작성한 것으로, 그것을 내무성이 자신의 문의서에 첨부하여 태정관에 제출했던 것이다. 따라서 송도에 관한 지리적 인식은 시마네현과 내무성, 태정관 모두에 공통되는 것이었다는 사실은 말할 필요도 없다.

그런데, 시마네현으로부터 문의서를 받은 내무성은 '「죽도외일도」는 본방과 관계없다'는 결론을 신중하게 내렸다(1877.3.17). 일찍이 내무성은 『일본지지제요』(1875-78)나 『기죽도각서』(1875)를 편찬하고, 두 섬을 일본의 판도외라는 인식을 갖고 있었으므로 당연한 판단이었다. 게다가 "판도의 취사는 중대한 사건"이라는 인식에서 약 5개월간의 검토를 거쳐 이듬해 3월, 만일을 위해 태정관에 대한 문의서 「일본해내 죽도외 일도 지적편찬 방사」를 제출했던 것이다.

1877년 3월 17일 내무성으로부터 태정관에 제출된 조사서는 태정관 조사국에서 심사되었다(堀和生 1987:105). 그 결과, 내무성의 견해를 그대로 인정하는 지령안이 작성되었고 품의를 위해 돌려졌다. 이것은 우대신 이와쿠라 도모미(岩倉具視), 참의 오쿠마 시게노부(大隈重信), 참의 데라시마 무네노리(寺島宗則), 오키 다카토(大木喬任) 등에 의해 승인되어 날인을 하여 내무성에 전달하였다. 이 지령은 내용이 중대한 만큼 관계서류와 함께 『太政類典』에도 「일본해내 죽도외 일도를 판도외로 정한다」라고 하여 이하와 같이 기록되어 있다.

[자료 4] 메이지 10년(1877년) 3월 29일【태정관지령문】
일본해내 죽도외 일도를 판도외로 결정한다.

내무성 문의
죽도 소관의 건에 대하여 시마네현으로부터 별지의 문의가 있어 취조한 결과 이 섬은 겐로쿠 5년(1692년) 조선인 입도 이래 별지서류에 있는 바와 같이 겐로 쿠 9년(1696년) 정월 제1호 구정부 평의의 뜻에 따라 2호, 역관 하달서(達書) 3호, 당해국(該國) 내간(來柬) 4호, 본방(本邦) 회답(回答) 및 구상서 등과 같다. 즉, 겐로쿠 12년(1699년)에 이르러 (서간의) 왕복을 마쳤는데 우리나라와 관계없다 고 들었으며 판도(版圖)의 취사(取捨)는 중대한 사건이므로 만일의 경우를 위해 별지서류를 첨부하여 이번에 보고한다.

(1877년) 3월 17일 내무
죽도외 일도의 건은 본방(本邦, 일본-역자)와 관계가 없으므로 명심할 것.
메이지 10년(1877) 3월 29일[15]

---

15 「三月廿九日 [十年]
日本海內 竹島外一島ヲ版図外ト定ム
内務省伺
竹島所轄の儀に付 島根縣より 別紙伺出取調候處 該島の儀は 元祿五年朝鮮人入 島以來 別紙書類に摘採する如く 元祿九年正月 第一号旧政府評議の旨意に依り 二号譯官へ達書 三号該國來柬 四号本邦回答及ひ口上書等の如く 則元祿十二年に 至り夫々往復相濟 本邦關係無之相聞候へとも 版図の取捨は 重大の事件に付 別 紙書類相添 爲念此段相伺候也
三月十七日 内務
(朱書) 伺の趣 竹島外一島の儀 本邦關係無之儀と 可相心得事
三月二十九日」(『太政類典第二編』第九十六卷)

4. 메이지 시대 일본 정부의 울릉도 · 독도 인식

대항해 시대의 개막과 더불어 18세기말부터 유럽함선의 동해안 출몰이 잦아졌다. 에도시대 후기 일본에서는 당시 서양 지도와 비교해도 손색이 없을만큼 정밀한 일본지도를 제작해 갔다. 1853년 페리제독의 내습이 있기까지는 쇄국체제 하에서 지도제작을 위한 조사 등이 불가능하였으므로 주로 네델란드, 중국 경유로 해외의 지리학서, 지도책, 항해기 등을 수입하여 그것들을 번역 · 연구하면서 일본 제작 지도를 작성하는 방법을 취하였다. 막말 메이지 초기 죽도(=울릉도), 송도(독도)의 명칭 혼란은 이러한 구미로부터 도입된 지식의 흡수의 과정에서 생겨난 것이다. 이렇듯 구미 제작의 지도에서는 1820년대 나가사키(長崎) 상관의 의사였던 지볼트(P.F. Siebold)[16]가 귀국 후 유럽에서 작성한 일본지도에 영향을 받아, 일본에서 전통적으로 죽도라고 불렀던 울릉도는 송도(Matsushima) 혹은 다줄레섬(Dagelet I.)로 전칭되었고 울릉도의 왼쪽으로 예전 일본에서 죽도라고 불렀던 섬이 아르고노트섬(Argonaut I.)으로 자리잡게 되었다.

〈표 2〉 서구에 의한 울릉도 · 독도의 「발견」과 명명

연 도	선명 · 발견자 등	국 명	울릉도	독도	비 고
1787	라페루즈함대	프랑스	다줄레섬 (북위 37 25′ 동경130 56′)	-	유럽인으로 최초로 발견
1789	아르고노트호	영 국	아르고노트섬 (북위 37 25′ 동경130 56′)	-	다줄레섬과 별개의 섬으로 생각함

16 일반적으로 시볼트라 부르고 있으나, 그의 고향인 독일어로 지볼트라고 발음하므로 여기서는 그렇게 부르기로 한다.

1840 1852	시볼트저 『일본인 작성에 의한 원도 및 천문관측에 근거한 일본국지도』	네델란드	다카시마 (아르고노트섬) 송도 (다줄레섬)	-	섬의 위도·경도와 발견자명을 동서 2도를 각각의 도명을 옆에 주기하고 있음
1849	리앙쿠르호 (포경선)	프랑스	-	리앙쿠르암	
1854	팔라다호 (푸챠친함대)	러시아	〈실측에 의해 아르고노트섬의 위치에 섬이 없음을 확인〉	메넬라이 및 올리부챠암	
1855	호넷호(군함)	영 국	〈실측하여 팔라다호와 같은 결론을 내림〉	호르넷암	
1880 (明治 13年)	해군군함 『아마기(天城)』	일 본	〈해도의 송도는 울릉도(다줄레섬)와 같은 섬이라는 것을 확인〉	리앙쿠르 (열)암	

자료: 다케우치(竹內猛) (2010)에서 인용.

    다줄레섬의 출현은 1787년 프랑스의 라페루스함대가 동해를 지나던 중 울릉도를 발견하면서 명명한 것이고, 2년 뒤 영국의 탐험가 제임스 코르넷(James Cornet)이 이 해역을 지나다가 발견하여 상선명 아르고노트호의 이름을 따서 아르고노트섬이라 명명하여, 다줄레섬과 별개의 섬으로 생각하였다. 따라서 해도에는 울릉도의 정위치에서 서쪽으로 아르고노트섬이 약간 동쪽으로 다줄레섬이 그려진 것이다. 그 후 네델란드로 귀국한 지볼트가 작성한 「일본지도」에서 동해의 두 섬 울릉도와 독도가 각각 다카시마(Takasima)와 송도로 아르고노트섬과 다줄레섬으로 대응시켜 병기하였던 것이다. 1849년 프랑스의 포경선 리앙쿠르(Linancourt)호가 독도를 발견하기까지는 다소 위도가 이동한 채 두 섬이 울릉도 독도로 여겨졌었다(大西俊輝 2003:29-47).

    리앙쿠르호가 독도를 발견하여 선명을 따서 리앙쿠르암(Linancourt Rocks)이라 명명하면서, 서양 해도 및 일본 해도에서는 3개의 섬이 동해바다에 그려졌다. 그 후, 1854년 러시아의 팔라다함대의 실측에 의해 독도는 메넬라이와 올리부차암으로, 영국군함 호넷호의 실측에 의해 호르넷암(Hornet Rocks)이라고 기재되기도 하였다. 이러한 위도가 벗어난 죽도(아르고노트)와 송도(다줄레)의 두 개의 섬으로 표기되기도 하고, 리앙쿠르암(독도) 또는 호넷이 추가된 3개의 섬이 등장하게 된다. 그런데 1850년대에 러시아선과 영국선이 별도로 관측하여 아르고노트섬(지볼트 지도에서「죽도」)의 위치에는 섬이 없다는 것이 확인되었기 때문에 지도에서 말소되었고, 결과적으로 구미 제작의 지도에서는 조선의 울릉도가 다줄레섬로 여겨져 그 별칭을「송도」라 하게 되었던 것이다. 이렇게 하여 울릉도의 도명이「송도」로 확정된 구미 제작의 지도와 해도는 메이지 시대가 되면서 외국과 접촉이 많았던 해군성 관계를 중심으로 받아들여 사용되었기 때문에, 울릉도의 별칭을「송도」로 하는 지도정보가 조금씩 일본국내에 보급되었다.

1854년 3월 11일 미국의 페리제독과의 화친조약으로 개국을 하여, 메이지 시대가 되면서 일본은 민관 할 것 없이 점차로 해외로 진출하게 되었다. 특히 블라디보스토크로 항행하는 일본인이 증가하면서「죽도도해금지령」이후 산음지방 사람들에게서 멀어졌던 울릉도가 다시 주목을 받게 되었다. 울릉도의 풍부한 삼림자원과 수산 자원 등을 목적으로 하여, 외무성 등에「송도개척지의」,「송도개척원」,「죽도개척원」등이 1876년부터 1878년에 걸쳐 잇따라 제출되었다. 이러한 개척 청원에서 지칭하는「송도」란 실로 예전의 죽도, 즉 울릉도를 가리킨다. 그 당시 외국의 잘못된 지도의 영향을 받아 울릉도를 점차 송도라고 부르는 민간인이 증가하기 시작했던 것이다. 아오모리현 사람 무토 헤이가쿠(武藤平學)가 제출한「송도개척지의(松島開拓之議)」, 지바현 사람 사이토 시치로베에(齋藤七郎兵衛)의「송도개척원(松島開拓願)」, 시마네현 사족 도다 다카요시(戸田敬義)가 제출한「죽도도해원(竹島渡海願)」등의 이름으로 동해의 섬에 대한 개척의 건의서·청원서가 연이어 정부 등에 제출되었다(정영미역 2006: 194-354).[17]

송도개척원을 접수한 외무성은「송도」라는 섬의 소재를 둘러싸고 다소 혼란스러워 하였다. 송도와 죽도와의 위치 관계와 동해(일본해) 오키(隱岐) 앞바다에 있는 섬은 두 섬인지, 세 섬인지조차 외무성은 파악 할 수 없는 상황이었다. 그러나, 외무성내에서는 갑론을박 여러 설이 분분했지만, 점차 개척 청원에서 말하는 송도는 종래의 죽도라고 이해되게 되었다. 기록 국장의 와타나베 히로모토(渡辺洪基)는「그 송도 데라세시마(デラセ嶋)라는 것은 본래 죽도(竹嶋) 즉 울릉도로서, 우리의 송도(松嶋)라는 것은 서양 이름 호르넷록스 인 것 같다」[18](정영미역 2006:358)라고 말하여, 개척원에 적힌 송도는 예전의 죽도(울릉도)이며, 고래의 송도는 호르넷록스(죽도=독도)라고 추측하고 있었다. 또한, 공신국장 다나베 다이이치(田辺太一)는 개척원의 송도가 예전의 죽도, 즉「조선의 울릉도」이다 라고 단정하였고, 개척원에 대해 각각 기각이라는 의견을 붙였다. 더욱이 예전의 송도에 대해서는「듣기에, 송도는 우리 해외주재 일본인이 명명한 이름이며, 사실은 조선의 울릉도에 속하는 우산이다」(정영미역 2006:477)[19]라고 말해, 고래의 송도는 울릉도 부속의 우산도라고 이해하고 있었다. 이와 같이, 외무성에서는 예전의 송도와 개척원의 송도를 대체로 올바르게 분별하고 있었지만, 아무도 확신을 가질 수 없는 상황이었다(정영미역 2006:477-503). 그 가운데「죽도」에 대해서는, 에도시대의 기록을 조사하여 조선의 울릉도란 것이 판명되었지만「송도」에 대해서는 판단이 서지 않았다. 앞의 '도명의 전치(轉置)'를 정확히 인지하지 못하였기 때문에 혼란이 생겼던 것이다.

---

17 도다 다카요시(戶田敬義)의 청원서는 도쿄 지사 앞, 다른 2통은 재블라디보스토그의 무역 사무관을 거쳐 외무성에 제출되었다.
18 「其竹島デラセ嶋ナル者ハ本來ノ竹嶋卽チ？陵島ニシテ我松嶋ナル者ハ洋名ホルネットロックスナルカ如シ」,「松島之議一」.
19 「松島ハ我邦人ノ命ゼル名ニシテ其實ハ朝鮮蔚陵島ニ屬スル于山ナリ」,「第二十一号 松島巡視要否ノ議」.

여기서, 청원서의 「송도」가 「죽도」와 동일한 울릉도를 가리키고 있는지, 그렇지 않고 그 밖에 「송도」라고 하는 별도의 섬이 있는지, 또 그 섬의 영유권은 어떻게 되어 있는지 등을 일본 정부로서 확정하는 필요를 느꼈다. 그러나 청원서를 검토한 외무성내에서는 갑을병정으로 견해가 나뉘어졌기 때문에, 시마네현에 조회하거나 배를 파견해 현지를 조사하기로 결정했던 것이다.[20] 그리하여, 1878년 6월 외무성의 지시를 받은 해군 소좌 마츠무라 안슈(松村安種)가 아마기함(天城艦)으로 「송도」 확인을 나서게 된다.

[자료 5]

또한 해군수로국(海軍水路局)의 「수로잡지(水路雜誌)」에 의하면, 메이지(明治) 11년(1878년) 6월 해군소좌(少佐) 마츠무라 안슈(松村安種)가 아마기(天城艦)를 타고 조선해(朝鮮海)를 회항(回航)할 때 그 승무원 해군 대위(大尉) 야마즈미 지키세이(山澄直淸)·해군 소위보(少尉補) 고바야시 하루미(小林春三)·동(同) 후쿠치 구니카네(福地邦鼎)등과 송도(松島)에 갔다. 요시다(吉田) 중위(中尉)가 정오에 본함(本艦)의 소재를 실측하니 북위 37도 48분이었다. 또 오전 7시 58분에 태양 고도를 측정하니 본함 소재는 동경 130도 32분이었다. 이로부터 침로(針路)를 남동으로 바꾸어 수정의(水程儀)를 갖고 측정하건대 항해 속도 20리, 송도(松島)에서 2리 떨어진 곳에 이르러 송도의 중부(中部)를 정남으로 바라보았다고 하였다. 이것이 우리 군함이 송도를 측량한 것의 시작이다. 그 후 메이지 13년(1880년) 아마기(天城艦)가 다시 송도로 항해함에 이르러 해군 수위 미우라 시게사토(三浦重鄕) 등이 친히 그 땅에 가서 실지측량 하게 되었는데 그 섬 동안(東岸)에 임시 정박지를 발견하였다. 또한 송도는 고대 한국인이 울릉도(鬱陵島)라 칭한 곳으로서, 달리 죽도(竹島)라 칭하는 것이 있을지라도 조그마한 소도(小島)에 지나지 않음을 알게 되어 사정은 더욱 명료해졌다. 이로써 보면 오늘의 송도는 즉 겐로쿠(元祿) 12년(1699년)에 칭한 바의 죽도로서 옛날부터 우리 판도(版圖) 밖의 땅임을 알 수 있다.[21]

---

20 청원서의 내용 및 외무성내의 자세한 논의에 대해서는, 川上健三(1966: 31-46)에 구체적으로 제시되어 있다.

21 「又海軍水路局ノ氷路雜誌二據レ八明治十一年六月海軍少佐松村安種天城艦ヲ以

아마기함의 실측조사는 두 번(1878.6, 1880.9)에 걸쳐 이루어졌으며, 이로써 송도를 둘러싼 명칭혼란은 종식되기에 이르렀다. 항간에서 새로운 섬 송도라고 개척을 청원하던 섬은 사실은 조선의 울릉도로, 예전에 일본에서 죽도라고 불렸던 것이었음을 명확히 인식하게 되었고 명칭혼란의 종지부를 찍었던 것이다. 그러나 일본 외무성의 내의 논란은 명확해졌으나, 해군성의 기록 및 해도에서는 울릉도의 명칭에 일명 송도라는 명칭이 남겨지게 된 계기가되었던 것이다. 막말(幕末)에서 메이지 시대에 이르기까지 일본 정부의 울릉도·독도 인식을 점검하기 위해 관련 문서류 및 해도 등을 통해, 태정관과 외무성, 내무성, 해군성 등 관계 각성이 두 개의 섬을 어떻게 인식하고 있었는가에 대해 〈표 3〉으로 정리하였다.

〈표 3〉 막말·메이지 시기 일본 정부의 울릉도·독도 인식

시기*	태정관 (막부, 내각)**		외무성		내무성		해군성		전거(출전)
	울릉도	독도	울릉도	독도	울릉도	독도	울릉도	독도	
1837.2.	죽도	송도							「天保竹島渡海禁止令」
1870.5.15.	죽도	송도	죽도	송도					『朝鮮國交際始末内探書』

テ朝鮮海へ回航ノ際其乗員海軍大尉山澄直淸海軍少尉補小林春三同福地邦鼎等一松島ニ赴き吉田中尉は正午本艦ノ所在ヲ實測シ北緯三十七度四十八分ヲ得又午前七時五十八分ニ人陽高度ヲ測リテ本艦所在ノ東経一百三十度三十二分ヲ得是ヨリ針路ヲ南東ニ變シ水程儀ヲ以テ測リ航走スル二十里松島ヲ去ルニ里ノ處ニ達シ 松島ノ中部ヲニ望ム云々トアリ是我軍艦松島ノ測量スルノ始メナリ其後明治十三年天城艦ノ再ヒ松島ニ航スルニ及ヒ海軍少尉三浦重郷等親しく其地ニ至リ 實見測量スルニ及ヒ該島東岸ニ假泊ノ地發見シ又松島ハ古代韓人稱スル處ノ鬱陵島シニテ他ニ竹島ト稱スル者アルモ叢爾タル小島ニ過キセルヲ知リ事情愈明了ナリ由此觀之ハ今日ノ松島ハ即チ元祿十二年稱スル所ノ竹島ニシテ古來我版圖外ノ地タルヤ知ルヘシ」(北澤正誠, 「竹島版聞所屬考」, 明治十四(1881)年八月, 또는 『日本外交文書』第14巻, p.394).

1875					죽도	송도			『磯竹島史略』
1876							송도	올라부차 메넬라이	『朝鮮東海岸圖』 海軍水路寮
1876.10.5.					죽도	송도			「지적편찬」 내무성 지적계 문의
1877.3.17.	죽도	송도	죽도	송도	죽도	송도			『太政官指令文』
1878.1 (1875.1.4.)	죽도	송도			죽도	송도			『日本地誌提要』 권50, 태정관 지리과 편
1877.1					죽도				戸田敬義「竹島渡海請願書」(동경부 제출), 『竹島考證』
1880.9.13.			울릉도					울릉도 [송도]		「天城艦」의 실측, 「水路報告」第33號
1881.8			죽도/ 울릉도							「竹島考證」(北澤正誠)
1881.8.20			죽도/ 울릉도							「竹島版圖所屬考」(北澤正誠)
1881.8.27 ~83.11.16.	울릉도		울릉도	(송도)						「朝鮮國鬱陵島에 邦人渡航禁止의 件」(외무성(井上)과 태정관(三條)의 교환문서), 『日本外交文書』
1883.7							송도			「水路雜誌」第16號
1883.7							울릉도 [일명 송도]		「水路雜誌」第41號
1886.12	(이하 내각)						울릉도 일명송도	리양코르트열암	「寰瀛水路誌」第2卷2版
1894.11							울릉도 [일명 송도]	리양코르트열암	「朝鮮水路誌」全
1895.6.25			울릉도	(송도)						「鬱陵島 引揚者의 處置에 관한 件」, 『日本外交文書』

연도									자료
1896.4							울릉도[송도]	리앙코르도암	『朝鮮全岸』, 外務省水路部
1902.10.16			울릉도	리야코/송도					『通商彙纂』第234號, 「鬱陵島事情」
1904.9.29	울릉도	리양코	울릉도	리양코	울릉도	리양코			「리양코섬 영토 편입 및 대하원」
1905.1.28	울릉도	리양코/죽도							「竹島領土編入閣議決定」 관련 문서
1905.9.3			울릉도	리양코					『通商彙纂』第50號, 「鬱陵島現況」
1907.3							울릉도 일명송도	죽도	「朝鮮水路誌」第2改版
1911.12							울릉도[송도]	죽도[죽도]	「日本水路誌」第6卷

주: 자료는 필자 작성. * ( )안은 집필시기를 말함. ** 태정관(太政官)은 민부성, 병부성 등 6성을 관할하는 최고행정기관으로서, 존속기간은 1868. 6. 11.~1885. 12. 22로 내각제도가 발족되면서 폐지되었음.

일본 외무성은 1869년 12월에 이미 죽도와 송도를 일본 영토 외로 하는 인식이 명확하게 자리 잡았다. 외무성은 조선과의 새로운 외교관계 수립을 모색하고 조선의 내정을 탐색하기 위해, 태정관의 재가를 얻어, 동성 고관 사다 하쿠보(佐田白茅), 모리야마 시게루(森山茂), 사이토 사카에(齊藤榮) 등을 조선에 파견했다. 사다(佐田) 등은 그 이듬해 1870년 5월 15일, 조선 왜관 등에서 내탐한 결과를 보고서 「조선국교제시말내탐서(朝鮮國交際始末內探書)」로 제출하였고, 그 안에서 「죽도 · 송도가 조선 부속으로 되어있는 시말(竹島松島 朝鮮付屬に相成候始末)」이라고 제목을 붙인 항에서 아래와 같이 적고 있다.

[자료 6] 죽도·송도가 조선 부속으로 되어 있는 시말

이 건은 송도(松島)는 죽도(竹島)의 이웃섬으로서 송도의 건에 대해서는 지금까지 게재된 서류도 없다. 죽도의 건에 대해서는 겐로쿠 시기 이후에는 잠시 조선으로부터 거류를 위해 사람을 파견한 적이 있다. 당시는 이전과 같이 무인으로 되어 있었다. 죽목(竹木) 또는 대나무로부터 큰 갈대가 자라며 인삼 등도 자연적으로 난다. 그 박에 해산물(魚産)도 상응하게 있다고 들었다.

위(右)는 조선의 사정을 실지 조사(偵索)하여 대략 서면과 같이 되어 있다. 먼저 돌아와서 조사서류와 도면을 첨부하여 이번에 보고하는 바입니다. 이상.

    午(1870년) 4월   외무성 출사(出仕)   사다 하쿠보(佐田白茅)

                                    모리야마 시게루(森山茂)

                                    사이토 사카에(齋藤榮)[22]

이 보고서에서 알 수 있듯이, 외무성도 죽도·송도가 겐로쿠(元祿) 시기 이후에 조선령이 되었다고 인식하고 있었던 것이다. 이 인식은, 외무성으로부터 조선내탐의 보고를 받은 태정관도 마찬가지였다고 생각된다. 일본에서는 겐로쿠(元祿) 시기 이후 덴포(天保) 시기에도 이마즈야 하치에몽(今津屋八右衛門) 사건[23]을 계기로 죽도로의 항해와 먼바다 항해가 금지되었으므로, 죽도와 송도는 조선령이라고 생각하고 있었던 것이다. 아울러, 이 내탐서와

---

22 「一竹島松島朝鮮附屬ニ相成候始末

   此儀ハ松島ハ竹島ノ隣島ニテ松島ノ儀ニ付是迄揭載ヒシ書留モ無之竹島ノ儀ニ付テハ元祿度後ハ暫クノ間朝鮮ヨリ居留ノ爲差遣シ置候處當時ハ以前ノ如ク無人ト相成竹木又ハ竹ヨリ太キ民ヲ産シ人參等自然ニ生シ其餘漁産モ相應ニ有之趣相聞ヘ候事右ハ朝鮮事情實地偵索イタシ候處大略書面ノ通リニ御座候間一ト先歸府仕候依之件々取調書類繪圖面トモ相添此段申上候以上

      午四月   外務省出仕

                                    佐　田　白　茅

                                    森　山　　茂

                                    齋　藤　榮」

   (「朝鮮國交際始末內探書」, 日本外務省, 1970年5月15日).

23 이 사건을 「덴포 죽도일건(天保竹島一件)」이라고 하여, 안용복 사건(=「元祿竹島一件」)과 구별하고 있다.

태정관지령문(「죽도외일도는 본방과 관계가 없는 섬이다」)을 통해 일본, 외무성은 울릉도와 독도를 죽도와 송도로 명확하게 인식하고 있었으며 더욱이 그것을 조선령으로 인식하고 었었다. 〈표3〉에서 보는 바와 같이, 아마기함의 울릉도 실측 보고인 「수로보고(水路報告)」제33호 및 기타자와 마사노부(北澤正誠)의 보고서 「죽도판도소속고(竹島版圖所屬考)」를 계기로 차츰 울릉도의 명칭을 외교문서 등에서 '울릉도'라고 명시하게 되었고, 재부산 일본영사관 보고서 『통상휘찬(通商彙纂)』에서 독도의 명칭을 「리양코」라고 사용할 때까지는 「조선국 교제시말 내탐서」와 「태정관지령문」이후 일관되게 송도라고 인식하고 있었던 것이다.

이렇게 볼 때, 1902년 외무성의 『통상휘찬』이 발간되기까지 일본 정부, 특히 태정관과 내무성, 외무성 등은 울릉도를 '죽도'로 독도를 '송도'라고 인식하고 있었다고 할 수 있다〈표3〉를 참조). 그러나 해도 등의 영향으로 해군성만은 울릉도를 '송도'라고 인식하고 있었던 것이다. 따라서, 내탐서(외무성)와 태정관지령문(태정관), 지적편찬 내무성문의서(내무성)을 통해 두 섬을 조선영토로 인정하고 있었으므로 「죽도문제연구회」가 울릉도라고 주장하고 있는 「외일도」란 '송도'로 명백히 독도를 지칭하는 것이다. 즉 「태정관지령」당시의 일본 정부는 송도(독도)가 일본령이 아닌 한국령임을 명확히 인식하고 있었던 것이며, 따라서 공식문서를 통해 울릉도와 독도가 일본과 관계없음을 천명한 것이다.

이러한 흐름은 메이지 초기에서 19세기말까지 이어졌으며, 최고결정기관이었던 태정관과 내무성에서는 일관되게 19세기 후반에 이르기까지 울릉도를 '죽도' 내지 '울릉도'로, 독도를 '송도'로 인식하였다. 그러나 1900년 이후, 송도라는 명칭은 사라지고 리앙쿠르, 리양코, 량코, 랑코, 양코와 같은 외래 명칭이 일반화 되었다. 1905년 독도를 시마네현에 편입하여 '죽도(竹島)'라는 옛 울릉도 이름으로 명명한 이후에는, 공식 문서에서는 죽도라는 명칭이 사용되었지만 산음지방(山陰地方)의 연해 어민들은 1945년 패전이 될 때까지 여전히 독도를 리양코섬 또는 랑코섬으로 불렀었다(竹內猛 2010:71-72). 이에 반해 유독 해군성만은 1880년 울릉도 실측조사로 송도가 울릉도임을 확인하면서도 해도나 수로지에서 울릉도를 '울릉도 일명 송도' 혹은 울릉도[일명 송도]라 하여, 송도란 명칭을 울릉도에 사용하고 있었던 것이다.

5. 맺음말

본 논문에서는 메이지시기 일본 정부의 울릉도 독도 인식을 고찰함으로써 시마네현 「죽도문제연구회」 등이 주장하는 「태정관지령문」의 「죽도외일도」의 해석 문제를 분석하고자 하였다. 최근 「죽도문제연구회」를 비롯한 일본측 연구에서는, 일본 외무성의 관변학자 가와카미 겐조(川上健三)의 울릉도 독도에 대한 명칭혼란론을 교묘하게 이용하여 「죽도외일도」를 '죽도'라고도 '송도'라고도 불렀던 섬 울릉도라고 주장한다. 이것은 사료를 자의적으로 해석하여 조작한 논리 위에 다시 새로운 논리조작을 하는 것이라 아니할 수 없다. 「태정관지령문」의 검토에서 「죽도외일도」가 울릉도와 독도를 지칭한다는 사실들을 정리하면 다음과 같다.

첫째, 가와카미 겐조의 독도 명칭혼란론에 바탕을 둔 죽도문제연구회의 '외일도'가 죽도라고도 하고 송도라고도 불렀던 하나의 섬 울릉도를 지칭하는 것이 아니라 또 하나의 섬 독도를 지칭함은 「竹島外一島」라는 문장을 보더라도, 죽도 또는 송도라는 명칭의 추이를 보더라도 명백한 사실이다.

둘째, 「태정관지령문」에 첨부된 「기죽도약도」는 정확히 「죽도외일도」로써 기죽도(울릉도)와 송도(독도)가 명칭과 함께 상세히 그려져 있다. 만일 「죽도외일도」가 두 개의 명칭을 가진 울릉도만을 지칭하는 것이라면 부속지도에서 송도에 대한 상세 그림은 그려 넣지 않았을 것이다.

셋째, 일본 내무성이 처음 시마네현에 지적편찬에 관한 조회서를 보내던 당시(1876.10.5.), 죽도(울릉도)에 관해서만 문의하고 있음에도, 시마네현은 또 하나의 섬 송도(독도)에 대해 언급하고(첨부서류의 개요 부분), 1876년 10월 16일 내무성에의 문의서 제목에 「죽도외일도」라고 명기하고 있는 것이다. 또한 시마네현 『죽도관계자료(竹島關係資料)』의 문서에서도 '외일도'를 '송도(松島)'라고 명확히 기재하고 있음을 알 수가 있다.

넷째, 당시의 일본정부 각 성청에서 사용되던 울릉도·독도의 명칭을 분석해 보더라도 해군성을 제외한 일본정부 특히 내무성, 외무성, 태정관에서는 명칭혼란이 없이 울릉도를 죽도, 독도를 송도라고 명확히 구분하여 인식하고 있었다. 존재하지도 않은 명칭혼란을 일본 정부조직 전부에 적용할 수 없음은 본고의 분석으로도 명확하다 하겠다.

따라서 「태정관지령문」의 「죽도외일도」는 당시 일본 정부가 '죽도'라고 불렀던 울릉도와 '송도'라고 불렀던 독도를 가리키고 있음은 명백하다. 그러나 「죽도문제연구회」를 비롯한 일본 우익학자들은 독도가 아니라는 궁색한 변명과 논리를 전개한다. 역사적 기록을 왜곡 해석하여 만들어진 논리가 또한 일본 외무성의 공식 견해로 「죽도문제를 이해하기 위한 10의 포인트」라는 형태로 버젓이 활용되고 있기도 하다. 그렇지만 일본의 공식기록 「태정관지령문」의 「죽도외일도」가 "'죽도'라고도 '송도'라고도 불렀던 섬 울릉도"라면, 다음과 같은 의문에 대해 명쾌하게 설명하여야 할 것이다. 첫째, 태정관지령문의 부속문서로 첨부된 「기죽도약도(磯竹島略圖)」의 울릉도와 독도에 대한 상세도는 무엇을 의미하는 것이며 무엇 때문에 두섬을 그려넣고 있는가 하는 것이다. 둘째, 「죽도외일도」가 울릉도만을 의미하거나 울릉도와 죽서도를 의미한다면, 당연히 독도(송도)는 '일본의 판도외'가 아닌 것이 되므로 일본 내무성 지리료(국) 편찬 지지 및 지적도에서 독도(송도)를 포함시키고 있다는 증거를 제시할 수 있어야 할 것이다.

[참고문헌]

송휘영, 「『죽도문제 100문 100답』의 「죽도도해금지령」과 「태정관지령」 비판」, 『독도연구』 제16호, 2014.

_____, 「근대 일본의 수로지에 나타난 울릉도·독도 인식」, 『대구사학』 106집, 2012.

_____, 「1891(明治31)年 韓國船 遭難事件에 대한 일고찰(川崎佳子)」 비판」, 『독도연구』 제12호, 2012.

_____, 「일본의 독도에 대한 "17세기 영유권 확립설"의 허구성」, 『민족문화논총』 제44집, 2010.

漆崎英之, 「「太政官指令」 付図「磯竹島略図」 發見の経緯とその意義」, 『독도연구』 제14호, 2013.

정태만, 『태정관지령이 밝혀주는 독도의 진실』, 조선뉴스프레스, 2012.

_____, 「태정관지령 이전 일본의 독도 인식」, 『史學志』, Vol.45, 2012.

김호동, 「〈明治10년 太政官指令─竹島外一島件에 대하여 本邦과 관계없다─를 둘러싼 제문제(杉原隆)〉의 비판」, 『독도연구』 제12호, 2012.

岡田卓己, 「1877年 太政官指令「日本海内 竹島外一島ヲ 版圖外ト定ム」 解説」, 『독도연구』 제12호, 2012.

송병기, 『울릉도와 독도』, 단국대학교출판부, 2008.

沈箕載, 「근대 일본인의 조선 인식─佐田白茅를 중심으로─」, 『日本學報』 제40집, 1998.

신용하, 『독도의 민족영토사 연구』, 지식산업사, 1997.

第2期島根縣竹島問題研究會, 『第2期「竹島問題に關する調査研究」最終報告書』, 島根縣總務部總務課, 2012.

_____, 『第2期「竹島問題に關する調査研究」中間報告書』, 島根縣總務部總務課, 2011.

島根縣總務部總務課, 『竹島問題關係資料第2集 島根縣所藏行政文書』, 島根縣總務部總務課, 2011.

川崎佳子, 「1898(明治31)年韓國船遭難事件についての一考察」, 『第2期「竹島問題に關する調査研究」中間報告書』, 第2期島根縣竹島問題研究會, 2011.

杉原隆, 「明治10年太政官指令─竹島外一島之儀ハ本邦關係無之─をめぐる諸問題」, 『第2期「竹島問題に關する調査研究」中間報告書』, 第2期島根縣竹島問題研究會,

2011.

_____, 「明治10年の太政官指令 - 竹島外一島之儀本邦關係無之について」, 『山陰地方の歷史が語る「竹島問題」』, 株式會社谷口印刷, 2010.

竹內猛, 『竹島獨島問題「固有の領土」論の歷史的檢討』, 報光社, 2010.

島根縣竹島問題研究會, 『「竹島問題に關する調査研究」最終報告書』, 島根縣總務部總務課, 2007.

內藤正中・朴炳涉, 『竹島=獨島論爭』, 新幹社, 2007.

下條正男, 「最終報告にあたって」, 『「竹島問題に關する調査研究」最終報告書』, 竹島問題研究會, 2007.

_____, 「日本の領土「竹島」の歷史を改竄せし者たちよ」, 『諸君』25, 2007.

_____, 『發信竹島』, 山陰中央新報社, 2006.

_____, 『竹島は日韓どちらのものか』, 文春新書, 2004.

北澤正誠, 정영미역, 『竹島考證』, 바른역사정립기획단, 2006.

大西俊輝, 『日本海と竹島』, 東洋出版, 2003.

塚本孝, 「竹島領有權問題の經緯」, 『調査と情報』289, 1996.

堀和生, 「一九〇五年日本の竹島領土編入」, 『朝鮮史研究會論文集』第24號, 1987.

川上健三, 『竹島の歷史地理學的研究』, 古今書院, 1966.

海軍水路局, 『實瀛水路誌』第2卷1第2版, 1886.

_____, 『朝鮮水路誌』全, 1894.

제4장

독도에 대한 일본의 「고유영토론」과 독도 인식

송 휘 영*

1. 머리말

일본 정부(외무성)는 2008년 3월 이후 "죽도(독도)는 역사적으로나 국제법 상으로나 일본 고유의 영토"라는 기본 주장을 견지하고 있다. 독도에 대한 그 중심논리는 시기에 따라 조금씩 변화하고 있기는 하나, 독도를 주변국과의 영토문제와 함께 취급[1]하고 있으며 어느 경우도 '일본 고유의 영토'라는 프레 임을 적용하고 있다. 독도(죽도)에 대해서만 보면, 당초 1905년 2월에 주인 없

---

* 영남대학교 독도연구소 연구교수
1 2013년 2월 5일 내각관방에 「영토·주권 기획조정 대책실」을 설치하면서, 이 대책실
  에서 독도, 북방4개섬(남쿠릴열도), 센카쿠열도(댜오위다오) 등 영토 및 주권 문제에
  관련된 도서를 함께 취급하고 있다. 단, 여기서 "영토문제"와 "주권문제"를 구분하여
  독도와 남쿠릴에 대해서는 영토문제로, 자국이 실효지배 하는 센카쿠에 대해서는 주
  권문제로 구분하고 있다.

는 섬을 새로 '발견'하여 일본 영토로 편입하였다는 국제법적 권원을 주로 강조해오던 것에서 1953년 국교정상화 과정에서 독도를 거론하면서 그 역사적 권원에 대한 조사 작업을 본격화하였고, 2005년 '죽도의날'을 제정하고 난 뒤 시마네현 총무부 총무과에 설치된 〈죽도문제연구회〉의 『제1기 최종보고서』[2]가 일본 외무성에 제출되면서 역사적으로도 일본 고유의 영토였다는 '고유영토론'을 본격적으로 주장하기 시작했다. 그러나 최근 한국의 일본논리 반박과 일본 국내 역사학자들에 의한 연구결과 등에서 독도에 대한 일본의 '고유영토'라는 주장은 일부 후퇴하고 있다. 그러나 여전히 「무주지선점론」과 「고유영토론」을 함께 주장함으로써 역사적 주장의 맹점들을 적절히 무마시키려는 것 같다. 최근에는 이러한 주장이 교육·홍보 쪽을 강조하는 것으로 그 중점이 옮겨가고 있다.

2018년 3월 30일과 7월 17일에 일본 문부과학성은 고교 『학습지도요령』 및 『학습지도요령해설서』 개정판을 고시하여 확정하였다. 이로써 일본 국내의 모든 초중학교 사회과 교과서에서 독도가 '일본 고유의 영토'라는 것을 가르치도록 법적으로 의무화하게 된다. 다시 말해 일본의 모든 초·중·고등학교 학생들이 학교교육 현장에서 '고유영토' 교육을 받게 되는 것이다. 그것도 내년도인 2019학년도부터 적용하도록 되어 있기 때문에 늦어도 2020학년도부터는 이러한 교육이 일본국내에서 전면적으로 실시될 예정이다.

본고에서는 이러한 일본의 「고유영토론」을 중심으로 한 역사연구의 동향을 전망하고 과연 이 「고유영토론」이 성립하는가를 검증하기 위해 일본의 독도 인식을 살펴볼 것이다. 따라서 이 「고유영토론」에 관한 연구 동향과 그 계보를 분석할 것이다. 나아가 「고유영토론」의 이론적 근거가 되는 일본의 독도 인지 및 인식[3]에 대해 검토하고자 한다. 본 연구에서 검토 대상으로 하는

2　竹島問題硏究會, 『第2期「竹島問題に關する 調査硏究」最終報告書』, 島根縣總務部 總務課, 2007.

「고유영토론」에 대한 역사적 검토는 국내에서는 거의 이루어지지 않았다. 일본에서 활동 중인 박병섭(2018)[4]의 연구와 이케우치 사토시(池内敏, 2015)[5]의 연구가 있을 뿐이다. 두 연구 모두 독도 영유권 논쟁의 쟁점 검토의 연장선상에서 일본의 「고유영토론」을 비판적으로 분석하고 있다. 이 글에서는 일본 사료에 나타나는 일본의 '독도 인식'을 바탕으로 접근할 것이다.

2. 일본의 독도에 대한 「고유영토론」의 계보와 연구 동향

1) 일본 「고유영토론」의 계보

일본의 영유권 주장이 본격적으로 제기되는 것은 이승만 대통령에 의한 「평화선」의 선포와 한일 국교정상화 회담을 위한 예비적 접촉의 과정에서이다. 독도의 영유권을 둘러싼 양국의 구상서는 1953년 7월 13일 일본정부의 첫 번째 구상서를 시작으로 1965년 12월 17일 한국 측의 구상서에 이르기까지 4번에 걸쳐 왕복하였다. 이 과정에서 독도가 일본 고유의 영토라고 하는 「고유영토론」의 주장은 1962년 7월 13일 4번째 일본정부의 구상서에서 공식적으로 등장한다.[6]

---

3 인지 및 인식의 사전적 의미는 다음과 같다. 인지(認知)는 '어떤 사상(事象)에 대해 지식을 가지는 것'이고, 인식(認識)은 '사물을 보고 그 의미를 이해하는 것'으로 볼 수 있다. 즉 사물에 관한 간접적 지식을 포함하는 개념이 인지라 한다면 그 직접적 개념을 인식이라 할 수 있다.

4 박병섭, 「독도/다케시마 '고유영토론'의 쟁점」, 『독도 영유권의 융복합 연구와 향후 방향』, 학술대회자료집(경북대 울릉도ㆍ독도 연구소, 영남대 독도연구소 공동주최), 2018.

5 池内敏, 「「竹島は日本固有の領土である」論」, 歷史評論, 第七八五号, 2015.

6 이 예비접촉의 과정에서 일본은 제1차(1953.7.13)부터 3차(1956.9.20)까지의 주장에서는 독도가 국제법적인 요건을 갖춘 영토(무주지선점)임을 강조하다가 제4차

1952년 4월 28일 샌프란시스코 강화조약이 발효되고 국교정상화를 위한 접촉의 과정에서 가와카미 겐죠(川上健三)의『죽도의 영유(竹島の領有)』(1953.8)와 다무라 세이자부로(田村淸三郎)의『죽도문제의 연구(竹島問題の 硏究)』(1955.5)가 작성되었다. 이들은 각기 일본 외무성 조약국과 시마네현 청 총무과에서 독도 영유권과 관련한 사료 검토를 담당하던 관원으로 이 두 저작은 후일 수정·증보되어『죽도의 역사지리학적 연구』(川上健三 1966)[7] 와『시마네현 죽도의 신연구』(田村淸三郎 1965)[8]로 간행되었다. 어쨌든 가와 카미(川上)와 다무라(田村)는 독도와 관련된 일본 중앙정부와 지방정부의 담 당 관리로서 당시의 시대적 필요성에 의해 사료를 모아 책으로 정리하게 되었 다. 두 사람 모두 교토제국대학 출신이지만 가와카미(川上)는 문학부(사학 과) 출신이고, 다무라(田村)는 법학부 출신으로 당시 일본 측 논리의 근간을 제공하고 있다. 특히 가와카미(川上)의 연구는 독도 관련 한일 양국의 고문서 를 면밀히 해독하여 독도의 영토적 권원이 역사적으로 일본에 있다는 것을 주 장하는 역작이었고 지금도 가와카미의『역사지리학적 연구』는 가히 독도 연 구의 바이블적 존재로 좀처럼 넘지 못하는 벽처럼 치밀하다. 독도에 대한 일 본의「고유영토론」은 가와카미가 만들어낸 작품이라 할 수 있으며 다무라의 『신연구』도 여전히 일본 외무성의 논리의 근간을 형성하고 있다.

가와카미의 연구의 주된 성과로 첫째, 한국의 고문헌이나 사료에 등장하는 울릉도와 우산도는 동일한 섬(1도설)[9]이고 조선시대에 한국인들은 독도를 인지하지 못하였다[10]는 것이다. 둘째, 울릉도에서 독도는 목측으로 볼 수 없

(1962.7.13) 구상서에서 처음으로 독도가 일본의 '고유영토'라고 밝혔는데 이는 일본 스스로 고유영토 주장이 모순임을 나타낸 것이다.

7 川上健三,『竹島の歷史地理學的硏究』, 古今書院, 1966.
8 田村淸三郎,『島根縣竹島の新硏究』, 島根縣, 1965.
9 川上健三(1966), pp.104-106.
10 川上健三(1966) pp.274-275.

었고 한국인들은 독도의 존재를 몰랐다는 것이다.[11] 『세종실록』「지리지」나 『동국여지승람』, 『고려사』 등에 나타나는 '울릉'·'우산', '무릉'·'우산'이라는 명칭은 모두 울릉도를 가리키는 이칭이라는 것이다. 이러한 그의 논리는 다무라의 연구에서도 그대로 연결되어 있다. 이는 또한 지금의 '죽도문제연구회'가 주장하는 일련의 논리로 그대로 계승되고 있다. 그 대표 주자가 '죽도문제연구회'의 좌장인 시모죠 마사오(下條正男)로 그는 한일 간에 독도논쟁을 거듭하면서 연금술사와 같은 사료해석의 왜곡을 일삼고 있다. 지금도 가와카미의 「고유영토론」은 「죽도문제연구회」 연구멤버들에 의해 계승 발전되어 가고 있다고 하겠다.

가와카미와 다무라의 견해는 물론 당시 일본 정부의 공식견해에 반론을 제기하고 나선 것이 야마베 겐타로(山辺健太郎)의 연구이다.[12] 그는 일본 외무성 등이 주장하는 「고유의 영토」라는 것을 부정하고 나섰고 1905년의 독도 편입 조치도 일본제국주의의 '폭력과 탐욕'의 결과로 간주하고 있다.[13] 야마베(山辺)의 연구는 근대기 일본의 침략성에 주목하여 역사적 경위를 엄밀하게 검토하고 있으며 당시 한일 간에 왕래한 독도에 대한 왕복문서까지 자세히 검토한 것이었다. 또한 당시 외무성이 『죽도의 영유』 등을 통해 주장했던 '죽도(독도)는 역사적으로나 국제법적으로나 일본령'이라는 점에 대해 반론을 제기하는 요시오카 요시노리(吉岡吉典)[14]의 연구가 있다. 그는 여기서 독도를 '영토문제'가 아닌 '정치문제'로 보고 있다.

또한, 독도에 대한 일본 「고유영토론」에 의문을 제기하고 나선 것이 가지무라 히데키(梶村秀樹)[15]와 호리 가즈오(堀和生)[16]의 연구이다. 두 연구에서

---

11 川上健三(1966) pp. 281-282.

12 山辺健太郎, 「竹島問題の歴史的考察」, 『コリア評論』第7卷第2号, 1965.

13 山辺健太郎(1965), pp. 13-14.

14 吉岡吉典, 「「竹島問題」とはなにか」, 『朝鮮研究月報』11, 1962, pp. 8-49; 吉岡吉典, 「再び「竹島問題」について」, 『朝鮮研究月報』16, 1962, pp. 22-23.

는 일본의 고유영토를 부정하고 오히려 한일 양국의 고문서 분석에 의해 한국의 고유영토론에 힘을 실어주는 연구였다. 하지만 사료 검토의 엄밀성이란 측면에서 다소 위약한 부분을 내재하고 있는 것 또한 사실이다. 이러한 것들은 나이토 세이츄(內藤正中)의 연구[17]에서 상당부분 보완되었지만, 이케우치 사토시(池內敏)[18]에 의해 부분적으로 부정되기도 하였다. 어쨌든 실증사학적 접근으로 치밀한 고문헌 사료의 고증에 의한 이케우치(池內)의 연구는 더 이상 일본「고유영토론」이 성립되지 않는다는 결론을 내리고 있다.[19] 그러나 그의 논리는 일본과 한국의 중간 즉 동해에 있는 독도를 근세시기에 일본이 일본의 판도로 인식하지 못했지만 그렇다고 해서 한국이 독도를 영토로 인식했다는 증거도 불충분하다는 양비론(兩非論)적 입장을 견지한다.[20] 즉 당시의 독도는 한일 양국 어느 나라도 자국의 영역으로 간주하여 지배하였다고는 할 수 없다는 것이다.

하지만 시마네현「죽도문제연구회」의 멤버들은 좌장 시모죠 마사오(下條正男)를 중심으로 일본의 독도「고유영토론」을 주장하기 위해 사료해석을 자의적으로 하는 등 "예로부터 죽도(독도)는 일본 고유의 영토이다"는 논증을 강화하고 있다.[21] 여기에 겐죠(川上健三)와 다무라 세이자부로(田村淸三郎)

---

15 梶村秀樹「竹島＝獨島問題と日本國家」,『朝鮮研究』182号, 1978.
16 堀和生,「一九〇五年日本の竹島領土編入」,『朝鮮史研究會論文集』24, 朝鮮史研究會, 1987.
17 內藤正中,『竹島(鬱陵島)をめぐる日朝關係史』, 多賀出版, 2000.
18 池內敏,『竹島問題とは何か』, 名古屋大學出版會, 2012; 池內敏,「「竹島は日本固有の領土である」論」,『歷史評論』No.785, 2015, pp.79-93.
19 에를 들어, 池內敏(2015), p.92를 참조.
20 이케우치 사토시「일본 에도시대의 다케시마ー 마츠시마 인식」,『독도연구』6, 영남대학교 독도연구소, 2009, pp.199-221; 池內敏『竹島問題とは何か』, 名古屋大學出版會, 2012; 池內敏,「竹島／獨島と石島の比定問題・ノート」,『HERSETEC』4-2, 2011, pp.1-9.
21 「죽도문제연구회」제1기 보고서~제3기보고서와『竹島問題 100問 100答』(2014)를 참조.

의「고유영토론」이 여전히 살아 움직이고 있는 것이다.

2) 독도에 대한 일본 역사연구의 쟁점과 「고유영토론」

광복 이전 일본의 독도연구는 일찍이 츠보이 구마죠(坪井九馬三)[22] 1930: 33-34)와 다보하시 기요시(田保橋潔)[23]에 의한 연구가 그 발단이라 할 수 있다. 그때까지만 해도 대개 독도연구는 울릉도 연구의 일환으로 다루어지는 정도였다. 그러나 광복 이후 이승만 대통령의 평화선 선포, 샌프란시스코 강화조약의 발효, 한일국교정상화 교섭이라는 정세의 변화 속에서 독도에 대한 조사연구는 비교적 활발히 이루어지게 되었다. 일본의 독도연구는 크게 3개의 시기로 구분할 수 있을 것이다. 첫째는 전후부터 1970년까지의 시기로 이것을 일본 독도연구의 제1세대(1945~1970년: 25년간)라고 규정할 수 있다. 한일 양국 간에 독도에 대한 구상서가 오갔던 바로 이 시기에 역사적 사료를 바탕으로 본격적으로 검토하기 시작했다. 이들 제1세대 연구자로서 가와카미 겐조(川上健三), 다무라 세이자부로(田村淸三郎), 야마베 겐타로(山辺健太郎), 요시오카요시노리(吉岡吉典) 등을 들 수 있다. 둘째는 1970년경부터 1997년까지의 시기로 제2세대(1971~1997년: 27년간)라 할 것이다. 한일국교정상화 이후 한일 간에는 독도에 대해 비교적 커다란 마찰이 없이 지내온 시기이다. 제2세대의 대표적 연구자로서 가지무라 히데키와(梶村秀樹), 호리 가즈오(堀和生) 등을 들 수 있다. 셋째, 그리고 IMF라는 경제위기 속에서 일본이 「한일어업협정」(1965)을 일방적으로 파기하고 「신한일어업협정」(1998)을 맺으면서 국교정상화 교섭과정에서 야기되었던 독도에 대한 관심이 재점

---

22 坪井九馬三,「鬱陵島」,『歷史地理』38-3, 1921; 坪井九馬三,「竹島に就いて」,『歷史地理』56-1, 1930, pp. 33-34.

23 田保橋潔,「鬱陵島その發見と領有」,『靑丘學叢』3, 1931, pp. 1-30; 田保橋潔,「鬱陵島の名称について(補)」,『靑丘學叢』4, 1931, pp. 103-109.

화되기 시작한 것이다. 특히 2005년 2월 22일 시마네현의 「죽도의 날」 제정은 일본 독도연구의 커다란 분수령이 되는 시기이다. 또한 독도에 대한 일본 영유의 논리를 찾고자 하는 「죽도문제연구회」가 그해 6월에 결성되었다. 이 시기를 제3세대(1998~2015년; 18년간)라 할 수 있는데, 독도의 권원을 두고 ①한국 측 지지의 입장과 ②일본 측 지지의 입장으로 극명하게 나누어지며, ③애매하거나 중립적 입장에 서는 연구자 등으로 분류할 수 있다. ①의 연구자로 나이토 세이츄(內藤正中), 박병섭(朴炳涉), 다케우치 다케시(竹內猛), 호리 가즈오(堀和生), 와다 하루키(和田春樹) 등을 들 수 있으며, ②의 부류에 해당하는 연구자로 「죽도문제연구회」의 시모죠 마사오(下條正男)를 비롯한 스기하라 다카시(杉原隆), 츠카모토 다카시(塚本孝), 후지이 겐지(藤井賢二), 야마자키 요시코(山崎佳子), 나카노 테츠야(中野徹也) 등이 있다. ③은 후쿠하라 유지(福原裕二), 이케우치 사토시(池內敏) 등이 이 부류의 연구자가 아닐까 싶다. 어쨌든 「죽도문제연구회」의 활동으로 말미암아 독도에 대한 관심이 괄목하게 높아졌을 뿐만 아니라 일본의 독도연구가 양적으로도 비교적 활발히 전개되고 있는 형편이다.

그 동안 한일 양국의 독도논쟁에서 쟁점이 되어왔던 많은 부분이 사료나 문헌 고증을 통해 실증적으로 새로운 학설로 자리 잡고 있기도 하나, 한편으로 서로 관섬과 해석의 자이로 인해 여전히 논쟁의 간극을 남기고 있기도 하다. 우선 수십여년 간 논란의 여지가 있었던 『은주시청합기』(隱州視聽合記)에 나타난 '일본의 서북 한계'(此州)를 둘러싼 문제는 이케우치(池內敏)에 의해 명쾌하게 부정되었다.[24] 즉 일본의 서북한계는 오키노시마(隱岐島)까지라는 것이다. 또한, 「죽도도해면허(竹島渡海免許)」의 발급 연도를 두고 일본 고문서에서는 1617년 또는 1618년을 정설로 하고 있었다.[25] 그 후 나이토 세

---

24 이 부분의 해석에 대해서는 「죽도문제연구회」 측은 물론 『은주시청합기』를 번역한 오니시 도시테루(大西俊輝)도 일본의 서북한계는 울릉도까지라고 해석하고 있다.

이츄(内藤正中)[26]에 의해 1622년 이후라는 설과 이케우치 사토시(池内敏)[27]
에 의한 1625년 이라는 설이 주장되었다. 당시의 면허장에 연서하고 있는 로
쥬(老中)의 직책과 부임 시기를 대응시켜 본 결과 적어도 죽도도해면허가 발
급된 것은 1625년이라는 설이 정설로 자리잡고 있다.[28]

　다음으로, 『죽도의 역사지리학적 연구』에서 가와카미 겐죠가 주장했던
「송도도해면허」(松島渡海免許)의 존재에 관한 부분이다. 1650년경 「죽도도
해면허」와는 별도로 송도 도해만을 위해 오야・무라카와 양가가 막부에 「송
도도해면허」를 받았다는 것이다. 따라서 1695년 12월 에도 막부가 울릉도의
사정을 돗토리번에 조회한 다음 울릉도(죽도)・독도(송도)가 돗토리번령이
아님은 물론 일본의 어떤 지역에 부속된 섬이 아님[29]을 인지하게 된다. 또한
지금까지 잘 몰랐던 송도(松島)라는 섬에 대한 정보까지도 입수하게 된다. 어
쨌든 에도 막부는 울릉도・독도가 일본의 판도가 아님을 인지하고 오랫동안
끌어왔던 「울릉도쟁계」를 종결시키는 「죽도도해금지령」을 발령하게 된다.
송도는 일본의 여러 고문서에도 보이듯 일본 측은 죽도(울릉도)의 속도(屬島)
로 인지하고 있었다. 따라서 죽도도해금지령은 독도를 포함한 울릉도 도해금
지라는 의미의 금지령이었지만 송도(독도)를 제외한 죽도(울릉도)만에 대한
금지령이라는 것이다. 이것을 위해 「송도도해면허」가 대두된 것이다. 지금
까지 「송도도해면허」는 일본측에 의해 제시된 적도 없거니와 원래 존재하지

25 문서에 따라서는 죽도도해면허 발급 시기를 1615년이라고 기록하고 있는 문헌도 종
　　종 보인다. 그러나 최근 사료의 정리를 해보면 1626년 또는 1628년의 가능성이 있음을
　　지적해둔다.
26 内藤正中, 『竹島(鬱陵島)をめぐる日朝關係史』, 多賀出版, 2000, pp.49-51.
27 池内敏, 『竹島問題とは何か』, 名古屋大學出版會, 2012, pp.39-40.
28 일본 외무성의 홈페이지에서도 1618년설을 정설로 내세우고 있다. 일본 외무성 홈페
　　이지 「竹島問題」를 참조.
29 「7개조답변서」(七カ條返答書) 및 「죽도도해금지 및 도해연혁」(竹島渡海禁止并渡
　　海沿革)을 참조.

않는 송도도해면허장을 제출해 보일 리도 없었다. 이「송도도해면허증」도 이케우치의 연구에 의해 존재하지 않았음이 밝혀졌다.[30]

그리고, 안용복 진술의 진위에 관한 부분이다. 일찍이 가와카미 겐죠는 일부 안용복 공초 기록에서 거짓증언을 바탕으로 안용복을 거짓말쟁이로 몰아세워 안용복 진술의 전부를 부정하고 있다.[31] 이는 시모죠 마사오(下條正男)를 비롯한 죽도문제연구회의 기본적인 관점이다. 따라서 관찬서인『조선왕조실록』의 기록은 신빙성이 낮다고 주장해왔다. 그러나 최근의 연구에서 안용복 진술의 상당부분이 진실인 것으로 드러나고 있다. 그러나 ① 서계를 받았는가 하는 점, ② 안용복이 에도로 갔었는가 하는 점, ③ 2차 도일에서 '영토문제'를 항의하기 위해 갔는가 하는 점 등 여러 가지들은 아직 명확하게 드러내지 못하고 있다. 따라서 거짓말쟁이라고 치부하는 일본 측 주장에 대해 그의 진술의 진위를 가려 시시비비를 명백히 밝히지 못하고 있다.

마지막으로, 일본 외무성이나 시마네현 '죽도문제연구회'조차 언급을 꺼리는 1877년「태정관지령」에서 나타나는 '죽도외일도(竹島外一島)'에서 '외일도'가 어느 섬을 가리키는가 하는 점이다. 이 문서는 당시 일본 최고결정기관이었던 태정관(太政官)이 내린 지령이라는 사실에서 정부의 공적 구속력은 크다 할 것이다. 여기서 '외일도(外一島)'가 만일 독도를 가리키는 송도(松島)라면 메이지 정부가 공식적으로 독도를 타국(=조선)의 영역으로 인정한 것이 된다. 따라서 시모죠를 비롯한「죽도문제연구회」의 멤버들은 하나같이 '외일도'를 울릉도의 다른 이름인 '송도(松島)'라든가,[32] 울릉도에 이웃한 죽서도

---

30 전게 池內敏(2012), pp.44-47을 참조. 그러나 외무성 홈페이지에서는 여전히 '송도도해'의 존재가 거론되고 있다. 자세한 것은 외무성 홈페이지「竹島問題」를 참조.

31 川上健三(1966), 167쪽.

32 예를 들어, 스기하라 다카시(杉原隆), 츠카모토 다카시(塚本孝), 야마자키 요시코(山崎佳子) 등은 죽도외일도의 '죽도'도 '외일도'도 명칭혼란이 있었던 울릉도 한 섬을 가리킨다고 주장한다. 第2期島根縣竹島問題研究會,『第2期「竹島問題に關する調査

(댓섬)을 지칭한다고도 하였다. 그러나 최근 다케우치 다케시(竹內猛)[33]와 이케우치(池內敏)[34]의 연구에서 '죽도외일도'는 울릉도가 아닌 또하나의 섬 독도(송도)를 가리키는 것임을 명백히 하고 있다. 이것은 태정관문서에 첨부된 지도인「기죽도약도」와「시마네현 행정문서」[35]에서 '외일도'를 '이것은 송도를 지칭한다(外一島ハ松嶋ナリ)'는 기록을 보더라도 분명하게 드러난다. 그러나 시모죠와「죽도문제연구회」는 이 사실을 감추려 하던 나머지 문서의 왜곡해석까지 덧붙이고 있는 것이다.

이러한 맥락에서 비록 일본의 연구경향이 비록 '고유영토'의 논리에서 '무주지선점'의 논리로 바뀌고 있을지라도 우리는 독도를 역사적 문제로 인식하고 파악하여 '고유영토론'의 논리를 강화하여 반박할 필요가 있다. 그것만이 독도가 한국 고유의 영토라는 것을 정당화 할 수 있기 때문이다. 이를 위해서는 1)1905년 이전에 이미 우리가 실효적으로 독도를 지배하였다는 증거와 2)칙령 41호 안의 석도가 독도라는 사실을 사료로써 밝혀내는 작업을 해야 한다. 또한, 3)안용복 진술의 진위를 명백히 석출하여「울릉도쟁계」에서의 안용복의 공적을 객관적으로 재평가하고 4)왜 독도가 역사의 문제인가 하는 논리를 강화할 필요가 있을 것이다. 나아가 5)해방 후 독도의 처리과정에서 독도가 한국의 영토로 돌아오게 된 당위성을 법적 논리와 문서의 증거력으로 우리의「고유영토론」을 보완할 필요가 있다.

일본 정부(외부성)의 정책기조는 이미 문부과학기술성에 전달되어 지난

  研究」中間報告書」, 島根縣總務部總務課, 2011을 참조.
33 竹內猛, 「「竹島外一島」の解釋をめぐる問題について」, 『鄕土石見』87, 石見鄕土研究懇談會, 2011; 竹內猛, 『竹島=獨島問題「固有の領土論」の歷史的檢討』, 報光社, 2010(송휘영・김수희 역, 『독도=죽도문제 '고유영토론'의 역사적 검토』, 도서출판선인, 2013)
34 池內敏, 『竹島問題とは何か』, 名古屋大學出版會, 2012, pp.137-149.
35 島根縣總務部總務課, 『竹島問題關係資料第2集 島根縣所藏行政文書』, 島根縣, 2011, p.37.

3~7월에 고등학교『학습지도요령』및『학습지도요령해설서』의 개정판을 확정·고시하였고 이는 법정의무화가 부가되어 다음 학년도(2019.4~)부터 바로 적용하도록 하고 있다. 즉 내년도 이후에는 초중고 사회과 교과서는 모두 "죽도(독도)는 일본 고유의 영토이며 현재 한국이 불법점거하고 있다"는 기본 프레임을 명시하여 학교교육현장에서 가르치게 된다. 다만 우려스러운 것은 역사적 소양이 제대로 서지 않은 어린 세대들에게 그릇된 역사교육, 그릇된 영토교육을 주입하여 그들이 기성세대가 되는 머지않은 미래에 이러한 잘못을 어떻게 수습할 것인가 하는 문제가 발생한다.

  일본의 국토면적은 약 38만㎢로 세계 60위 정도이지만, 일본이 주장하는 EEZ를 인정한다면 바다영토가 세계 6위인 해양강국이 된다. 그처럼 바다에 대한 집착이 아주 강하다. 해서 패전국이면서 이웃국가와 모두 영토분쟁을 벌이고 있다. 독도에 대해서 일본이 집착을 버리지 못하는 것도 영해에 대한 집착 때문일 것이다. 일본의 독도도발의 목적은 한국의 영토 독도를 "분쟁지역화"하는 것이고 최종적으로는 보다 넓은 바다영토를 확보하고자 함일 것이다. 그런 의미에서 보면 120년 이전 근대기 일본제국주의의 망령이 바다영토로 살아남아 있는 것일지도 모른다. 때문에 일본 외무성의 홈페이지「죽도」에서도 여전히「죽도의 영유권에 관한 일본의 일관된 입장」이라 하여 기본 기조를 견지하고 있는 것이다.

  ○ 죽도의 영유권에 관한 일본의 일관된 입장
  독도는 역사적 사실에 비추어도, 또한 국제법상으로도 명백히 일본 고유의 영토입니다.

  한국에 의한 독도 점거는 국제법상 아무런 근거 없이 이뤄지는 불법점거이며, 한국이 이런 불법점거에 근거하여 독도에 대해 실시하는 어떤 조치도 법적 정당성을 갖지 않습니다. 일본은 독도 영유권 문제에 대해서 국제법에 의거, 냉정하고 평화적으로 분쟁을 해결할 생각입니다.

(주)한국 측에서 일본이 독도를 실효적으로 지배하고 영유권을 재확인한 1905년보다 이전에, 한국이 독도를 실효적으로 지배했음을 나타내는 명확한 근거는 제시되지 않았습니다.[36]

최근 일본은 외교적 자극을 삼가면서도 독도(죽도) 교육 및 홍보를 강화하고 있다. 그 특징적인 것들을 보면 다음과 같은 점을 들 수 있을 것이다. 첫째, 오키노시마쵸, 시마네현, 외무성, 내각관방 등 독도 관련 사이트에서 지리적 위치 및 표현용어 통일을 기하고 있다는 점이다. 둘째, 이들 독도 관련 사이트의 상호 연계성을 강화하여 상호 링크함으로써 접근자가 원하는 정보로 쉽게 접근할 수 있도록 하였다. 셋째, 이들 내용을 보면 가급적 감성적 호소 표현을 줄이고 외무성 게재내용에 준하여 기술하고 있다. 넷째, 동영상자료, 만화, 포스터 등 다양한 홍보물 게시하여 홍보를 다양화하고 있다는 점이다. 예를 들어 신칸센 홍보 포스터의 부착 등은 그 일례를 보여주는 것이다.

3. 일본의 독도 인식과 「고유영토론」

역사적으로 일본에서는 울릉도(죽도)와 독도(송도)의 관계성을 어떻게 보았는가를 살펴보면 그들의 독도 인식을 명확히 파악할 수 있다. 「안용복 사건(=울릉도쟁계)」의 결과 에도 막부가 내린 「죽도도해금지령」과 그 이전의 「죽도도해면허」을 통해서 보면, 그들이 인지하는 '죽도(竹島)'의 범위를 알 수 있다. 일본 측 사료만으로 볼 때 일본 정부가 지금까지 일반적으로 독도(송

36　日本 外務省, 「竹島」: https://www.mofa.go.jp/mofaj/area/takeshima/index.html.

도)를 울릉도(죽도)의 부속섬으로 인식하고 있었으며, 에도시대 울릉도 도해를 했었던 오야·무라카와 양가의 문서를 통해 보더라도 일본은 독도를 울릉도의 부속섬으로 인식하거나 취급하고 있었다. 에도시대 막부의 「죽도도해면허(竹島渡海免許)」를 얻어 울릉도로 도해했던 오야·무라카와 양가의 독도 인식은 '죽도지내송도(竹嶋之內松嶋)', '죽도근변송도(竹嶋近邊松嶋)' 혹은 '죽도근소지소도(竹嶋近所之小嶋)'라는 것이 기록으로 보이며, 이것은 당시 이들 어민들이 독도를 울릉도의 부속된 섬으로 보았다는 것을 나타내는 것이다. 이것을 구체적인 사료로 살펴보기로 하자. 우선 당시 죽도도해에 관여했던 오야·무라카와 양가의 기록을 보면 다음과 같다.

　　ⓐ「장차 또는 내년부터 **죽도(울릉도) 안에 있는 송도(독도)**에 귀하가 도해할 것이라는 취지를 선년에 시로고로(아베)가 로쥬(老中)님께 허락을 받았다고 합니다.」(「大谷家文書」, 1660.9.5.)[37]

　　ⓑ「그런데 **죽도(울릉도) 근처의 소도**에 소선이 도해한다는 뜻을 지난해에 귀하가 말씀하시길, 오야 규에몽 측은 같은 마음이 아니므로 귀하만 보내겠다고 말씀하셨습니다. 그때 우리들이 말하기를, 당분간은 같은 마음이 아니더라도 틀림없이 어떤 일이 있을 것입니다. 오야도 건너가고 싶다고 말하고 있으니 같은 마음이 아니라는 것은 사실이 아니라고 생각합니다. 그 전에는 귀하만 건너가도 된다고 말해두었습니다.」(「大谷家文書」,1662,9,8)[38]

　ⓐ「오야가문서」의 기록은 당시 「죽도도해면허」를 주선하고 있었던 아베

37　「將又來年より竹島(鬱陵島)之內松島(竹島)へ貴樣舟御渡之筈ニ御座候旨先年四郎五郎御老中樣へ得御內意申候」(「大谷家文書」1660.9.5).

38　「然者竹嶋近所之小嶋へ小船渡海之儀去年貴樣被仰候ハ大屋九右衛門方ハ同心無之候間貴樣斗ニて可遣哉と被申候間其節我等申候ハ当分同心無之候ても定而所務も有之候大屋も渡度と被申にて可有之候口上にてハ無同心と申分ハ實儀共不被存候 ′ 其內ハ貴樣斗御渡し可被成哉と申置候」(『大谷家文書』目錄2-25, 川上健三, 1966, p.78).

시로고로(阿倍四郞五郞)의 독도에 대한 인식을 나타내는 것으로, 당시 요나고성의 성대(城代)였던 아베는 독도를 울릉도 내에 있는 섬 즉 울릉도의 속도로 인식하고 있다. 그리고 ⓑ의 문서는 「오야가문서」의 1662년 9월 8일조 기록으로, 송도도해의 건에 대해 가메야마 쇼자에몽(龜山庄左衛門)이 무라카와 이치베(村川市兵衛)에 쪽에 보낸 서신의 사본을 오야 가문의 오야 미치요시(大屋道喜)에게 보낸 기록이다. 가메야마는 아베 시로고로의 측근으로 에도와의 연락책을 담당한 인물이다. 가메야마도 송도(독도)를 죽도(울릉도) 근처의 작은 섬으로 인식하고 있다.

ⓒ 「죽도(竹島)와 송도(松島)가 조선 부속으로 된 시말(始末), 본 건 **송도(松島)는 죽도(竹島)의 인도(이웃섬)**으로서 마쓰시마의 건에 대해서는 지금까지 게재된 서류도 없다.」[39]

ⓓ 「**일본해 내의 죽도외일도** 지적편찬 방침 문의
귀성 지리과(地理寮) 관원이 지적편찬 검열을 위해 본 현(시마네 현)을 순회한 바, 동해(일본해) 안에 있는 죽도 조사 건에 대해 〈별지乙 제28호〉와 같이 조회하고자 한다. (후략)
　　　　메이지 9년 10월 16일　　　현령　사토 노부히로(佐藤信寬) 대리
　　　　　　　　　　　　　　　시마네현 참사(參事) 사카이 지로(境二郞)
　　　　　　　　　　　　　　　내무경 오쿠보 도시미치(大久保利通) 전」[40]

ⓔ 「울릉도와 죽도가 동도이명인 것이 분명하고, 송도 역시 죽도와 동도이명인 것 같은데, **설사 그렇지 않다고 해도 죽도의 속도인 것 같습니다.** 위의 죽도 이

39 「一 竹島松島朝鮮附屬ニ相成候始末 此儀松島者竹島之隣島ニ 而松島之儀ニ付是迄揭載セシ 書留モ無之」(「朝鮮國交際始末內探書」, 1870.4).
40 「【日本海內竹島外一島地籍編纂方伺】御省地理寮官員地籍編纂莅檢ノ爲本縣巡回ノ砌日本海中ニ在ル竹島調査ノ儀ニ付別紙乙第二十八号ノ通照會有之候處
　　　明治九年十月十六日　　島根縣參事 境二郞 縣令佐藤信憲代理
內務卿 大久保利通殿」.

외에 송도라는 것이 우리 나라 가까운 곳에 있다면 이미 죽도에 일본인이 가서 갈등을 일으킨 적이 있는 것을 볼 때 그 섬보다 가까운 송도에 가본 사람이 없다고는 절대 말할 수 없습니다.」(『竹島考證』下, 1881, p.494)[41]

이 문서들은 모두 당시 정부의 견해를 나타내는 것들이다. 우선 ⓒ은 죽도와 송도가 조선부속이 되어있는 경위를 조사해 오라는 메이지정부에 대해 3명의 외무성관료 사다 하쿠보, 모리야마 시게루, 사이토 사카에가 조선의 내정을 정탐하여 보고한 복명서이다. 송도는 죽도에 이웃한 인도라는 표현에서 알 수 있듯이 당시 외무성에서는 울릉도와 독도를 하나의 세트로 취급하고 있다. 산음지방의 일부 사찬기록에서 보면 오키국의 송도로 기록하고 있는 것들도 있다. 그러나 이것은 당시 죽도도해면허를 회복하려는 오야·무라카와 양가가 작위적으로 오키에 부속한 것처럼 적고 있는 것이며, 대부분의 기록에서 독도를 울릉도의 속도 혹은 근방의 섬으로 인식하고 있다.

ⓓ「태정관지령」이 내려지는 과정에서, 시마네 현의 독도 인식을 보여주는 부분이다. 내무성이 시마네현 앞바다에 있는 도서에 대한 문의를 보내라고 하자, 시마네현은 외무성에서 언급하지도 않은 동해(일본해) 내에 있는「죽도외일도」에 대해 어떻게 취급할 것인지? 시마네현 지도 포함할 것인지를 내무성에 조회한 문서이다. 시마네현에 대한 조회를 거쳐 울릉도 독도에 대해 조사하여 파악한 결과를 시마네현은 태정관에 보고하였다. 그리고 태정관은 관계서류를 점검한 다음, 일본해(동해) 안에 있는 울릉도와 독도의 두 섬은 일본과 관계없는 섬이라는 결론에 도달하여 이 지령문을 내린 것이다. 「태정관지령」에서「죽도외일도」는 하나의 세트로 간주되고 있다. 이것은 당시 시마

---

41 「蔚陵島ト竹島ハ同島異名ノ事判然シ 松島モ亦竹島ト同島異名爲ルカ如シ否ラサルモ其屬島ナルカ如シ 右竹島ノ外ニ松島ナル者アリテ我近キ所ニアラバ既ニ竹島日本人行キ 葛藤ヲ生セシヲ見レハ其島ヨリ近キ松島ヘハ必ラス行キタル人ナシト 云フベカラズ。」(『竹島考證』下, 1881.9.8., p.494.).

네현의 독도 인식을 나타내는 표현이라고 할 수 있다. 즉 산음지방의 주민들은 과거 겐로쿠시대의 울릉도도해의 사실로부터 전해들은 바로 독도는 울릉도에 가까운 섬으로 하나의 세트로 간주하고 있는 것이다.

ⓔ는 『죽도고증』에 실린 외교관련 기록으로, 이 문서는 러시아 공사관의 무역사무관 세와키 히사토(瀨脇壽人)가 1878년 8월 15일 나가사키의 시모무라 유하치로(下村輸八郎)의 의뢰를 받아 제출한 「송도개척원(松島開拓願)」에 대한 검토 결과를 외무성 공신국장 다나베 다이이치(田邊太一)가 송도 조사가 불가하다는 취지의 답서와 기록국장 와타나베 히로모토(渡邊洪基)의 정리 문서 안의 기록이다. 이것으로 보아 당시 외무성에서는 죽도(울릉도)와 송도(독도)의 관계를 명확하게 인식하고 있었고, 울릉도의 이칭으로서의 송도(松島)에 대해서도 외국 해도상의 '마츠시마'라고 기록하고 있는 섬이라는 것을 잘 알고 있었다. 즉 죽도와 송도는 이미 에도시대에 한일 정부 간에 영유권 문제로 이미 결착이 내려진 섬이라는 것과, 송도(독도)가 죽도(울릉도)에 부속한 속도라는 인식을 하고 있었다.

이와 같이 근세·근대의 일본 측 기록에서 독도를 울릉도의 부속섬으로 간주하고 있다는 것이다. 이를 정리하면 다음과 같다. 첫째, 메이지시대 이후에도 이러한 인식은 이어지고 있으며, 1869년 일본 외무성이 조선의 내탐을 위해 파견한 고관의 보고서 「조선국교제시말내탐서(朝鮮國交際始末內探書)」(1870)에서도 송도(독도)는 죽도(울릉도)의 이웃섬(松島ハ竹島ノ隣島ニテ)이라고 보고 있었으며, 외무성의 기록 『죽도고증』(1881)에서도 독도를 울릉도의 속도로 인식하고 있다. 다시 말해, 1870년대 말 울릉도－죽도－송도의 명칭혼란이 있었을 때, 일본 외무성 공신국장 다나베 다이이치(田辺太一)의 「의견서」에서도 '송도(독도)는 울릉도의 속도(鬱陵島ノ屬島)라는 인식을 갖고 있었다는 사실이다. 둘째, 메이지의 지적편찬 사업을 추진하는 과정에서 죽도(울릉도)와 송도(독도)의 취급을 어떻게 할 것인가 문의한 시마네현의

품의서에 대해, 당시 최고의 결정기관이었던 태정관이 지령으로 울릉도와 독도를 "죽도외일도(竹島外一島)는 본방(일본-필자)과 관계없다"고 하여 두 섬을 하나의 세트로 생각하여 취급하고 있었다. 셋째, 이러한 점을 미루어 볼 때, 에도시대 및 메이지시대 일본에서는 전통적으로 울릉도와 독도의 관계를 한 섬의 부속섬 혹은 하나의 세트로 간주했음은 명백하다. 이러한 것은 일본의 어민뿐만 아니라, 외무성 및 태정관, 해군 수로부까지도 독도를 하나의 독립된 섬으로 보지 않고 울릉도와는 불가분의 섬으로 인식하고 있었다는 것이다.

울릉도와 댓섬, 독도를 하나의 섬으로 엮어서 '울릉도(죽도)'로 인식하는 사례로는 요시다 쇼인의 문건에서 발견된다. 요시다 쇼인(吉田松陰)은 에도시대 후기에 쵸슈번(長州藩=야마구치 현)에서 쇼가촌쥬쿠(松下塾)를 열고 이토 히로부미(伊藤博文) 등 에도막부 타도를 목표로 하는 뜻있는 인사들을 육성했던 사람으로 유명하다. 쇼인(松陰)은 1858년(安政5) 2월 19일에 가쓰라 고고로(桂小五郎=木戶孝允)에게 편지를 보낸다. 그 내용 중에서 쵸슈번은 유사시에 조선·만주를 목표로 하고 있다는 것과 그 때 죽도(울릉도)는 대륙진출의 교두보가 될 것으로 설명하고 있다. 소위 회자되는 「죽도개척론(竹島開拓論)」으로 이는 쇼인의 구상이 가츠라 고고로와의 서신에서 제안되고 있다.

〈표 1〉 근세·근대 일본의 울릉도·독도 인식

번호	날짜	기록 내용	문헌	비고
①	1659.6.21.	죽도근변송도(竹嶋近邊松嶋)	『控帳』,『大谷家文書』	
②	1660.9.5.	죽도지내송도(竹嶋之內松嶋)	『大谷家文書』	
③	1662.9.8.	죽도근소지소도(竹嶋近所之小嶋)	『大谷家文書』	

④	1858.7.11.	죽도·대판도·송도를 함께 죽도라 부른다 (竹島·大坂島·松島合せて世に是を竹島と云ひ)	「吉田松陰書簡」 『吉田松陰全集』	대판도(오사카지마=大坂島)는 맷섬을 의미함
⑤	1870.4.15.	송도는 죽도의 인도 (松島ハ竹島ノ隣島ニテ)	「朝鮮國交際始末 内探書」	『日本外交文書』
⑥	1877.3.20.	죽도외일도(竹島外一島)	「太政官指令文」	울릉도와 독도를 하나의 세트로 생각함
⑦	1878.12.	송도는 울릉도의 속도 (鬱陵島ノ屬島)	『竹島考證』	외무성 공신국장 타나베(田辺太一)의 「의견서」
⑧	1881.1.30.	조선국 울릉도 즉 죽도·송도의 건(朝鮮國蔚陵島卽竹島松島之儀)	『朝鮮事件』(國立公文書館) p.23.	외무권대 서기관 고묘지(光妙寺)가 내무권대 서기관 니시무라 스테죠(西村捨三)에게 보낸 답서

자료: 필자 작성

　　1853년(嘉永6)에 쇼인은 북해도 탐험가로 알려진 마츠우라 다케시로(松浦武四郎)를 만나게 되었고 아마 그때 마츠우라(松浦)로부터 에조치(蝦夷地=홋카이도) 정세와 더불어 죽도 등 동해 쪽의 사정에 대해서도 정보를 입수한 것으로 알려져 있다. 이렇게 시작된 「죽도개척론(竹島開拓論)」[42]은 1858년(安政5)에 이르러 쇼카손주쿠 내부에서 논의되기 시작했다. 당시 다카스기 신사쿠(高杉晉作)도 죽도개척 계획에 적극적이었다. 당시 쇼인은 하기(萩)의 마츠모토(松本)에 있었고, 가츠라는 에도에 있었다. 같은 해 7월 11일 쇼인이 가츠라에게 보낸 서신에서 계획이 보다 구체적으로 언급되고 있다.

42　이것은 대륙침략론의 일환으로 쇼카손주쿠 내부에서 활발히 논의되고 있었으며, 이것은 쇼인이 사망한 이후인 1860년 그의 문하생 가츠라 고고로와 무라타 죠로쿠(村田藏六)에 의해 「죽도개척건언서(竹島開拓建言書)」가 막부에 제출되고 있다.

ⓕ 죽도(울릉도)의 건, 겐로쿠(1688-1704) 시기에 조선에 건네준 막부의 결정
이 있었기 때문에 이것은 어렵다고 이쪽에서도 논의하고 있었습니다. 그러나 현
재는 대격변의 시기임으로 조선에 교섭하여, 지금 (죽도가) 빈 섬으로 되어있는
것은 무익하므로, 우리 쪽에서 개간한다고 말한다면 이견은 없을 것으로 생각합
니다. 만약 또 이미 서양 오랑캐들이 이미 손을 쓰고 있다면 더욱 버려두기 어려
운 것이고, 그들의 기지가 된다면 우리 쵸슈(長州)[43]는 매우 위험합니다. 그러나
이미 그들의 소유가 되어있다면 어쩔 수 없습니다. 개간을 명목으로 하여 도해
한다면, 이것은 즉 원대한 항해계획의 최초가 됩니다.

ⓖ 죽도(竹島, 울릉도)·대판도(大坂島=오사카지마)·송도(松島, 독도)를
합해서 이것을 항간에서는 죽도라고 말하고, 25리(98.2km)[44]에 달합니다. 죽도
만으로도 18리(70.7km)입니다. 세 섬 모두 인가는 없습니다. 오사카지마에 대신궁
(大神宮)의 작은 사당(祠)이 있고, 이즈모(出雲)에서는 해로로 120리(252km)[45]
정도입니다. 산물은 장어종류와 좋은 목재가 많아 개간한다면 좋고 아름다운 논
밭이 만들어질 것 같습니다. 이 섬이 에조(蝦夷=北海島)의 경우처럼 (막부에
서) 개간의 명령이 떨어지면, 아래 쵸슈(長州, 야마구치 현)가 청원하여, 항해하
는 것이 가능할 수 있습니다.[46]

---

43 長門藩. 지금의 야마구치(山口)현.
44 1리(里)=3.927km.
45 해로 1리(里)=2.1km.
46 「竹島論、元祿度朝鮮御引渡の事に付き六ヶ敷くもあらんと此の地にても議
し申し候。併し當時大變革の際に御座候得へば、朝鮮へ懸け合ひ、今に空島
に相成り居り候事無益に付き、此の方より開くなりと申し遣はし候はば異論
は之れある間布く、若し又洋夷ども已に手を下し居り候事ならば、尚は又閣
き難く、彼れが足溜りとならば吾が長州に於て非常の難あり。併し已に彼れ
が有と相成り候はば致方なし。開墾を名とし渡海致し候はば、是れ則ち航海
雄略の初めにも相成り申すべく候。」
「竹島・大坂島・松島合せて世に是を竹島と云ひ、廿五里に流れ居り候。竹島
計り十八里之れあり、三島とも人家之れなく候。大坂島に大神宮の小祠之れ
あり、出雲地より海路百十里計り。産物蛇魚類良材多く之れあり、開墾致し
候上は良田美地も出來申すべし。此の島蝦夷の例を以て開墾仰せ付けられ
ば、下より願ひ出で航海仕り候もの之れあるべく候。」

이 서신을 보면 요시다(吉田松陰)는 죽도를 겐로쿠(元祿) 시기에 이미 막부가 조선에 건네준 땅이라고 이해하고 있다. 이것은 덴포 죽도일건(1836년대) 당시 막부가 「죽도도해금지」의 포고령(御触)에 적힌 내용에 의해 영향을 받은 것이라 할 수 있다. 여기서 중요한 것은 별지에 적힌 내용이다. 여기서 죽도는 울릉도를 가리키고 송도는 독도를 가리킨다. 오사카지마(大坂島)는 오사카우라(大坂浦=저동)에 있는 마노시마(竹嶼)가 와전된 것으로 보이나 댓섬(죽서)을 나타내고 있다. 죽도(울릉도), 대판도(죽서), 송도(독도)를 합하여 이것을 항간에서는 죽도라고 말한다는 사실이다. 즉 당시 산음지방에서 전해오는 이야기로는 울릉도와 죽서, 독도를 총칭하여 울릉도라 인식하고 있다는 것이다. 이는 17세기 중엽 죽도도해를 하고 있었던 오야·무라카와 양가의 인식과도 일치한다. 송도(독도)를 죽도(울릉도)의 부속섬으로 간주하여 인식하고 있는 것이다.

이러한 인식은 메이지 정부가 들어서고도 지속이 되었다. 1870년대에 연이어 발생한 「죽도개척원」과 「송도개척원」[47]에 대응하였던 외무성 기록국장 와타나베 히로모토(渡邊洪基)의 「송도지의(松島之議)」에서도 나타난다.

ⓗ 듣기에 송도(松島)는 우리나라 사람들이 붙인 이름이며 사실은 조선의 울릉도에 속하는 우산(于山)이라고 합니다. 울릉도가 조선에 속한다는 것은 구정

---

47 그 당시 근대 제국주의로 발돋움한 일본은 대외팽창을 적극 추진하여 대만을 정벌하고(1874), 사할린[樺太]·쿠릴[千島] 교환협정을 체결하였고(1875), 오가사와래[小笠原]제도를 편입하고(1876), 류우큐위琉球]를 귀속시켰다(1879). 그런 와중에 1876년에 운요호 사건을 계기로 조선을 개국시켰다. 그런 상황 하에서 명치유신 이후 러시아와의 무역에 종사하거나 동해상에서 어로 활동이나 블라디보스토크를 드나들면서 상업 활동을 하고 있었던 무역상들이 죽도(竹島), 즉 울릉도를 '松島'로 바꾸어 부르면서 동해상에서 새로운 섬인 '松島'를 발견하였다고 주장했다. 그러면서 일본의 땅임을 내세우고 국익을 내세워 일본 외무성으로부터 개척원을 얻어내고자 했고, 일본 정부는 그 기운에 편승하여 일부 죽도(竹島)를 '松島'로 규정함으로써 울릉도에 대한 야욕을 드러내고 있는 것이다. 그것이 메이지 초기의 잇단 청원서이다.

부 때에 한 차례 갈등을 일으켜 문서가 오고간 끝에 울릉도가 영구히 조선의 땅이라고 인정하며 우리 것이 아니라고 약속한 기록이 두 나라의 역사서에 실려 있습니다. 지금 아무런 이유 없이 사람을 보내어 조사하게 하는 것은 다른 사람의 보물을 넘보는 것이라고 할 수 있습니다. 이웃의 지경(隣境)을 침범하는 것과도 같습니다. [48]

여기서 기록국장 와타나베(渡邊)는 송도(松島)는 우산(于山)으로 조선의 울릉도에 속하는 섬 즉 부속섬으로 명확히 인식하고 있었다. 송도 즉 독도를 포함한 울릉도가 조선에 속한다는 것은 이미 에도시대에 양국 간의 영유권 분쟁을 거쳐 영구히 조선의 땅이라고 인정했다. 이는 조일 양국의 역사기록에 실려 있는 사실이라고 하여 죽도개척 및 송도개척 청원서를 모두 기각하고 있다. 이들 섬에 들어가 개발하는 행위 등은 다른 사람의 재산을 탐하는 것과 같은 해위로 허락될 수 없다는 것이다. 그 결과 1880년 9월 아마기함(天城艦)이 회항하면서 울릉도에 들러 측량하기에 이른다. 이러한 것은 외무성의 지시에 의해 작성된 『조선국교제시말내탐서』를 통해서도 명확히 확인할 수 있다.

1868년 3월 「왕정복고」, 즉 정권 교체(막부→明治정부)의 사실을 조선 정부에 통보하도록 위임 받은 쓰시마번(對馬藩) 주도의 대조선 교섭은 별다른 진전 없이 답보상태를 벗어나지 못하고 있었다. 이에 보신(戊辰) 전쟁의 종식으로 이룬 국내통일과 판적봉환(版籍奉還)[49]으로 인한 중앙집권화의 진진에

---

48 「聞ク松島ハ我邦人ノ命ゼル名ニメ具實ハ朝鮮蔚陵島ニ屬スル于山ナリト蔚陵島ノ朝鮮ニ屬スルハ旧政府ノ時一葛藤ヲ生シ 文書往復ノ末永ク認テ我有トセサルヲ約シ 載テ兩國ノ史ニ在リ 今故ナク人ヲ遣テコレヲ巡視セシム之レ他人ノ實ヲ數フトイフ況ニヤ燐境ヲ侵越スルニ類スルヲヤ」(『竹島考證』下卷)

49 판적봉환(版籍奉還)이란 1969년(明治2) 7월 25일부터 메이지 정부에 의해 실시된 중앙집권화 사업의 하나로, 여러 다이묘(大名)로부터 천황에게 영지(版=版圖)와 인민(籍=戶籍)을 반환하는 것을 말함. 이것의 발안은 히메지번주(姬路藩主) 사카이 다다쿠니(酒井忠邦)에 의함. 이를 바탕으로 후일 1871년 7월 14일 번을 폐지하고 현을 설치하는 폐번치현(廢藩置縣)이 이루어져 막말·메이지초에 존재했던 274개의 번(藩)은 판적봉환 이후 2년만에 소멸함.

힘입어 외무성은 외무성 주도하의 대조선(對朝鮮) 외교·무역 일원화(一元化) 정책의 방침을 표명하였다. 1869년 9월 우선 조선 사정 조사를 위해 외무관원의 쓰시마 및 조선 파견을 골자로 한 건의서를 태정관(太政官)에 제출하였고, 같은 해 10월 이를 허가 받았다. 태정관으로부터 조사단 파견의 허가를 받은 외무성은 곧바로 파견 준비에 착수했다. 그 과정에서 어려움을 겪었던 것은 파견 관원의 선임문제였다. 당시 조선에 대해 무런 지식과 경험을 갖고 있지 않았던 외무성은 두 차례나 「조선교제사의(朝鮮交際私議)」를 정부에 제출한 바 있는 사다(佐田)에 주목하고 그를 조사단의 대표로 선임했다. 이리하여 사다 하쿠보(外務准權大錄)는 모리야마 시게루(森山茂) 사이토 사카에(齋藤榮) 등과 함께 조선 파견 외무 관원으로 발탁되었던 것이다.

이러한 외교 관원의 정탐단을 파견하는 데는 메이지 시기 서계문제가 있었다. 메이지 정부가 출범하고 나서 일본은 천황 명의의 새로운 서계를 조선에 보냈고, 조선 측에서는 서계 내용에서 '황제(皇)', '칙(勅)' 등의 어귀로 인하여 서계수령을 거부하여 일시적으로 조일관계는 외교적 단절상태에 있었다. 「판적봉환(版籍奉還)」 등 메이지정부의 중앙집권화와 부국강병의 추진으로 대량의 실업자 사무라이(浪人)가 발생하게 된다. 이를 해소하고 대륙진출의 발판으로 삼아야 한다는 '죽도개척론'과 '조선책략', '정한론' 등 대조선강경론이 일본 조야에서 팽배하고 있었다. 당시 메이지 정부의 태정관은 10여개 항목의 지시를 내리는데 그 시간적 경과를 보면 다음과 같다.

> 1869년 12월 7일 외무성 조사단 사다(佐田白茅) 일행 요코하마 출발
> 1869년 12월 28일 일행 쓰시마 도착
> : 번의 내력, 지형, 경제상황, 세견선(歲見船)·세사미(歲賜米) 등에 관한 기초조사
> 1870년 2월 9일 조사단 일행 이즈하라(嚴原) 출발
> 1870년 2월 22일 조사단 일행 부산 초량왜관 도착

: 일본 국서(「王政復古」에 대한 통보)에 대한 정식 회답
　요구
1870년 4월 15일　귀국한 외무성 조사단 일행 「建白書」(朝鮮國交際始末內
　探書) 제출

이 과정에서 일본 메이지 정부의 외무성이 중요시했던 것은 쓰시마·조선 파견의 임무 내용이었다. 이때 정탐하도록 지시를 내린 내용을 간단하게 요약하면 다음과 같다.

① 1609년 이래 조선으로부터 통신사가 내방하여 「번속(藩屬)의 예(禮)」를 취해 왔는지의 여부, ② 쓰시마로부터 조선에 파견하는 사절의 의전 절차, 조선으로부터 쓰시마에 파견하는 사절의 의전 절차에 대한 파악, ③ 조선으로부터 「감합인(勘合印)」(도항 허가증)을 받는 것은 「入貢을 의미하는지의 여부 파악, ④ 청국과 조선간의 종주권(宗主權)과 관련해서 조선이 국정 운영에 있어서 독자적인 판단 내지는 정책 결정권을 가지고 있는지의 여부 파악, ⑤ 정부 고위사절(「황사(皇使)」)를 조선에 파견할 경우 수도 가까운 곳에 군함을 정박시킬 만한 항구가 있는지의 파악, ⑥ 조선이 러시아에 외교적 보호를 의뢰했는지의 여부와 국경 분쟁의 여부 파악, ⑦ 조선 육군·해군의 무장 및 무기의 실태 여부, ⑧ 조선 국정의 파악, ⑨ 조일 무역과 일본 화폐의 유통 문제, ⑩ 세견선(대마번에서 조선에 매년 정례적으로 파견하는 선박)의 존폐 문제, ⑪이즈하라번(嚴原藩(=舊對馬藩))의 「사교(私交)」(대조선 외교업무) 폐지에 따른 보상책 등이다.

외무성(佐田) 조사단은 이상 11개 항목에 걸친 조사를 주된 목적으로 하면서도, 조선 정부에 대해 국서에 대한 답서의 독촉을 부차적인 목적으로 하고 있었다. 여기에 대한 복명서는 13개 조항으로 되어 있고, ⑬ 「죽도(竹島)·송도(松島)가 조선국 부속으로 된 경위(始末)」이라는 항목이 추가되어 있다. 외

무성 출사(出仕) 사다 하쿠보(佐田白茅), 모리야마 시게루(森山茂), 사이토 사카에(齋藤榮) 등 세 명의 외무성 관원이 보고한 『조선국교제시말내탐서(朝鮮國交際始末內探書)』는 다음과 같다.

① 게이쵸(慶長) 겐나(元和) 이래 조선국으로부터 통신사를 보내어 번속(藩屬)의 예(禮)를 취해온 이유
② 쓰시마로부터 조선에 보낸 사자(使者)의 예전(禮典), 조선으로부터 쓰시마에 보낸 사자의 예전(禮典).
③ 조선국으로부터 감합인(勘合印)[50]을 받은 이유, 이는 동국(同國)의 제도를 받아들여 조공을 한 것인가?
④ 조선의 국체(國體)는 신하의 예(臣禮)로써 북경(北京)의 시호를 받는다고는 하지만, 국정(國政)에 이르러서는 자아(自我) 독단(獨斷)의 권력이 있는가?
⑤ 천황이 사절을 파견하는데, 군함이 수도 근해에 순회함에 있어 좋은 항구의 유무
⑥ 조선국의 건, 러시아의 꾀임(毒吻)에 빠져 몰래 보호를 의뢰한다는 소문(風評)과 경략론.
⑦ 조선국 육해군 무비(武備)의 허실, 기계(器械)의 정조(精粗)
⑧ 내정(內政)의 치부(治否)가 초량(草梁)에서의 기문(記聞)과 같은가?
⑨ 무역의 개시에 관해서는 물품의 교환, 물가의 고저 및 화폐의 선악.
⑩ 세견선의 왕래 존부.
⑪ 쓰시마는 양국 사이에 있는 고도(孤島)로, 외교에 들어가는 비용 및 표류민에 대한 피아의 인도 방법 등 하나의 번(藩)으로 보통 정무 비용(政費) 이외의 비용.
⑫ 조선은 초량 이외에 내지(內地)에 대한 일본인 여행이 어려운가?

1850년대 이후 요시다 쇼인(吉田松陰)의 「정한론(征韓論)」, 「죽도개척론

---

50 중국의 명나라가 해적이나 함부로 하는 밀무역을 방지하기 위해서 무로마치 막부에 내린 것으로, 정식 사자인 것을 증명하는 할부(割符)에 찍는 도장을 말한다. 즉 무역 허가증과 같은 것이었다.

(竹島開拓論)」이 대두되는 가운데, 메이지 정부가 출범하고 나서 조일의 외교관계는 단절상태에 있었다. 또한 메이지초 사이고 다카모리(西郷隆盛), 기도 다카요시(木戸孝允) 등의 「정한론(征韓論)」이 1870년대초 재점화하는 가운데 『조선국교제시말내탐서』는 조선국의 정황과 교제의 경위에 대한 중요한 정보를 제공하고 있으며 이 단초가 되는 것이 사다 하쿠보(佐田伯茅) 등의 복명서이다. 그런 의미에서 『내탐서』는 막말·메이지초 일본의 대륙팽창주의 사상 확장의 연장선상에 있는 것이다.

다만 기존의 연구에서는 이 『내탐서』 안의 「죽도·송도가 조선 부속이 되어 있는 시말」이라는 13번째 조항에만 한정해서 보고 있으나 여기서 중요한 것은 원래 11개 조항이었던 일본 외무성의 내탐 지시가 보고된 『내탐서』에서 2개 조항이 추가된 경위가 밝혀져야 할 필요가 있다. 다른 하나는 이 13번째 조항이 외무성과 쓰시마번 사이의 조회와 사다(佐田)의 복명서(부속문서)를 통해 면밀히 검토되고 있다는 사실이 간과되고 있다는 것이다. 당시 조일외교의 역사나 조선의 실정 등을 조사한 보고서 『조선국교제시말내탐서』는 외무성에 제출되었다. 그 말미에 조사예정 외의 「죽도·송도가 조선 부속이 되어 있는 시말」을 제목으로 하는 항목이 포함되어 있었다.

① 다케시마(竹島)와 마쓰시마(松島)가 소선의 부속이 된 경위(또는 사정, 始末)
이 건은 마쓰시마(松島)는 다케시마(竹島)의 이웃 섬으로 마쓰시마에 관해서는 지금까지 게재된 서류도 없다. 다케시마(竹島)에 대해서는 겐로쿠(元祿)[51] 년간 주고받은 왕복서한 및 경위가 필사한 그대로입니다. 겐로쿠(元祿)년도 이후 얼마 동안 조선에서 거류(居留)를 위해 사람을 보내었던 바 있다. 하지만 현재는 이전과 같이 사람이 없으며, 대나무 또는 대나무보다 굵은 갈대가 자라고, 인삼(人蔘) 등이 자연적으로 자란다. 그 밖에 물고기(漁産)도 상당히

---

51 1688~1703년.

있다고 들었다.

　이것은 조선국 사정을 현지(實地) 정탐(偵探)한 바로 대략 서면 내용과 같으므로 먼저 귀부(歸府)하였습니다. 이에 따라 건(件)마다 조사서류(取調書類), 그림도면(繪圖面)을 함께 첨부하여 이번에 보고 드리는 바입니다.

　　午(1870년) 4월

　　　　　　　　　　　　　　　　　　　　외무성 출사(出仕)
　　　　　　　　　　　　　　　　　　　　사다 하쿠보(佐田白茅)
　　　　　　　　　　　　　　　　　　　　모리야마 시게루(森山茂)
　　　　　　　　　　　　　　　　　　　　사이토 사카에(齋藤榮)[52]

　이 항목의 사안이 중대한 것임에 비해 그 내용은 원문에서 겨우 6행 밖에 안된다. 그리고 '죽도(울릉도) 및 송도(독도)가 조선 부속이 된 경위'는 구체적으로 적혀 있지 않다. 그리고 이 자료는 일본에서 경시되는 반면 한국에서 유독 6행의 문안만 강조되어 왔다. 그러나 최근『조선국 교제시말내탐서』에는 별본 부록『대주조선교제취조서(對州朝鮮交際取調書)』등의 존재가 밝혀졌고, 그 가운데 본 자료「죽도일건(竹島一件)」이 포함되어 있다. 또한「사다 하쿠보(佐田伯茅) 복명서」,「사이토 사카에(齋藤榮)의 복명서」,「모리야마 시게루(森山茂) 복명서」(1870) 등도 포함되어 있다. 이들 자료는 사다 하쿠보

52　「一、竹島・松島朝鮮附屬ニ相成候始末
　　此儀、松島は竹島之隣島ニて、松島之義ニ付是迄揭載せし書留も無之、竹島之義ニ付ては元祿度之往復書翰・手續書, 寫之通ニ有之、元祿度後は暫く之間、朝鮮より居留之もの差遣置候處、當時ハ以前之如く無人と相成、竹木又は竹より太き葭を産し、人參等自然ニ生し、其餘漁産相應ニ有之趣相聞候事右は朝鮮國事情實地偵索いたし候處、大略書面之通御座候間、一ト先歸府仕候、依之件々取調書類・繪圖面とも相添、此段申上候、　以上.
　　　午四月　　　　　　　　外務省出仕
　　　　　　　　　　　　　佐　田白茅
　　　　　　　　　　　　　森　山　茂
　　　　　　　　　　　　　齋　藤　榮」

등이 「죽도일건=울릉도 쟁계(元祿竹島一件)」를 세밀하게 조사하여 검토하고 있음을 보여주고 있다. 다시 말해 이미 17세기말 겐로쿠시기에 '영유권 문제'로 대두된 울릉도쟁계의 결과를 담은 사료를 검토한 다음 작성된 보고서라는 것이다. 다만 본 자료에도 송도(松島, 독도)에 관한 기술은 없다. 사다 등은 면밀한 조사를 하고난 다음 죽도가 조선 부속이 되었다고 판단하였고, 그 인도(隣島)인 송도(독도)도 이것에 관한 기록이 거의 없음에도 불구하고, 조선 부속이 되었다는 결론을 낸 것이다. 이것은 당시 일본 외무성의 세부조사 결과를 바탕으로 내린 공식적 결론으로 메이지 정부의 울릉도·독도 인식을 명확히 보여주는 것이다.

여기서 검토한『조선국교제시말내탐서』는 몇 가지 부속문건을 수반한다. 이와 관련된 부속문서 및 별첨자료는 다음과 같은 것들이다. ①『다이슈조선교제취조서(對州朝鮮交際取調書)』(1870), ② 「외무성출사 사다하쿠보의 건백서 사본(外務省出仕佐田白茅ノ建白書寫)」(1870.3.), ③ 「외무성출사 사다하쿠보의 건백서 사본(外務省出仕森山茂ノ建白書寫)」(1870.4.), ④ 「외무성출사 모리야마 시게루보의 건백서 사본(外務省出仕齋藤榮ノ建白書寫)」(1870. 4.), ⑤ 「조선에 파견된 자의 주의사항에 관한 지시안(朝鮮へ被差遣候もの心得方御達之案)」(1869.11.) 이에 대한 보다 엄밀한 분석까지 이르지 못하고 있다. 특히 ②~④의 건백서(복명서)에 대한 면밀한 검토와 당시 일본 외무성, 내무성, 태정관을 연결하는『죽도고증(竹島考證)』,『기죽도사략(磯竹島事略)』, 「태정관지령(太政官指令)」 등의 문서에서 나타나는 일본의 울릉도·독도 인식과의 연결고리에서 당시의 독도(송도) 인식을 재점검할 필요가 있다.

4. 맺음말

본 연구에서는 독도에 관한 일본 영유권 주장의 근간을 이루는 「고유영토론」이 과연 성립하는가를 살펴보고자 했다. 일본이 주장하는 「고유영토론」은 1953년 국교정상화를 위한 한일 간의 교섭이 진행되는 시기에 당시 외무성 관료 가와카미 겐죠(川上健三)에 의해 제시되었고, 이런 주장을 본격화한 것이 2005년 소위 「죽도의 날」을 제정하고 시마네현 총무부 총무과에 〈죽도문제연구회〉가 설치되고 나서부터라 할 수 있다. 죽도문제연구회의 『제1기 최종보고서』(2007.3.)[53]에서 독도의 역사와 관련되는 자료 및 사료들을 분석하여 정리하였고, 이것이 외무성에 보고되었다. 그 내용이 여과됨 없이 일본 정부의 공식견해로 채택되어 그 이듬해 2월 「죽도문제를 이해하기 위한 10의 포인트」로 등장하여 '17세기 중엽에 이미 독도에 대한 영유권이 확립되었다'는 「고유영토론」 주장이 본격화하는 것이다.

그러나 이와 같은 일본 고유의 영토라는 주장은 한일 양국의 역사연구에서 이미 부정되고 있다. 그럼에도 불구하고 일본 정부의 기조는 흔들림 없이 견지되고 있다. 「고유영토론」을 정당화하기 위해 울릉도와 독도를 별개의 섬으로 분리할 필요가 있었고 「죽도도해금지령」(1696.1.28.)에 독도가 포함되지 않는 것으로 했어야 했다. 또한 시마네현 '죽도문제연구회'의 보고서 등에서는 「태정관지령」(1877.3.29.)에서 일본과 무관한 땅이라고 천명했던 「죽도외일도」까지도 '송도(松島)라고도 불렸던 하나의 섬 울릉도'를 지칭하는 것으로 왜곡해 왔다. 하지만 역사적 기록을 볼 때 울릉도와 독도는 '울릉도(竹島)'라는 '하나의 섬' 혹은 '하나의 세트'로 간주되어 인식되어 왔음을 알 수 있다. 그럼에도 불구하고 여전히 독도는 울릉도와 분리된 별도의 섬으로 왜곡

---

53 竹島問題硏究會編, 『「竹島問題に關する調査硏究」最終報告』, 島根縣總務部總務課, 2007.

되어 일본 '고유영토론'으로 남아 있는 것이다. 이것이 일본의 독도 교육 독도 홍보 현장에서 제국주의의 망령처럼 살아 숨 쉬고 있다. 본 연구의 분석을 통해 밝혀진 것들을 정리하는 것으로 마무리에 가름하고자 한다.

첫째, 「안용복 사건(竹島一件)」 시기의 문건 및 메이지 정부의 문서 등 관찬서에서 일관되게 독도는 일본과 관계없는 땅 혹은 조선의 영토로 인정하고 있음은 최근 많은 연구에서 밝히고 있다. 다시 말해 일본 정부가 주장하는 독도 「고유영토론」은 성립하지 않으며 허구임이 밝혀진 것이다. 그럼에도 불구하고 독도에 대해 '일본 고유의 영토' 운운하는 주장은 더 이상 정당성을 가질 수 없다.

둘째, 에도시대 울릉도 도항을 했던 오야·무라카와 양가의 기록 등과 메이지시대 정부문서 및 울릉도·독도 관련 기록에서도 울릉도를, 죽도(댓섬)과 독도를 포함하는 하나의 제도(諸島)[54] 혹은 주도(主島)로 인식하고 있음을 알 수 있다. 즉 댓섬이나 독도(松島)는 대표 섬인 울릉도에 부속하는 섬으로 간주하고 있었고 이들 섬의 총칭으로 울릉도를 인식하고 있었다. 따라서 에도시대 두 번에 걸친 「죽도도해금지령(竹島渡海禁止令)」은 죽도(竹島)라고 불렀던 울릉도는 물론 송도(松島)라고 불렀던 독도까지 포함한 금지령임을 알 수 있는 것이다.

셋째, 1836년 이마스야 하치에몽(今津屋八右衛門) 사건 이후 죽도(竹島)와 송도(松島)는 일본 산음지방 연해민에게서 멀어져 갔었다. 그러나 이들 산음지방 연해민들에게 있어 울릉도는 여전히 죽도로 독도는 여전히 송도로 인식되고 있었다. 그리고 일본 태정관과 내무성 및 외무성까지도 울릉도는 죽도(竹島)로, 독도는 송도(松島)로 명확하게 인식되고 있었다. 그러나 가와카미 겐죠(川上健三)가 주장하는 명칭혼란은 존재하지 않았음을 알 수 있다.

---

54 제도(諸島)의 사전적 의미는 '두 개 이상의 섬의 집단(集團)'(『廣辭苑』 第4版, 岩波書店)이라고 정의하고 있다.

그럼에도 불구하고 아직 우리 학계에서는 독도 '명칭혼란론' 혹은 '명칭전도론'이 여전히 살아 숨쉬고 있다. 메이지시대 서양해도의 유입과 일본 국내 해도 작성과정에서 일본 해군성 제작의 지도 및 수로지 관련 기술 등에서는 울릉도를 송도(松島=마츠시마) 혹은 '울릉도', 독도를 리앙쿠르(リアンクール)로 기록하고 있으나, 태정관, 내무성, 외무성 등을 비롯한 메이지 정부의 다른 부처에서는 일관되게 울릉도를 죽도(竹島), 독도를 송도(松島) 혹은 리앙쿠르(リアンクール)라고 인식하고 있었다. 즉 원래부터 명칭혼란은 존재하지 않았다. 이 명칭혼란의 문제는 「조선국교제시말내탐서」, 「태정관지령」, 『죽도고증』 등에서 조선의 섬으로 인정하는 부분들을 부정하기 위해 만들어진 논리인 것이다.

그러면, 우리는 우리에게 필요한 것, 필요한 대응을 어떻게 해야 하는가를 한번 심각하게 고민해 볼 필요가 있다. 특히 우리 외교부의 독도에 대한 기본 기조를 확실히 할 필요가 있다. 우선, 끊임없이 되풀이되는 일본의 독도 도발에 대한 전략과 전술 그리고 로드맵은 존재하는가(정부) 라는 점이다. 독도에 대해 공세적 입장에 있는 일본은 분명 뭔가 전략과 로드맵 위에서 움직이고 있음을 감지할 수 있다. 그런데 수세적 입장에 있는 우리는 어떤가를 생각할 때 염려스러운 부분이 많다고 할 것이다. 둘째, 애국과 민족주의 정서라는 옷을 입힌 채 대응하는 감성적 대응이 국익에 보탬이 될 수 있는가(유관기관 및 시민단체) 라는 점이다. 셋째, 독도의 진실을 보다 객관적이고 사료에 근거해서 밝히는 연구결과를 얼마나 발굴하여 제시하고 있는가(학계) 라는 점이다. 이런 의미에서 차분히 내실을 기하는 전략적 대응이 필요하고 그렇게 하기 위해 관-학-민이 머리를 서로 맞대고 지혜와 지식과 증거가 될 사료들을 모아 고민해 볼 필요가 있다.

[참고문헌]

송휘영, 「일본의 독도에 대한 "17세기 영유권 확립설"의 허구성」, 『민족문화논총』 44, 영남
　　　대학교 민족문화연구소, 2010.
_____, 「근대 일본의 수로지에 나타난 울릉도 · 독도 인식」, 『대구사학』 106, 2012.
_____, 「「1898(明治31)년 韓國船 遭難事件에 관한 일고찰(山崎佳子)」 비판」, 『독도연구』
　　　12, 영남대학교 독도연구소, 2012.
_____, 「일제강점기 울릉도 거주 일본인들의 울릉도 · 독도 인식」, 『일본문화연구』 46,
　　　2013.
_____, 「『죽도문제 100문 100답』의 「죽도도해금지령과 「태정관지령」 비판: 일본의 '고유
　　　영토론'은 성립하는가?」, 『독도연구』 16, 영남대학교 독도연구소, 2014.
_____, 「「죽도외일도」의 해석과 메이지 정부의 울릉도 · 독도 인식」, 『일본문화연구』 52,
　　　2014.
이케우치 사토시, 「일본 에도시대의 다케시마 - 마츠시마 인식」, 『독도연구』 6, 영남대학
　　　교 독도연구소, 2009.
김호동, 「독도 영유권 공고화를 위한 조선시대 수토제도의 향후 연구방향 모색」, 『독도연
　　　구』 5, 영남대학교 독도연구소, 2008.
_____, 「조선초기 울릉도 · 독도에 대한 '空島政策' 재검토」, 『민족문화논총』 32, 영남대
　　　학교 민족문화연구소, 2005.
심기재, 「근대 일본인의 조선 인식 - 佐田白茅를 중심으로 - 」, 『일본학보』 제40집, 1998.
_____, 「明治 일본의 조선 지식 - 佐田白茅의 『朝鮮見聞錄』에 대하여 - 」, 『日本歷史研
　　　究』 제15집, 2002.
김강일, 「對馬島人 退去 이전의 朝日交涉」, 『韓日關係史研究』 제57집, 2005.
이기용, 「'征韓論' 비판 - 田中正中의 征韓評論을 중심으로 - 」, 『韓日關係史研究』 제8집,
　　　2005.
정재철, 「근대 일본인의 조선경략론」, 『일본연구』 제1호, 중앙대학교 일본연구소, 1980.
한철호, 「明治時期 일본의 독도정책과 인식에 대한 연구 쟁점과 과제」, 『韓國史學報』 제28
　　　호, 2007.
牧野雅司, 「維新期の書契問題と朝鮮の對応」, 『待兼山論叢 · 史學篇』 44, 2010.
石川寬, 「明治維新期における對馬藩の動向」, 『歷史學研究』 (歷史學研究會編) 第709号,
　　　1998.
_____, 「日朝關係の近代的改編と對馬藩」, 『日本史研究』 (日本史研究會編) 480号, 2001.
_____, 「明治期の大修參判使と對馬藩」, 『歷史學研究』 (歷史學研究會編) 第775号, 2003.
石田徹, 「征韓論再考」, 『早稻田政治公法研究』 第65号, 2000.
_____, 「明治初期日朝交涉における 書契の問題」, 『早稻田政治経濟學雜誌』 No.356, 2000.
池内敏, 『竹島問題とは何か』, 名古屋大學出版會, 2012.
_____, 『竹島 - もうひとつの日韓關係史』, 中央公論, 2016.

川上健三,『竹島の歴史地理學的研究』, 古今書院, 1966.

田村清三郎),『島根縣竹島の新研究』, 島根縣, 1965.

内藤正中,『竹島(鬱陵島)をめぐる日朝關係史』, 多賀出版, 2000.

沈箕載,『幕末維新日朝外交史の研究』, 臨川書店, 1997.

田保橋潔,『近代日鮮關係の研究·上卷』, 朝鮮總督府·宗高書房, 1972.

第3期竹島問題研究會編,『竹島問題100問100答』Will3月号增刊, ワック株式會社, 2014.

日本 外務省,『朝鮮外交事務書』, 1869.

_____,「朝鮮國交際始末内探書」『大日本外交文書』, 1870.

_____,「對州朝鮮交際取調書」,『大日本外交文書』, 1870.

「竹島」http://www.mofa.go.jp/mofaj/area/takeshima/ (검색일:2018.7.10.)

「竹島＝獨島論爭(資料集)」http://www.kr-jp.net/ (검색일:2018.7.10.)

「竹島問題」http://www.geocities.jp/tanaka_kunitaka/takeshima (검색일:2018.7.10.)

http://www.pref.shimane.lg.jp/soumu/web-takeshima/ (검색일:2018.7.10.)

제3부

독도현대사

1947년 조선산악회 울릉도 · 독도 학술조사단의 독도조사활동과 성과

이 태 우[*]

1. 머리말

이 연구의 목적은 광복 후 최초로 독도를 조사했던 '1947년 조선산악회 울릉도 · 독도 학술조사단'의 독도조사활동과 성과를 정리해 보고 그 의미를 파악해보는 것이다. 즉 기존 선행연구에서는 1947년 울릉도 · 독도학술조사의 독도영유권과 관련한 국제법적 의미와 의의, 학술조사단의 활동과 파견 경위, 과도정부의 역할 등에 대한 연구가 주로 이루어져왔지만, 이 연구에서는 1947년 울릉도 · 독도학술조사단의 구체적인 성과가 무엇이었는지 종합적으로 정리 · 평가해보고자 한다.

비록 미군정 하에 있었지만, 한국(과도)정부와 조선산악회가 공동으로 울

* 영남대학교 독도연구소 연구교수

릉도·독도 학술조사단을 파견하여 조사활동을 펼친 것은 독도현대사의 서막을 여는 동시에 독도영토주권 수호 의지를 드높인 획기적 사건이었다. 즉 조선산악회와 과도정부가 함께 실시한 울릉도·독도 학술조사는 광복 후 독도에 대한 최초의 정부공식 조사이며, 한국(과도)정부의 영토주권 수호를 위한 확고한 의지 표명이었다.

또한 1947년 학술조사는 한국(과도)정부의 행정적, 실질적 독도 관리의 시작을 알리는 실효적 지배의 첫 출발점이었다는 점에서 이어지는 1953년~1956년 독도의용수비대 활동과 함께 현대 독도수호사의 상징적 의미를 가지고 있다고 할 수 있다.[1]

1947년 울릉도·독도 학술조사는 조선산악회의 선제적인 계획수립과 주도하에 과도정부의 적극적 지원으로 이루어졌다. 이 과정에서 과도정부는 독도에 관한 수색위원회 조직과 독도조사단 파견, 해안경비대의 독도 운항, 독도 영토표주 설치 등을 적극 지원하면서 독도에 대한 주권국으로서 의사와 의지를 표시하고 국가기능을 실질적으로 행사하였다. 과도정부의 이러한 행위들은 국제법상 독도의 소속에 관해 중요한 의미를 가지는 것으로 평가된다.[2]

위에서 언급했듯이 그동안 한국의 독도영유권과 관련해 울릉도·독도 학술조사단의 조사활동을 분석하고 조명한 연구가 많지는 않았지만, 국제법과 역사학, 지리학 등의 학문 분야에서 1947년 학술조사단 활동의 규모와 성격, 의의 등을 재조명하는 작업이 충실히 이루어졌다고 볼 수 있다.[3]

1 이태우·최재목·김은령, 「신문·잡지·문서를 통해 본 1947년 조선산악회 울릉도·독도 학술조사단의 활동과 의의」, 『영남학』 제82호, 경북대학교 영남문화연구원, 2022.9. p.359.
2 홍성근, 「1947년 조선산악회의 울릉도학술조사대 파견 경위와 과도정부의 역할」, 『영토해양연구』 23, 동북아역사재단 독도연구소, 2022.6. pp.159-160.
3 정병준, 『독도1947』, 돌베개, 2010; 박현진, 「독도 실효지배의 증거로서 민관합동 학술과학조사－1947년 및 1952~53년 (과도)정부·한국산악회의 울릉도·독도조사를 중심으로－」, 『국제법학회논총』 제60권 3호, 2015; 송호열, 「1947년 독도 학술 조사

그렇지만 1947년 제1차 학술조사단이 울릉도·독도에 대한 학술조사를 실시한 지 76년의 세월이 흘렀지만 아직까지 학술조사단이 10일간 조사한 연구성과가 무엇인지 제대로 정리되지 않고, 또 알려지지 않은 것은 독도영유권의 중요성을 생각해볼 때 실로 안타까운 일이었다.

　물론 그동안 여러 사정이 없었던 것은 아니다. 학술조사단이 조사일정을 마치고 부산·대구·서울에서 성과보고회를 개최하고, 강연과 전시회 등을 통해 한국 땅 독도의 존재를 전 국민에게 인식시킨 것은 중요한 활동이었다.[4] 그러나 울릉도·독도 조사 활동으로 독도의 존재와 독도영유권을 확인한 것에 대한 대국민 홍보에 치중한 결과 아쉽게도 1차 학술조사단의 활동성과를 종합정리한 성과보고서가 남아 있지 않은 것은 아쉬움으로 남는다.

　조사단에 참여한 몇몇 학자들 중 신문이나 잡지를 통해 개별적으로 연구 성과를 발표한 사례도 몇 건 있었지만[5], 개인적인 차원에서 이루어진

에 대한 지리적 고찰」, 『한국사진지리학회지』 25권 제3호, 한국사진지리학회, 2015; 이기석, 「한국산악회의 1952년 '울릉도·독도 학술조사단 파견계획서」, 『영토해양연구』 제14권, 동북아역사재단, 2017; 유하영, 「조선산악회 울릉도 독도 학술조사의 국제법상 의미와 증거가치」, 『동북아연구』 35권 2호, 조선대학교 동북아연구소, 2020; 홍성근, 「1947년 조선산악회의 울릉도학술조사대 파견 경위와 과도정부의 역할」, 『영토해양연구』 23, 동북아역사재단 독도연구소, 2022.6; 이태우·최재목·김은령, 「신문·잡지·문서를 통해 본 1947년 조선산악회 울릉도·독도 학술조사단의 활동과 의의」, 『영남학』 제82호, 경북대학교 영남문화연구원, 2022.9. 참조.

4　조사단의 울릉도·독도 탐사 결과발표는 그해 9월 10일 서울의 국립과학박물관에서 400여명이 참석한 가운데 열렸으며, 사진 및 자료 650점에 대한 전시회는 10월 10일부터 동화백화점(현 신세계백화점)에서 열렸다. 이후 전시회는 다시 11월 30일부터 부산일보에서 5일간, 다음해인 1948년 1월 20일부터 10일간 대구 공회당에서 열리기도 했다; 「울릉도조사대의 귀환보고강연회」, 『서울신문』, 1947.09.09; 「울릉도 보고, 10일에 강연회」, 『공업신문』, 1947.09.09; 「울릉도 보고전」, 『서울신문』, 1947.11.05; 「울릉도전시회에 도민대표가 상경」, 『대구시보』, 1947.11.08; 홍종인, 「울릉도 보고전을 열면서」, 『서울신문』, 1947.11.15 기사 참조.

5　홍종인, 「울릉도 학술조사대 보고기」(1)~(4), 『한성일보』, 1947.09.21.~1947.09.26.; 홍구표, 「무인독도 답사를 마치고」, 『건국공론』 제3권 제5호, 1947.11; 신석호, 「독도

제5장 1947년 조선산악회 울릉도·독도 학술조사단의 독도조사활동과 성과　145

것이었고 종합적으로 정리된 성과보고서로까지 이어지지는 못했다. 더구나 그나마 수집한 자료들도 6.25 한국전쟁으로 인하여 소실 또는 분실되어 버렸다.

이러한 실정에서 1947년 울릉도·독도 학술조사단이 처음으로 현지조사를 실시한 이후 76년이란 세월이 흘렀다. 그동안 학술조사단이 발견한 성과 중「심흥택 보고서」의 발견,「홍재현 진술서」와「독도 표주 설치」등은 이미 많이 알려진 성과 내용이다. 이 연구에서는 언급한 성과 외에도 알려지지 않은 성과를 포함한 학술조사단의 전체 성과를 종합 정리하고 평가해보고자 하는 것이다.

늦었지만 지금이라도 학술조사단이 남긴 성과를 확인하고 정리해서 발표하는 것은 대한민국이 독도를 실효적으로 관리해 왔음을 재확인하고, 독도영토주권을 확고히 한다는 차원에서 중요한 의미가 있다고 하겠다.

이하 본론에서는 울릉도·독도 학술조사단이 1947년 8월 16일부터 8월 28일까지 약 2주간의 일정 속에서 수행한 조사활동과 성과를 정리·평가해 보고 독도영유권과 관련해 그 의미를 제시해보고자 한다.

2. 울릉도·독도 학술조사단의 조사일정과 조사활동

울릉도·독도 학술조사 계획은 이미 1946년 가을부터 조선산악회의 '제4회 국토구명사업'의 일환으로 추진되고 있었다. 당시 울릉도·독도 조사계획을 수립·준비하고 있던 중 1947년 8월 초 과도정부 안재홍 민정장관을 위원장으로 하는 '독도에 관한 수색위원회'가 조직되면서 8월 4일 관계 공무원·전

소속에 대하여」,『사해』제1권 제1호, 1948.12; 옥승식,「울릉도 및 독도지질조사개보」,『울릉도·독도 조사보문』, 미군정청 상무부 지질광산연구소, 1948.3. 참조.

문가 합동회의를 개최하여 독도조사단 파견을 결정하게 되었다.[6]

　이렇게 하여 1947년 제1차 울릉도 · 독도 학술조사단은 과도정부 독도조사단(공무원 4명)과 조선산악회 전문가 63명, 경북도청 공무원 2명과 제5관구 경찰 11명 등 총 80명에 달하는 대규모 조사단을 구성하여 8월 16일~8월 28일까지 약 2주일에 걸쳐 울릉도 · 독도에 파견하게 되었다. 서울을 출발해서 다시 서울로 귀경하기까지 조사단의 전체 조사일정은 다음과 같다.

1) 울릉도 · 독도 학술조사단의 조사일정

〈표 1〉 1947년 조선산악회 울릉도 · 독도 학술조사단의 조사일정표

일자	활동내용	비고
8월 16일	오전: 강연반 선발대로 먼저 서울 출발, 오후 본대 출발	
8월 17일	오전: 대구 경유, 경북교육협회 주최 사범대학에서 강연회 개최 오후: 포항에 전원 집결	
8월 18일	오전 7시 포항 출발 오후 6시 울릉도 도동 도착	
8월 19일	휴식, 오후 위문품 전달, 환영회 개최, 야간 환담회 참석	
8월 20일	오전 5시 10분 울릉도 도동 출발-오전 9시 40분 독도 도착 오후 3시 30분 독도 출발 － 오후 8시 울릉도 저동항 귀착	독도 조사
8월 21일	울릉도 조사	
8월 22일	울릉도 조사	
8월 23일	울릉도 조사	
8월 24일	울릉도 조사, 오후 전원 저동에 집결	
8월 25일	휴식, 우산중학교에서 특별강연	
8월 26일	오전 9시 30분 저동 출발, 오후 10시 반 포항 도착후 숙박	
8월 27일	오전, 오후로 포항 출발, 대구 경유	
8월 28일	오전- 본대 서울 귀착	

6　이태우 · 최재목 · 김은령, 앞의 논문, p.336 참조.

조사단의 독도조사 일자는 독도의 변화무쌍한 기상 조건으로 가변적이어서 미리 정해져 있지 않았다. 조사단은 8월 18일 밤에 울릉도 도착하여 8월 19일 휴식 겸 울릉도 주민들과 환영회·환담회를 개최한 후, 다음날인 20일 독도 날씨가 좋다는 것을 확인하였다. 조사단은 이튿날 새벽 5시 10분 울릉도 도동항을 출발하여 9시 40분 독도에 입도하여 학술조사를 실시한 후 오후 3시 30분경 독도조사 일정을 완료하고 독도를 출발하여 밤 8시에 울릉도 저동항에 도착하였다. 8월 20일 이른 새벽부터 늦은 밤까지 짧고 힘든 하루 일정이었지만, 학술조사단이 독도에서 실시한 6시간의 조사활동은 독도현대사에 길이 남을 중요한 족적을 남겼을 뿐만 아니라 독도 영유권 논거를 강화·확립하는데에도 결정적 기여를 한 쾌거였다.

2) 울릉도·독도 학술조사단의 인적 구성

1947년 과도정부와 조선산악회가 협력해서 조직한 울릉도·독도 학술조사단은 모두 10개 조사반으로 편성되었다. 이 중에서 조선산악회에서 파견한 관련 전문가들이 63명이며, 과도정부에서 파견한 공무원들은 중앙정부공무원과 경북도청공무원, 제5관구 경찰공무원 등 모두 17명으로 확인된다. 따라서 민·관으로 구성된 조사단의 규모는 총 80명이라는 대규모 인원이었다.[7] 학술조사단은 아래 표에서 확인하듯이 본부, 사회과학A반 B반, 동물학반, 식물학반, 지질광물반, 의학반, 보도·영화반, 전기통신반 등 9개 조사반을 편성하여 과도정부 파견 공무원과 조선산악회 전문가가 공동으로 조사단을 구성하였다.

---

7 이태우·최재목·김은령, 앞의 논문, pp.351-353 참조.

〈표 2〉 1947년 조선산악회 울릉도 · 독도 학술조사단의 편성

구분		인원	임무	비고
조선산악회	본부	15명	대장, 지휘, 총무, 식량, 장비, 수송	
	사회과학 A반	10명	역사, 지리, 사회, 경제, 고고, 민속, 언어	
	사회과학 B반	11명	생활실태조사	본부원 겸무
	동물학반	6명	동물	
	식물학반	9명	식물	
	농림학반	4명	임상, 농경, 목축, 하천 조사	
	지질광물반	2명	지질, 광물	
	의학반	8명	보건질병상황 연구조사, 구호, 의료	
	보도 · 영화반	8명	사진, 신문보도, 영화제작	
	전기통신반	2명	무선 통신	
	소계	63명		
과도정부	독도조사단	4명	정부 부처 공무원(외무처 일본과장, 문교부 편수관, 수산국 기술사, 국사관장)	
	경북도청직원	2명	관할지역(경북) 공무원	
	제5관구직원	11명	관할지역(경북) 경찰직원	
	소계	17명		
	총원	80명		

3) 울릉도 · 독도 학술조사단의 조사활동

울릉도에 도착한 후 조사단은 위의 조사단 편성표에서 보듯이 소속된 각 전문 분야별로 다양한 조사활동을 펼쳤다. 울릉도 · 독도의 역사, 특히 독도 영유권을 입증할 수 있는 역사자료의 발굴, 독도의 지세, 독도의 자연환경 즉 독도에 서식하고 있는 동 · 식물과 산물, 한국령 독도표주 설치 등의 의미 있고 중요한 조사활동을 펼칠 수 있었다.

비록 독도의 지질과 자연환경 등 독도의 자연생태 조사는 하루에 그쳤지만, 울릉군청 자료에서 '심흥택 보고서'의 발굴, 울릉도 이주개척민 '홍재현의 증언' 확보 등도 중요한 성과였다. 물론 '독도 소나무의 존재'처럼 조사단의 진술에 의존한 성과는 객관적 증거자료 제시가 어려워 차후에 추가적인 관련 조사가 더 필요할 것으로 생각된다.

이하에서는 조사단이 조사활동을 통해 거둔 성과를 중심으로 구체적인 성과들을 정리하고 제시해 보고자 한다. 조사단이 거둔 성과를 간단히 정리하면 아래 도표와 같다. 물론 조사단의 성과로 제시한 아래의 내용들에 대해 이견이 있을 수 있다. 또 추가로 성과 내용에 포함시킬 수 있는 새로운 자료들이 발견될 수도 있다. 향후 관련 자료들이 발굴되고 연구가 좀 더 진전될 수 있다면, 이들 성과들에 대한 재평가와 함께 조사단이 거둔 더 많은 성과들을 제시할 수 있을 것이다.

〈표 3〉 1947년 조선산악회 울릉도 · 독도 학술조사단이 거둔 성과

번호	성과 내용	비고
1	독도 자연환경과 생태에 대한 최초의 과학적 조사	
2	'한국령' 독도 표주 설치	
3	심흥택 보고서 발견	
4	울릉도 재개척 이주민 홍재현의 증언 확보	
5	독도 소나무의 존재 확인	
6	최초의 독도사진과 변형된 독도 지형	현재 지형과 비교

3. 독도 자연환경과 생태에 대한 최초의 과학적 조사

조선산악회 학술조사단은 8월 20일 새벽 5시 10분 동해의 먼동이 터 오를 무렵 해안경비대의 대전호로 도동 항구를 출발했다. 독도조사에 참가한 인원

은 72명으로 울릉도 출발 후 약 4시간 30분만인 9시 40분에 독도에 도착했다.[8] 광복 후, 독도에 대한 과학적 조사가 최초로 실시된 것이다. 조선시대에 울릉도 수토사나 안용복이 독도를 보았다는 기록이 있지만, 공식적으로 정부가 파견한 조사단이 독도에 상륙한 것은 최초의 일이며, 따라서 학술조사단이 독도에서 발견한 것은 모두 최초로 기록될 수 있는 것이었다. 학술조사단의 전문가들이 과학적 조사를 통해 최초로 밝혀낸 것은 독도에 서식하고 있는 독도 지형 및 지질, 독도식물 · 동물의 종류, 독도의 지세와 산물 등이었다.

1) 최초의 독도 측량 및 지질 조사

1947년 조선산악회 울릉도 · 독도 학술조사단이 독도에서 조사한 결과물들은 모두 독도에 관한 최초의 성과라고 할 수 있다. 특히 독도의 위치, 지형을 측량하고 지질을 조사한 것은 관련 전문연구자들에 의해 실시된 최초의 과학적 성과들이다. 독도 측량과 지질 조사는 조사단의 지질광물반 소속 옥승식과 주수달에 의해 이루어졌는데 학술조사단이 조사활동을 마치고 귀경한 후 옥승식은 「울릉도 및 독도지질조사개보」(1948.3)[9]라는 보고서를 통해 상세 내용을 소개하였다.

조사내용은 이 보고서에 소개되었는데, 미군정청 상무부 산하 지질광산연구소 물리탐사과에서 광지기사로 재직 중이었던 옥승식(玉昇植)이 편찬한

---

8 조선산악회학술조사대, 「동해 신비경인 독도의 생태에 황홀」, 『자유신문』1947.8.24 (이태우 · 최재목 · 김은령 편역, 『해방후 울릉도 · 독도 조사 및 사건관련 자료해제 Ⅱ』, 영남대학교 독도연구소 자료총서13, 도서출판 선인, 2022. pp.87-89) 참조.(이하 『해방후 울릉도 · 독도조사Ⅱ』로 약칭함)

9 옥승식, 「울릉도 및 독도지질조사개보」, 상무부 지질광산연구소, 1948.3. (이태우 · 최재목 · 김도은 · 김은령 편역, 『해방후 울릉도 · 독도 조사 및 사건관련 자료해제Ⅰ』, 영남대학교 독도연구소 자료총서4, 학진출판사, 2017.) pp.19-31.(원문은 175-190쪽에 수록되어 있음.)(이하 『해방후 울릉도 · 독도조사Ⅰ』로 약칭함)

것이다. 이 보고서에는 당시 울릉도와 독도의 위치, 지형, 지질에 대한 내용이 포함되어 있는데, 독도가 한국의 영토임을 지질조사와 측량을 통해 명확히 기술하고 있다.

옥승식은 이번 조사가 "조사기일의 제한과 조사대의 행동통일관계로 부득이 일종의 유람시찰 정도의 조사에 불과하여 대단히 불완전"[10]하지만, 독도에 대한 한국 최초의 측량이라는 역사적 의미를 가지고 있기에 개요로서 보고하고 있다. 「울릉도 및 독도지질조사개보」에서 독도 관련 내용을 요약하면 다음과 같다.

먼저 독도의 위치는 울릉도 동쪽 해상에서 직선거리 약 90킬로미터 지점인 북위 14분 18초 동경 131도 53분 33초에 위치하며, 면적은 조사 당시의 눈대중에 의하면, 직경 200m 내지, 250m 정도의 작은 섬 2개로 되어있다. 또 독도의 지형은 동도 및 서도로 되어있으며, 눈대중으로 보면 해상에 돌출한 해발 약 100m 정도의 험한 2개의 산봉우리에 불과하며, 평지는 전혀 없고, 경사 40도 이상의 험한 산이며, 장년기의 지형을 이루고 있다. 섬의 특수한 지형으로 동도에는 과거의 화산활동을 입증하는 옛 분화구가 직경 80 내지 100m, 깊이는 눈대중으로 약 100m 정도의 둥근 동굴을 이루어, 섬의 지형을 한층 더 험하게 하고 있다. 서도는 지형이 험하여, 그 산봉우리를 조사하지 못하였음으로, 옛 분화구의 유무는 분명지 않다고 하였고, 독도의 지질은 주로 현무암, 조면암류, 타류스 등으로 이루어져 있다고 간략히 보고하고 있다.[11]

하루 낮 동안의 짧은 조사 시간으로 인해 정확한 측량이 이루어지기가 어려운 사정이었지만, 주어진 조사여건에서 최선을 다해 독도의 위치와 지형, 지질을 측정한 것으로 볼 수 있다.

---

10 『해방후 울릉도 · 독도조사 I 』, p. 22.
11 『해방후 울릉도 · 독도조사 I 』, pp. 22-29.

2) 독도식물·동물에 대한 최초의 과학적 조사

1947년 8월 20일 아침 울릉도·독도에 도착한 학술조사단원들은 당시 독도에 서식하고 있는 다양한 동식물의 종류를 최초로 조사하여 기록하였다. 이들이 조사한 독도생물 관련 자료는 독도생물의 보존 및 종다양성과 관련해 과거와 현재의 변모를 비교하는데 중요한 학술적 의미를 가진다. 또한 일본에서는 발견되지 않는, 한반도에서만 자생하는 생물들을 발견함으로써 독도 생물주권을 통한 독도영토주권의 증명에도 중요한 기여를 하였다. 이들이 독도에서 관찰·조사한 독도생물들은 식물, 곤충(나비), 동물(강치, 물개), 조류, 해조류, 어패류 등이었다.

울릉도·독도 학술조사단원들이 독도에 역사적인 첫 발을 내딛으며 환호성과 함께 보았던 독도의 황홀한 광경, 독도 자연환경과 생태에 대해 당시 신문기사는 이렇게 묘사하고 있다.

> 섬에 배를 대려 할 때 우리는 모두 환호를 불렀다. 해구 12마리, 옷도세이 2마리가 여기저기 바위사이로 뛰노는 것이다. 동해의 벗이요, 이 국토의 보고가 또 여기 있는 것이다. 특히 이 섬에 흥미를 느낄 때 생물반(生物班)이 환성을 올린다. 이 절해고도에 백합꽃과 나비를 발견할 수 있었다. 각 반의 짧은 시간 중 눈부신 활동의 결과 이익물은 약 50여종 그 계통은 역시 울릉도와 완전히 연결되는 것임을 알 수 있다.[12]

생물반이 처음 발견한 식물과 곤충은 백합꽃과 나비였다. 특히 조사대가 독도에서 일본에는 없는 「대만 흰나비」를 발견함으로써 독도가 동물학상으로도 한국의 영토임을 증명할 수 있는 과학적 증거자료로 제시하였다. "중대한 발견은 조선과 대륙 대만에만 분포되어 있고 일본에는 절대로 없는『대만

---

12 『해방후 울릉도·독도조사Ⅱ』, pp.87-89.

흰나비』가 이 섬에 있는 것은 동물학상으로도 조선의 섬인 것을 확실히 증명해준다."[13]고 보고하고 있다.

조사대는 50여종의 생물들을 발견하였으며 그 식물의 계통은 울릉도와 완전히 연결되는 것이라고 보고함으로써 독도가 울릉도에 속한 속도임을 과학적으로 재확인하였다.

그런데 당시 신문기사나 보고서에는 조사대가 발견한 해수(海獸), 즉 바다동물이 물개(해구)인지 가제(강치)인지 명확하게 구별하지 않고 부르고 있다. 처음 본 바다 동물을 해구 또는 가제라고 부르고 있다. 그렇지만 당시 독도 조사를 하면서 표본으로 삼기 위해서 강치로 보이는 동물 3마리를 포획했는데 동행한 동물학자들은 물개가 아니라 강치라고 판명했다. 국어학자로 조사단에 동행한 방종현은 "이 방면 전문가들이 확언하니 역시 성호사설에 소위 「가지어」라고 하여 물개와는 구별되는 것이라 보겠다. 이 독도의 근해에는 이것이 큰 놈은 소만하고 작은 것은 개만한 것이 수중과 바위 위에 여기저기 보인다"[14]라고 증언하였다.

또한 학술조사단의 동물반에 소속되어 독도동물을 조사한 동물학자 윤병익은 표본으로 잡은 강치 3마리에 대한 해부학적 조사를 하고 면밀히 검토한 결과를 신문에 발표하였다. 그는 「가제(독도산)」이란 신문기사에서 "형태학

---

13 「독도의 국적은 조선, 입증할 엄연한 증거자료도 보관」, 『공업신문』, 1947.10.15. (『해방후 울릉도 · 독도조사Ⅱ』, p.79.) 1947년 독도조사 당시에는 대만 흰나비가 일본에는 없다고 보고하고 있으나 현재는 일본, 인도, 히말라야, 인도차이나 등도 분포 지역으로 되어있다.(출처: 두산백과, 네이버 검색: https://terms.naver.com/entry. naver?docId=1080871&cid=40942&categoryId=32527, 검색일: 2023.5.23.)

14 방종현, 「독도의 하루」, 『경성대학 예과신문』 13호, 1947.9.28.; 학술조사단에 참여했던 전문가들은 독도 강치와 유사한 동물을 물개, 해구, 바다사자 등으로 부르고 있는데, 당시 이들이 독도에서 보았던 동물이 강치만 있었는지 바다표범이나 다른 물개 종류도 함께 있었는지 명확하지 않다. 지느러미 다리를 가진 기각류인 강치는 바다사자의 일종으로 바다표범이나 바다코끼리 등과는 구별된다.

적으로 확실히 물개와 바다사자와도 구별되어 본 동물이 가제임이 틀림이 없다"고 설명하면서 "독도는 가제의 서식지로서 이 지역 천연자연적 조건이 구비된 조선유일의 서식지이기에 이 서식지에 대한 많은 관심과 새로운 인식이 있기를 바라며 당국은 반드시 천연기념물로써 보호 보존하여 주기를 바라마지 않는다."[15]고 글을 맺고 있다.

1904년부터 불과 몇 년 사이에 나카이 요자부로의 무자비한 강치 사냥으로 인해 거의 멸종 되다시피한 독도 강치가 1947년 당시까지 명맥을 유지하고 있었던 것으로 보인다. 만약 독도에 지금까지 강치가 살고 있었다면 윤병익의 희망처럼 당연히 천연기념물이나 멸종희귀동물로 지정되었을 것이다.

3) 독도의 지세와 산물에 대한 최초의 조사와 소개

울릉도 · 독도 학술조사단에 과도정부에서 파견한 공무원 신분으로 참여했던 신석호 교수(당시 국사관장)는 역사학자의 관점에서 조사단의 성과를 정리하여 학술지에 발표하였다. 독도 관련 최초의 학술논문인 「독도소속에 대하여」[16]에서 그는 독도의 명칭, 울릉도 개척과 독도, 독도의 지세와 산물 등에 대해 논하였다.

신석호는 이 논문의 2장에서 '독도의 지세와 산물'에 대해 소개하고 있다. 우선 처음 본 독도의 외형과 지세에 대하여 크기와 높이, 외관에서 보이는 경관 등을 다음과 같이 묘사하고 있다.

> 독도는 동서 2개의 주도(主島)와 주위에 기포(碁布)한 수십 개의 암서(巖嶼)로 성립하였는데 2천심(尋)의 수심을 가진 동해로부터 바라본다면 마치 촉대와

---

15 윤병익, 「가제(독도산)」(2), 『서울신문』, 1947. 11. 18.
16 신석호, 「독도 소속에 대하여」, 『사해』 제1권1호, 1948. 12. pp. 89-100. (『해방후 울릉도 · 독도조사Ⅱ』, pp. 186-213.)

같이 뾰족하게 솟은 섬이다. 동서 두 섬의 거리는 약 2백 미터 동도는 주위 약 1리 반 서도는 주위 약 1리 높이가 150미터 내외되는 극히 적은 화산도로서 동도에는 분화구가 완전히 남아있어 마치 사발을 젖혀 놓은 듯 내부가 비어있으며 분화구 밑에는 동□저면으로부터 해수가 흐르고 있다. (…) 도안(島岸)은 해식으로 인하여 바위만 드러나 주위가 모두 깎아지른 절벽으로 되어있는 까닭에 섬 위로 올라갈 수 없으며 (…) 본도에 배를 댈 만한 곳은 동도와 서도 사이 밖에 없으며 동도 서편에 자갈밭 백여 평이 있고 이곳에 왕석(往昔) 울릉도 사람과 일본인이 집을 지었던 자리가 남아있다. 그리고 이곳으로부터 동도에 올라갈 수 있으나 경사면 60도 이상이 되는 까닭에 보통사람은 올라갈 수 없으며 동도 남쪽에 수십 평의 평지가 있으나 올라가기 어려울 뿐 아니라 해풍을 막을 수 없는 까닭에 또한 이용할 수 없는 곳이다. 「조선연안수로지」와 울릉도 사람들의 말에 의하면 서도 서남부에 소량의 담수가 난다 하나 여러 곳을 조사하여 보아도 이것을 발견하지 못하였다. 대체로 본도는 평지와 식수가 없는 까닭에 사람이 정주할 수 없는 곳이다. 그러나 수산업상, 군사상으로 보아 매우 중요한 곳이라 아니할 수 없다.[17]

학술조사단의 조사활동과 관련한 신문보도 기사에서 독도의 지세에 대한 간략한 소개도 있었지만, 신석호가 논문에서 밝힌 '독도의 지세'에 관한 상세한 소개는 독도에 대한 궁금증을 가지고 있었던 국민들의 호기심을 충족시켜 줄 수 있었다는 점에서 역시 조사단이 거둔 하나의 성과라고 할 수 있을 것이다. 물론 짧은 하루 일정 속에 이루어진 조사였기 때문에 독도의 지형과 지세에 대한 정확한 수치나 정보는 현재와는 다를 수 있다는 사실은 감안해야할 것이다.

신석호는 또한 그의 논문에서 독도에서 생산되는 산물에 대해서 소개하고 있다.

절벽에는 기괴한 동굴이 많이 있고 동굴과 부근 바위에는 가제(可支) 속칭 옷도세이(海驢)가 군서하고 해저 무수한 암면에는 다시마, 전복, 소라, 해삼, 구싱

---

17 신석호, 같은 논문, (『해방후 울릉도 · 독도조사 II 』, pp. 199-200.)

이(운단, 雲丹)가 무진장으로 향식하고 부근 해중에는 오징어, 고등어, 광어, 기타 어류가 많이 있다.[18]

현재의 독도 인근 어장에서 더 이상 보이지 않는 산물도 있겠지만, 독도 조사 당시 그가 보았던 크고 작은 동굴의 모습과 옷도세이라 불리던 물개와 가제(강치), 해산물과 물고기 등을 언급하고 있다.

이상에서 독도 자연환경과 생태에 대한 최초의 과학적 조사를 통해 이루어진 몇 가지 성과들을 살펴보았다. 독도에 대한 현재의 과학적 지식이나 축적된 정보와 비교해보면 1947년 울릉도 · 독도 학술조사단이 거둔 성과는 아주 작고 미흡한 성과라고도 할 수 있다. 그러나 "현재와 비교하여 학문적 수준이 낮았던 그 당시에 소수의 인원이, 장비도 제대로 갖추지 않은 상황에서, 1회 답사한 결과를 바탕으로 작성된 보고서들 및 기사들에 대해서 학문적 엄밀성, 정확성을 요구하는 것은 무리이다. 즉 이들 문건의 내용을 현재의 잣대로 평가해서는 곤란하고, 그 당시 학술조사대의 독도 인식을 파악하는 것만으로도 충분하며, 그 당시에 독도학술조사를 실시했다는 것을 입증하는 것만으로도 그 의미는 충분하다"[19]고 할 수 있을 것이다.

4. '한국령' 독도 표주 설치

1947년 8월 20일 제1차 학술조사단은 동도에 두 개의 표주를 세웠는데 이것은 독도가 한국 영토임을 알리는 최초의 독도 표지이다. 아래 사진에서 확인

---

18 신석호, 같은 논문, (『해방후 울릉도 · 독도조사 II 』, p.199.) 운단은 성게의 사투리임.
19 송호열, 「1947년 독도 학술조사에 대한 지리적 고찰」, 『한국사진지리학회지』 25권 제3호, 한국사진지리학회, 2015, p.48.

되듯이 두 개의 표주 중 오른쪽 표주에는 '조선 울릉도 남면 독도(朝鮮 鬱陵島 南面 獨島)'라고 썼고, 왼쪽 표주에는 '울릉도, 독도 학술조사대 기념(鬱陵島, 獨島 學術調査隊 紀念)'이라고 썼다.[20] 그러나 조사대가 독도조사를 마치고 돌아간 후 독도에 불법 상륙한 일본인들은 이 표주를 철거하고 '일본영토 표주'를 설치하였다. 이후 독도의용수비대와 독도경비대가 독도에 주둔 할 때까지 한일 간에 뺏고 재설치하는 '표주전쟁'이 반복적으로 이어졌다.[21]

[그림 1] 1947년 제1차 울릉도 · 독도 학술조사단이 설치한 표주

1947년 조선산악회 울릉도 · 독도 학술조사단의 독도조사는 학계의 권위 있는 인문 · 사회 · 자연과학자들이 각 방면에서 독도에 대한 최초의 종합적

20 정병준, 앞의 책, pp.138-139 참조. 특히 139쪽 홍종인이 촬영한 영토표주 사진 참조.
21 이태우 · 최재목 · 김은령, 앞의 논문, pp.343-344 참조.

학술조사를 실시하였다는 점에서 큰 의미를 부여할 수 있다. 그러나 학술조사와 함께 한국의 독도영유권을 대내외에 천명한다는 의미를 담고 있는 '조선 울릉도 남면 독도' 표주의 설치는 학술조사단이 수행한 가장 중요한 업적으로 평가 받을 수 있을 것이다. 한국령 독도 표주의 설치에는 과도정부의 강력한 영토수호 의지가 담겨 있었으며, 또한 이 사업을 주최하고 학술조사단을 이끌었던 조선산악회의 국토구명 사업의 중요한 업적이기도 하였다.

5. 「심흥택 보고서」 발견

조사단이 학술조사를 통해 올린 가장 큰 수확 중에 하나는 「심흥택보고서 부본(副本)」(1906년)의 발견이다.[22] 1947년 울릉도·독도학술조사단의 일원으로 참여한 과도정부에서 파견한 국사관장(당시 고려대 교수) 신석호 교수는 울릉군청에서 보관하고 있던 옛 기록물 자료에서 「심흥택보고서 부본」을 발견한 것이다.[23] 잘 알려져 있듯이 현재 우리가 사용하고 있는 '독도'라는 명

---

22 1947년 8월 16일 울릉도·독도 학술조사단을 파견하기 전, 독도수색위원회가 조직될 즈음에 「심흥택보고서 부본」의 존재에 대해서 이미 과도정부가 알고 있었던 것으로 보인다. 1947년 6월 17일자 경상북도지사가 민정장관에게 보낸 공문서 「울릉도 소속 독도 영유 확인 건」에는 이미 심흥택 보고서의 내용을 필사한 자료가 첨부되어 있다. 과도정부가 독도수색위원회를 조직한 것도 '본군 소속 독도'가 들어간 역사적 증거자료를 확보하고 있었기 때문에 강력히 추진한 것으로 보인다(『해방후 울릉도·독도 조사 I 』, pp.54-55.pp.226-227쪽 참조). 1947년 8월 초 신문에도 독도영유권과 관련한 중요한 역사적 증거를 발견했다는 보도가 잇따르고 있음을 확인할 수 있다(「독도는 우리 판도, 역사적 증거문헌 발견, 수색회서 맥사령(司令)에 보고」, 『동아일보』, 1947.8.5.; 「독도는 우리 땅, 사적 증거문헌 발견」, 『동광신문』, 1947.8.7.; 「독도의 국적은 조선, 입증할 엄연한 증거자료 보관」, 『공업신문』, 1947.10.15. 참조).
23 독도영유권을 증명하는 중요한 역사적 증거자료인 「심흥택보고서 부본」은 1947년 학술조사 당시 울릉군청에 보관되어 있었으나 어떤 경위에서인지 5.16 군사쿠데타가 일어났던 1961년 전후로 갑자기 사라지고 말았다. 다행히 1978년 여름 송병기 교수

칭이 최초로 기록된 사료로서 독도에 대한 일본의 영유권 주장을 반박하고 한국의 독도영유권을 입증하는데 사용되는 가장 중요한 사료 중의 하나이다.

신석호는 『사해(史海)』 1948년 12월호에 수록한 논문 「독도소속에 대하여」에서 "**이 보고서는 울릉도청에 보관하고 있는 부본을 전제한 것**으로 이것이 어떻게 처리되었는지 그것은 아직 자세히 알 수 없으나 당시 일본 세력이 이미 한국정부를 지배하여 국가전체의 운명이 중대위기에 직면하고 있었으므로 정부는 독도와 같은 조그마한 무인고도에 대하여 돌아볼 겨를이 없었을 뿐아니라 항쟁할 능력도 없었다."[24]고 서술하고 있다.

신석호가 울릉군청에서 발견한 「심흥택보고서 부본」의 전문은 다음과 같다.[25]

[원문]

報告書

本郡所屬 獨島가 在於外洋 百餘里許이옵드니 本月初四日 辰時量에 輪船一隻이 來泊于郡內道洞浦 而日本官人一行이 到于官舍하여 自云 獨島가 今爲日本領地 故로 視察次로 來島이다인바 其一行 則日本島根縣 隱岐島司東文輔及事務官神田四由太郎 稅務監督局長 吉田平吾 分署長警部 影山岩八郎

가 규장각에서 강원도관찰사서리 춘천군수 이명래가 의정부 참정대신에게 보낸 「심흥택보고서 부본」과 같은 내용의 「보고서호외」와 독도의 일본 영유를 부인하는 참정대신의 「지령제3호」를 발견하였다. 이 문서는 규장각에서 보관하고 있던 「각관찰도안」1(의정부 외사국)에 편철되어 있었다. 「심흥택보고서」 원본의 발견과 분실, 재발견 경위와 관련한 내용은 송병기, 「치암발굴(癡菴發掘) 심흥택보고서 부본에 대하여」, 『백산학보』 제70호, 백산학회, 2004. pp.77-80; 송병기, 『울릉도와 독도, 그 역사적 검증』, 역사공간, 2010, pp.246-257; 정인섭, 「심흥택 보고서와 독도연구 60년」, 『독도연구저널』 제4호(2008년겨울), 한국해양수산개발원, 2009.01.30. pp.22-26 참조.

24 신석호, 앞의 논문, p.96. (『해방후 울릉도 · 독도조사 II』, p.208 참조).
25 신석호, 앞의 논문, 같은 곳.

巡査一人 會義員一人 醫師 技手各一人 其外隨員十餘人이 先問戶摠 人口
土地及生産多少하고 次問 人員及經費幾許 諸般事務를 以調查様으로 錄去
이압기 玆以報告하오니 照亮하심을 務望함
光武十年丙年陰三月五日

[번역문]

보고서
본군(本郡) 소속 독도가 외양(外洋) 100여 리쯤에 있아옵드니 본월 초4일
진시(辰時, 오전 7시~9시) 쯤에 윤선(輪船) 1척이 군내 도동포(道洞浦)에 정
박하였는데, 일본 관인(官人) 일행이 관사(官舍)로 와서 스스로 이르기를,
"독도가 이제 일본 영지(領地)가 된 고로 시찰차 방문했다"고 하는바, 그
일행은 일본 시마네현(島根縣) 오키도사(隱岐島司) 히가시 분스케(東文輔)
및 사무관 진자이 요시타로(神西由太郎), 세무감독국장 요시다 헤이고(吉田
平吾), 분서장(分署長) 경부(警部) 가게야마 간파치로(影山巖八郎), 순사 1
인, 회의원(會議員) 1인, 의사·기수(技手) 각 1인, 그 밖에 수원(隨員) 10여
인이 먼저 호구수인구·토지 및 생산의 다소를 묻고 다음으로 인원 및 경
비가 얼마인지를 물으며 제반 사무를 조사할 양으로 녹거(錄去)이옵기 이
에 보고하오니 밝게 살피심을 삼가 바랍니다.
광무(光武) 10년(1906) 음력 3월 5일

위 보고서에 보듯이 일본 조사단이 울릉도를 방문하여 독도가 일본 영토가
되었다고 통보하자 이에 놀란 울도 군수 심흥택이 "본군 소속 독도" 관련 보고
서를 작성하여 상부에 제출한 것이다. 울릉도를 관할하는 강원도 관찰사 서
리인 춘천군수 이명래는 이 보고서를 받고 다시 이 보고서를 의정부 참정대신
에게 올려 보냈다. 의정부 참정대신은 독도가 일본땅이 되었다는 설은 사실

무근이니 그 섬의 상황과 일본인들의 행동을 다시 보고하라고 답신하였다.

　그러나 안타깝게도 이「심홍택 보고서 부본」이 몇 년 후 사라져 행방이 묘연하게 되어 원본을 찾을 수 없게 되었으나, 다행히 1978년 서울대학교 규장각에 보관되어 있던 강원도 관찰사 서리 이명래가 의정부 참정대신에게 올린「심형택 보고서」내용과 동일한「보고서 호외」와 이에 대한 의정부 참정대신의 답신인「지령제3호」를 발견할 수 있었다.[26]

　「심홍택 보고서」는 한국에서 '독도(獨島)'라는 명칭이 최초로 등장하는 문헌일 뿐 아니라, 일본의 '다케시마 편입' 당시 조선의 중앙 정부와 현지 관리 모두 이 섬을 울릉군 소속인 조선 영토로 명확히 인식하고 관리하고 있었다는 사실을 전해 주는 중요한 문서로서 울릉도·독도 학술조사단이 발굴한 가장 중요한 성과라고 할 수 있다.

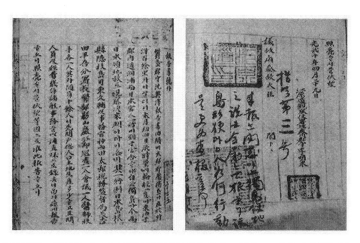

[그림 2] 강원도 관찰사 서리가 의정부 참정대신에게 올려 보낸 「보고서 호외」(왼쪽)와 독도의 일본 영유를 부인하는 의정부 참정대신의 「지령제3호」(오른쪽)【자료출처: 외교부 독도】

26　정인섭, 「심홍택 보고서와 독도연구 60년」, 『독도연구저널』제4호(2008년겨울), 한국해양수산개발원, 2009.01.30. pp.22-25. 앞의 각주 23)번 참조.

6. 울릉도 재개척 이주민 홍재현의 증언 확보

1947년 울릉도·독도 학술조사단의 성과 중 하나는 독도영유권과 관련한 울릉군 주민의 증언을 기록한 것으로, 1882년 조선정부의 '울릉도 재개척 정책'으로 1883년 강릉에서 이주해 울릉도에 정착한 홍재현(당시 85세)의 진술서를 확보한 것이다.

신석호는 그의 논문 「독도소속에 대하여」 6장 '울릉도 개척과 독도'에서 한국령 독도를 입증하는 근거자료로서 일본이 1905년 독도를 불법적으로 시마네현에 편입하기 전인 1901년 이전부터 독도를 왕래하며 어로활동을 해왔던 울릉도 주민 「홍재현의 진술서」를 확보하였음을 언급하였다.

> 울릉도 개척 당초에 강릉으로부터 본도에 이주한 85세의 고로(古老) 홍재현 씨와 최흥욱 최학목씨의 말을 들으면 독도는 청명한 날 울릉도에서 바라볼 수 있는 섬으로서 울릉도 개척 이후 울릉도사람은 곧 이 섬을 발견하고 혹은 다시마와 전복을 따기 위하여 혹은 가제를 잡기 위하여 많이 독도로 출어하였다 하며, 홍재현씨 자신도 10여 차례 이 섬에 왕래하였다하는데 이 사실은 일본해군성에서 발행한 조선연안수로지에도 명기한 바이다. 즉 일본이 독도를 강탈하기 일 년 전인 광무8년(서기1904, 명치37년)에 일본군함 대마(對馬)가 독도를 조사할 때에 울릉도어민이 이 섬에 와서 고초소옥(菰草小屋)을 짓고 10여일씩 체재하면서 해구 즉 가제를 잡고 있다는 것을 기록하였다.[27]

「홍재현 진술서」는 비록 구술증언이지만, 독도에서 생업활동을 해왔던 울릉도 주민들의 증언을 통해서도 독도가 한국의 영토임을 입증해주는 중요한 자료였다. 한국의 독도영유권을 입증할 수 있는 중요한 성과 중 하나로 「홍재

---

27 신석호, 앞의 논문, p.95.(『해방후 울릉도·독도조사II』, pp.206-207.); 「홍재현 진술서」는 『독도문제개론』, 외무부 정무국, 1955, pp.35-37과 『독도문제개론』(개정판), 외교통상부 국제법률국 편, 2012, pp.40-41에 수록되어 있다.

현 진술서」를 제시하고 있는 신석호는 "이것으로써 독도는 울릉도 개척 이후 곧 우리나라의 영토가 된 것이 명백하며 이 까닭에 광무10년(1906년)에 울릉 군수가 「아국소속 독도」라고 기록하여 중앙정부에 보고"[28]하였던 이유라고 설명하였다.

위의 「홍재현 진술서」에 따르면, 독도가 명백히 한국영토인 이유는 『세종 실록 지리지(1454)』에도 '바람이 불고 날씨가 맑으면 바라볼 수 있다'(風日淸 明 則可望見)라고 기록되어 있듯이 ① 독도는 날씨가 맑고 청명한 날이면 울 릉도에서 육안으로도 바라볼 수 있는 섬이기에 당연히 울릉도 사람들의 생활 권에 속한 울릉도의 속도라는 점, ② 따라서 홍재현 본인도 독도에 10여 차례 왕래한 바 있으며[29] ③ 한번 독도에 건너가면 10여일씩 체제하면서 어로작업 을 했다는 점이다. 따라서 이러한 진술은 독도가 울릉도의 속도이며 울릉도 어민들의 생활터전으로서 사용되고, 관리되어 왔음을 입증하는 것으로 학술 조사단이 현지조사를 통해 거둔 중요한 성과의 하나라고 할 수 있다.

이처럼 울릉도 주민들은 재개척 당시부터 독도가 울릉도의 속도라는 사실 을 주지하고 있었으며, 독도는 울릉도 주민들의 어로작업지요 생활터전이었 음을 확인할 수 있다. 당시 울릉도 주민인 홍재현은 그가 독도에서 마지막으 로 어로작업을 할 때에는 일본인의 배를 빌리고 일본인을 고용하여 강치 포 획을 하였다고 진술하고 있다. 이것은 일본의 불법적인 독도편입조치와 일제 식민체제하에서도 불구하고 울릉도 주민들이 독도에서 어로작업을 계속해 왔다는 점은 중요한 의미를 갖는다.[30]

---

28 신석호, 같은 논문, (『해방후 울릉도 · 독도조사 II 』, p.207.)
29 신석호 교수의 논문에는 10여 차례로, 홍재현 진술서에는 45차례로 횟수에 차이가 있 지만 어로작업을 위해 울릉도에서 독도로 왕래했다는 사실은 의문의 여지가 없다.
30 홍성근, 「독도영유권 문제와 영토의 실효적 지배」, 『독도연구총서』 9, 독도연구보전 협회, 2002, pp.155-157 참조.

「홍재현 진술서」1
『독도문제개론』(초판), 35쪽.

「홍재현 진술서」2
『독도문제개론』(초판), 36쪽.

「홍재현 진술서」3
『독도문제개론』(초판), 37쪽.

진술서

비가(鄙家)에 왕림하여 울릉도의 속도에 관한 인식을 심문하심에 대하여 아래와 같이 진술함.

一. 나는 지금으로부터 60년 전 강원도 강릉서 이래(移來)하여 지금까지 본도에 거주하고 있는 홍재현입니다. 현령은 85세입니다.

一. 독도가 울릉도의 속도라는 것은 본도 개척 당시부터 도인이 주지하는 사실이다.

一. 나도 당시 김양윤(金亮允)과 배수검(裵秀儉) 동지들을 작반(作伴)하여 지금으로부터 48년 전(四0년)부터 4, 5차나 감곽(미역) 채취, 렵호(獵虎) 포획차로 왕복한 예가 있음.

一. 최후에 갈 때는 일본인의 본선을 차래(借賴)하여 선주인 무라카미(村上)란 사람과 오키(大上)란 선원을 고용하여 같이 포획을 한 예도 있습니다.

一. 독도는 천기청명(天氣淸明)한 날이면 본도에서 분명하게 조망할 수 있고, 또는 본도 동해서 표류하는 어선은 예로부터 독도에 표착하는 일이 종종 있었던 관계로 독도에 대한 도민의 관심은 심절한 것입니다.

一. 광무 10년(906)에 일본 오키도사 일행 100여 인이 본도에 도래하여 독도를 일본의 소유라고 무리하게 주장한 사실은 나도 아는 일입니다.

「홍재현 진술서」 번역문
『독도문제개론』(개정판), 41쪽.

7. 독도 소나무의 존재 확인

1947년 조선산악회 울릉도 · 독도학술조사단이 올린 성과 중 하나는 독도 조사를 실시하면서 독도에 자생하는 소나무 수십 그루를 발견한 것이다. 독도 소나무의 존재 확인은 독도가 현재 일본이 주장하는 죽도(竹島, 다케시마)가 아니라 그들이 19세기 말 이전까지 수백 년간 사용해온 소나무가 있는 섬, 즉 송도(松島, 마쓰시마)라는 것을 입증하는 것이다.[31] 그리고 그들이 '다케시마'라고 불러왔던 섬은 사실 독도가 아니라 울릉도였음은 익히 잘 아는 사실이다.

하지만 현재까지 독도연구자들은 대부분 독도 소나무의 존재를 인정하지 않고 있다. 그 이유는 간단하다. 현재 독도에는 소나무가 존재하지 않으며, 소나무가 살았던 흔적이 없기 때문이다. 그러나 현재 독도에 소나무가 존재하지 않는다고 해서 과거에도 미래에도 소나무가 존재하지 않았거나, 존재할 수 없다고 주장하는 것은 자칫 '무지논증의 오류'와 유사한 오류에 빠질 수 있다.

일본은 19세기 말 이전까지 오랜 기간 독도를 송도(松島, 마쓰시마)로 울릉도를 죽도(竹島, 다케시마)라고 불러왔다. 그러다가 1905년 독도를 불법 편입하는 과정에서 독도를 다케시마로 부르기 전까지 한동안 독도와 울릉도에 대한 명칭을 송도라고도 하고 죽도라고도 하며 원칙 없이 혼동해서 쓰기도 했다. 독도의 명칭에 대한 이러한 혼란은 독도에 대한 일본정부의 인식이 부재하였음을 보여주는 것으로 일본의 독도영유권 주장이 근거 없음을 보여주는 일단인 것이다.

---

31 일본은 1667년 일본 관리 사이토 도요노부(齋藤豊宣)가 오키 섬을 시찰한 후 제출한 『은주시청합기(隱州視聽合紀)』에서 조선의 영토인 독도를 '송도(松島, 마쓰시마)'라고 부른 후 19세기 말까지 그렇게 불렀다. 그러나 일본은 1905년 독도를 불법 편입한 내각회의 결정 이후부터 독도를 '다케시마(竹島)'라고 불렀으며, 울릉도는 '마쓰시마(松島)'라고 불렀다.

[그림 3] 독도 동도에서 촬영한 고사한 소나무. 독도자생소나무는 아니며
누군가 이식한 것으로 보임(2006년경–박선주 교수 제공)

그런데 일본이 수백 년간 울릉도를 죽도(다케시마)로, 독도를 송도(마쓰시마)로 불러온 것에 대한 몇 가지 설이 있지만, 일반적으로 울릉도에서는 대나무(특히 왕죽나무)가 많이 자생했기 때문에 죽도(竹島)로, 독도에는 소나무가 수백 년간 바위틈에서 뿌리내리고 자생했기 때문에 송도(松島)로 불러왔다고 생각한다.

그러나 현재 독도에는 소나무가 자라지 않고 있고, 소나무가 서식하기에는 토양이나 기후 조건이 적절하지 않기 때문에, 현재 시점에서 볼 때 암석 지질로 된 돌섬인 독도에는 소나무가 없으며, 과거에도 소나무가 살지 않았다는 의견이 지배적이다. 조선시대 선비들이 충절의 상징으로 여기던 대나무와 소나무를 특별한 의미 없이 편의상 두 섬에 붙인 명칭일 뿐이라는 것이다.

그렇지만 1947년 학술조사단의 독도조사에 함께 한 홍구표[32]는 독도조사

---

32 홍구표(洪九杓, 1923~2000)는 충남 논산 출생으로 1944년 동경중앙대학을 졸업했다.
    1944년 2월 중국 귀덕에서 일본군 기병소로 복무 중 일본군을 탈출하여 광복군 제2

를 마치고 발표한 기행문 「무인독도답사를 마치고」에서 독도에는 20여 그루의 소나무가 자생하고 있었다고 증언하고 있다. "식물은 점토암상에 해송 5~6년생이 동도 상부에 20본 가량이 있으며 잡초가 다소 갈생(葛生)하고 있을 뿐이다."[33]라고 보고하고 있다. 또한 「독도는 이런 곳」이라는 8월 28일자 『남선경제신문』 신문기사에도 "흑송(해송) 15~16주, 그 중 10주 정도는 인위적으로 보이고 산초로는 석죽, 왕해국, 기린초, 각시풀, 해방풍 등 약초도 끼여 있다."[34]는 내용을 확인할 수 있다. 그러나 조사 당시 독도 소나무를 찍은 사진이나 소나무의 상세한 위치나 생육상태 등을 기술한 자료가 남아있지 않기 때문에 홍구표의 증언이나 신문기사 내용을 확인할 수 없다는 점이 아쉬움을 남기고 있다.

독도에 소나무가 자생하고 있었음은 조선시대에 울릉도를 왕래했던 거문도·초도 어민들의 증언에서 찾을 수 있다. 특히 독도 소나무로 나무못을 만들어 울릉도에서 배를 건조하였다는 신문기사나 증언은 여러 곳에서 확인할 수 있다. 19세기 말 이전 수세기에 걸쳐 울릉도를 오가며 해상무역과 어로, 선박 건조 작업을 하며 생계를 이어갔던 거문도·초도 어민들은 몇 백년간 울릉도에서 선박 건조 작업을 하였다. 이들은 선박을 건조할 때 쇠못이 아닌 나무

지대에 입대하여 전방공작원 및 포섭공작활동을 벌이는 등 독립군으로 활동한 인물이다. 광복 후 1946년 12월 13일 경위로 경찰에 입직하여 제5관구경찰청(경상북도 경찰청) 공안과에서 근무하다가 1949년 1월 6일 경북 상주경찰서에서 의원면직하였다. 경찰 퇴직 후 육사(8기)에 입교하여 6.25전쟁 당시 소령으로 한국은행이 보유한 금괴 수송열차의 호송책임자를 맡기도 하였다. 1947년 8월 울릉도·독도 학술조사단에 과도정부에서 파견한 제5관구경찰청 소속 경찰 11명의 인솔 책임자로 참가하여 조사단의 안전과 경비를 맡아 학술조사 활동을 지원한 것으로 보인다.(자료출처 : 국가보훈처 공훈록)

33 이태우·최재목·김은령 편역, 『해방후 울릉도·독도 조사Ⅱ』, 영남대학교 독도연구소 자료총서13, 도서출판 선인, 2022, pp.178-179.

34 「독도는 이런 곳②」, 『남선경제신문』, 1947.8.28.(『해방후 울릉도·독도조사Ⅱ』, pp. 95-96.)

못을 사용하였는데, 이때 이 나무못을 독도에서 꺽어 온 단단한 나무로 나무못을 만들어 사용했다는 것이다. 초도 출신 김충석의 증언에 의하면

> 근데 나무못을 쓰는 것은 [쇠못을] 쓸 줄 몰라서 그런 것이 아니라 … 집도 쇠하나도 안 들어가고 지었잖아요. 배도 마찬가지야. … 못이 두 가지 종류야. 외꼭지 못이라 해서 이렇게 된 못이 있고, 양꼭지 못이라 해서 이렇게 된 못이 있어요. 이것은 옆으로 박는 것이고, 이건 나무 끼리 연결시키는 거예요. 그래서 우리 조선 사람들은 나무가 더 정석이야. 왜 정석이냐면, 쇠는 물에서 빨리 썩어버리는데, 나무는 같은 성분이기 때문에 물 속에 있는 건 아무 문제가 안된다는 거예요. 그리고 바로 생나무로 [배를] 안 짓는다니까.[35]

또 다른 증언으로 1960년대 당시 거문도에 살던 80대의 노 어부 박운학 옹을 만났던 이규태에 따르면 "구한말 당시 거문도어부들은 울릉도에 가서 아름드리 거목을 베고 배를 만들고, 또 그 재목을 뗏목으로 만들어 끌고 온다고 했다. 해변에 움막을 치고 배를 만드는데 쇠못을 구할 수가 없어 독도까지 가서 나무를 베어와 그 나무못으로 조립했다고 한다. 왜냐하면 이 바위섬에서 자란 나무는 왜소하지만 몇 백년 몇 천년 풍운에 시달려 목질이 쇠만큼 단단해져 있기 때문이라 했다.[36]

19세기 말 울릉도를 수차례 도항했던 박운학의 증언은 대단히 중요한 자료로 외양어업에 종사하는 어민들이 쇠못을 대신하여 단단한 독도 나무를 이용하려고 독도에 갔다는 것이다. 일본인들이 독도를 돌산 위에 작은 소나무가 자란다는 뜻에서 송도(松島)라 하였듯이 지금은 모두 없어졌지만 옛부터 독도바위 위에는 아주 작지만 단단한 작은 소나무들이 자생하고 있었다.[37] 이

---

35 이태우외 3인, 『울릉도 · 독도로 건너간 거문도 · 초도 사람들』, 선인, 2019. pp.194-195.

36 이규태, 「독도의나무(이규태코너)」, 『조선일보』, 1990.03.29. (이예균 · 김성호, 『일본은 죽어도 모르는 독도 이야기88』, 2005, p.307에서 재인용)

37 김수희, 「개척령기 울릉도와 독도로 건너간 거문도 사람들」, 『한일관계사연구』 38집,

증언은 배를 만들 때 독도에 서식하던 소나무로 나무못을 만들어 사용했다는 기존의 주장을 뒷받침하는 것으로 19세기 말 이전까지 수백 년간 일본이 독도를 죽도가 아닌 송도(松島)로 불렀던 이유일 것이다.

최근 독도 토양의 화분 분석 조사에 의하면 독도에는 소나무속(Pinus) 화분을 포함한 여러 종류의 화분층이 다량 검출되었다. 이것은 독도에는 암벽이 아니라 수림이 형성되었음을 입증하는 것으로[38], 향후 보다 면밀한 조사와 자료보강을 통해 이 주장이 보완될 수 있기를 기대한다.

그렇다면 독도 소나무가 사라진 이유는 무엇일까? 1947.9.16일 독도폭격연습장 지정 통보~1952.12.24일 지정 해제 통보까지 약 5년간 미공군의 폭격연습장으로 사용된 것이 주된 이유로 볼 수 있다. "엄청난 폭탄을 퍼부었는데 독도에 풀 한포기 살아있겠어요? 폭격 당시 울릉도에서도 보일 정도로 독도 쪽에서 불꽃과 연기가 피어올랐으니까요. 나무는 그때 모조리 타버렸죠."[39]

1948년 6월 8일 미군의 1차 독도폭격사건으로 알려진 폭격으로 인해 현재까지 알려진 당일 사망자 14명, 침몰 또는 파손 어선이 14척이 된다.[40] 수년 동안 독도를 폭격연습장으로 사용하면서 실시한 폭격 훈련의 횟수는 최소한 수십 번 이상일 것이며, 이로 인해 독도는 처참하게 파괴되어 그 원형을 잃어버렸고, 독도에 살던 생물들은 풀 한포기도 살 수 없을 정도로 황폐화되었을 것이다. 녹도 소나무와 강지가 멸종되거나 사라진 이유도 미군의 녹도폭격사건이 중요한 원인일 수도 있다.

　　　한일관계사학회, 2011.4., pp.226-227.
38　경상북도·문화재청,『2007년 독도 천연보호구역 식생복원을 위한 타당성 조사연구』2008.(김수희, 앞의 논문 p.227에서 재인용)
39　이예균·김성호, 같은 책, p.308.
40　홍성근,「1948년 독도폭격사건의 인명 및 선박 피해 현황」,『영토해양연구』19, 동북아역사재단, 2020, pp.40-80 참조.

8. 최초의 독도사진과 변형된 독도 지형의 확인

1947년 조선산악회 울릉도·독도 학술조사단이 남긴 또 하나의 중요한 성과 중의 하나는 독도의 전경이 담긴 사진을 찍어 최초로 공개한 것이다. 그러나 학술조사단이 8월 20일 독도를 답사하고 조사하면서 전시회를 할 정도로 많은 사진을 찍었지만[41], 1947년 학술조사 때 촬영한 사진들 중 독도의 전경을 볼 수 있는 사진은 현재 많이 남아 있지 않다. 물론 당시 신문지상에 보도된 최계복의 「독도사진」[42]이 있었지만, 오래된 흑백사진으로 신문의 보존상태가 양호하지 못해 실물을 파악하기가 어렵다.

[그림 4] 「독도사진공개」기사(『대구시보』, 1947.08.30.)
(출처: 국립중앙도서관 대한민국 신문아카이브)

---

41 "조선산악회에서 파견된 울릉도와 독도에 대한 학술조사단과 동행한 본사사진부 촉탁 최계복(崔季福)씨는 이번에 양도(兩島)에서 촬영한 귀중한 사진 약 50매를 도(道)공보과와 도지방과의 후원을 얻어 오는 9월 15일에 양도 사정소개의 전람회를 개최하기로 하였다."(「독도사진공개-본사 최촉탁 촬영」,『대구시보』, 1947.8.30.)(『해방후 울릉도·독도조사Ⅱ』, p.67.)

42 「독도사진」,『대구시보』, 1947.8.31.(『해방후 울릉도·독도조사Ⅱ』, p.67.)

독도 주변의 바위를 자세히 볼 수 있는 사진이 거의 남아 있지 않지만, 학술조사단의 일원으로 동행한 최계복[43]이 찍은 독도 전경 사진이 다행히 남아 있다. 매일신문(2009.9.23.)보도를 통해 알려진 이 사진에는 삼형제 굴바위와 서도 일부, 그리고 동도의 몽돌해변과 학술조사단원 한명의 모습이 선명하게 나타나 있다. 그런데 이 사진을 자세히 보면 현재의 독도의 모습과 달라진 부분을 확인할 수 있다. 아래의 사진에서 보듯이 동도와 서도 사이에 위치한 **삼형제 굴바위 오른쪽에 있는 바위**의 형태가 심하게 훼손된 것을 알 수 있다.

현재 우리가 보고 있는 독도의 모습이 옛 모습 그대로인, 원래의 독도 모습인 것으로 흔히 생각하고 있지만 이 사진을 통해서 독도의 바위가 변형된 것을 알 수 있다. 물론 오랜 세월이 경과하면서 독도 인근 바다의 변화무쌍하고 혹독한 기상조건에 노출되어 있는 독도가 계속 원형을 유지하고 있으리라고 확신할 수는 없다. 그러나 불과 수십 년의 짧은 기간 안에 확연히 눈으로 구별되는 훼손상태를 보면 자연적인 침식과 마모 현상에 의해서 변형된 것으로 보기는 어렵다.

1947년 8월 20일 독도조사 당시 삼형제굴바위 오른쪽 바위 사진을 보면 바위의 왼쪽 상단 모서리 부분이 귀처럼 뾰족하게 솟아나 있는 모습을 확인할 수 있다.([그림 5], 확대 [그림 6] 참조) 그러나 현재의 독도 사진을 보면 삼형제 굴바위 오른쪽에 있는 바위의 왼쪽 상단 뾰족한 부분이 마치 톱으로 잘라낸 듯이 뭉툭해진 모습이다. 어떤 외력에 의한 충격으로 바위의 일부분이 훼손

---

43 최계복(1909~2002)은 1947년 조선산악회 울릉도·독도 학술조사단의 일원으로 참가한 사진작가이다. 『대구시보』의 특파원으로 학술조사단의 보도·영화반에 소속되어 활동했다. 울릉도의 이색적인 풍경과 독도의 생생한 현장사진을 촬영하여 신문을 통해 처음으로 국민들에게 선보였다. 대구지역 사진계의 대부로 "남한 사단(寫壇)에서는 최계복"이라고 할 만큼 일제강점기 때부터 우리나라 사진계를 이끌어온 독보적인 인물이다.(「미군정도 국토구명사업 지원 "독도는 한국 땅" 명백한 증거」, 『매일신문』, 2009.09.26. 기사 참조.)

되어 사라진 것으로 보인다.([그림 7], 확대 [그림 8] 참조)

[그림 5] 1947년 독도 동도 몽돌 해변에서 찍은 삼형제 굴바위와 주변 바위(사진 최계복 1947. 8.20. 촬영, 매일신문 2009.9.23.보도) 미군의 폭격연습으로 훼손되기 이전의 모습

[그림 6] 폭격훈련으로 훼손되기 전 삼형 제굴바위 오른쪽 바위 확대 사진 (사진 최계복 1947.8.20. 촬영, 매일신문 2009. 9.23.보도)

[그림 7] 현재의 삼형제굴바위와 주변 바위 모습. 사진 오른쪽 동그라미로 표시한 부분의 바위모습은 미군 폭격연습으로 훼손되어 현재 그 형태가 변형되어 있다.(사진 이태우 2020.7.17.촬영)

[그림 8] 미군 폭격훈련으로 훼손된 현재의 삼형제굴바위 오른쪽 바위 확대 사진 (사진 이태우 2020.7.17. 촬영)

그렇다면 어떤 외부의 충격에 의해 독도의 모습이 변형되었을까? 그 이유는 미공군의 폭격연습장으로 지정되면서 수년간에 걸쳐 독도가 폭격을 받았

으며, 당연히 집중적인 포탄 세례를 받은 독도가 훼손되고 변형될 수밖에 없었을 것이라 생각한다. 물론 파랑의 파식작용이나 비말 등의 풍화작용 등에 의해 독도 지형이 훼손되었을 것으로 추정할 수도 있다. 그러나 앞의 7장 '독도소나무의 존재'에서도 언급했듯이 1948년 6월 8일 독도폭격사건으로 14명의 어부가 사망하고 선박과 인명 피해를 입었던 사실이 있었다. 단 한 번의 폭격훈련으로 이 정도의 피해가 발생했으니 폭격훈련지에서 해제되기까지 약 5년간 최소한 수십 차례 이상 폭격이 실시되었다고 가정하면 독도소나무를 포함한 독도에 서식하던 동식물뿐만 아니라 돌섬 독도의 외형도 크게 훼손되고 변형되었을 것이라고 추측할 수 있다.

독도의 외형이 어떻게 얼마나 변형되었는지를 확인하기 위해서는 1947년 학술조사단이 여러 각도에서 찍은 독도의 다양한 모습을 담은 사진과 비교해 볼 필요가 있다. 그러나 현재의 독도 모습과 비교할 수 있는 1947년 이전의 사진이 아직 발견되고 있지 않았기 때문에 삼형제 굴바위 인근 바위의 변형된 모습만 확인할 수 있을 뿐이다. 아쉽지만 사진을 포함한 더 많은 관련 자료를 발굴하고 연구를 진전시켜 독도의 원형을 밝혀내야 할 과제가 남아 있다.

한반도 동쪽 끝에서 오늘도 묵묵히 자리를 지키고 있는 독도지만 역사의 소용돌이 속에 수많은 시련과 상흔을 간직하고 있는 섬이 돌섬 독도이다.

9. 맺음말

이상에서 우리는 1947년 광복 후 독도에 대한 최초의 민·관 공동학술조사였던 '조선산악회 울릉도·독도 학술조사단'의 독도조사활동과 성과를 종합적으로 정리해 보고 그 의미를 검토해 보았다. 1947년 제1차 학술조사단이 울릉도·독도에 대한 학술조사를 실시한 지 76년의 세월이 흘렀지만 아직까지 학술조사단이 10일간 울릉도·독도를 조사한 연구 성과가 무엇인지 제대로 정리되지 않고, 또 알려지지 않은 것은 독도영유권적 의미와 중요성을 생각해볼 때 실로 안타까운 일이 아닐 수 없다.

512년 신라 장군 이사부가 울릉도·독도를 신라에 복속시킨 이래로 고려와 조선을 거치면서 정부에서 파견한 수토사들이 정례적으로 울릉도를 수토하고 검찰한 적은 많았지만, 정부에서 파견한 조사단이 울릉도와 독도에 입도하여 종합적 학술조사를 실시한 것은 1947년 조선산악회 울릉도·독도 학술조사단이 처음이었다. 따라서 학술조사단이 독도에서 발견하고 기록한 것은 모두 최초의 것이었다.

비록 세월이 많이 지났지만 울릉도·독도학술조사단의 조사활동이 남긴 구체적 성과들을 찾아서 정리하고 그 의미를 검토해 봄으로써 독도에 대한 실효적 관리 근거를 재확인한다는 차원에서도 중요한 일이다. 특히 독도의 지리와 지질, 자연환경과 생태를 조사하기 위해 학술조사단이 독도에 입도하여 본격적으로 조사를 실시한 시간은 불과 6시간 남짓이다. 그럼에도 불구하고 이 짧은 시간 동안 독도에서 관련 전문가와 학자들이 조사한 내용은 다방면에서 이루어졌으며 확인된 성과 또한 적지 않았다.

학술조사단의 전문가들이 과학적 조사를 통해 최초로 밝혀낸 것은 독도에 서식하고 있는 독도 지형 및 지질, 독도식물·동물의 종류, 독도의 지세와 산물 등이었다. 구체적으로 학술조사단이 올린 성과와 의미를 정리해 보면 다음과 같다.

첫째, 독도 자연환경과 생태에 대한 최초의 과학적 조사이다. 과학 조사의 성과는 크게 3가지를 들 수 있다.

① 최초의 독도 측량 및 지질 조사: 미군정청 상무부 산하 지질광산연구소에 소속해 있으면서 조사단에 피견되어 함께 활동한 옥승식은 「울릉도 및 독

도지질조사개보」라는 보고서에서 당시 울릉도와 독도의 위치, 지형, 지질에 대해 측량한 조사 내용을 상세히 소개하였다. 이 자료는 독도에 대한 최초의 측량 및 지질 조사 성과이며, 미국이 해방 후 독도가 한국 영토임을 인정하고 있는 기록으로 그 가치가 높다고 할 수 있다.

② 독도식물·동물에 대한 최초의 과학적 조사: 이들이 독도에서 관찰·조사한 독도생물들은 식물, 곤충(나비), 동물(강치, 물개), 조류, 해조류, 어패류 등이었다. 특히 조사대가 독도에서 일본에는 없는 「대만 흰나비」를 발견함으로써 독도가 동물학상으로도 한국의 영토임을 증명할 수 있는 과학적 증거 자료로 제시하였다. 조사대는 50여종의 생물들을 발견하였으며 그 식물의 계통은 울릉도와 완전히 연결되는 것이라고 보고함으로써 독도가 울릉도에 속한 속도임을 과학적으로 재확인하였다. 또한 포획한 해구에 대한 해부학적 조사를 실시하여 물개가 아닌 강치(가제)임을 확인하고 이를 신문에 발표함으로써 독도가 옛날부터 가제들이 사는 섬, 즉 가지도로 불린 이유를 확인하였다.

③ 독도의 지세와 산물에 대한 최초의 조사와 소개: 신석호가 그의 논문에서 밝힌 '독도의 지세'에 관한 상세한 소개는 독도에 대한 궁금증을 가지고 있었던 국민들의 호기심을 충족시켜주었다는 점에서 조사단이 거둔 또 하나의 성과라고 할 수 있다.

둘째, '한국령' 독도 표주 설치이다.

학술조사와 함께 한국의 독도영유권을 대내외에 천명한다는 의미를 담고 있는 '조선 울릉도 남면 독도' 표주의 설치는 학술조사단이 수행한 가장 중요한 업적으로 평가 받을 수 있을 것이다. 한국령 독도 표주의 설치에는 과도정부의 강력한 영토수호 의지가 담겨 있었으며, 또한 이 사업을 주최하고 학술조사단을 이끌었던 조선산악회의 국토구명 사업의 중요한 업적이기도 하였다.

셋째, 「심흥택 보고서」 발견이다.

조사단이 학술조사를 통해 올린 가장 큰 수확 중에 하나는 「심흥택보고서 부본(副本)」(1906년)의 발견이다. 이 사료는 한국에서 '독도(獨島)'라는 명칭이 최초로 등장하는 문헌일 뿐 아니라, 일본의 '다케시마 편입' 당시 조선의 중앙 정부와 현지 관리 모두 이 섬을 울릉군 소속인 조선 영토로 명확히 인식하고 관리하고 있었다는 사실을 전해 주는 중요한 문서로서 울릉도 · 독도 학술조사단이 발굴한 가장 중요한 성과라고 할 수 있다.

넷째, 울릉도 재개척 이주민 「홍재현 진술서」의 확보이다.

「홍재현 진술서」는 비록 구술증언이지만, 독도에서 생업활동을 해왔던 울릉도 주민들의 증언을 통해서도 독도가 한국의 영토임을 입증해주는 중요한 자료이다. 한국의 독도영유권을 입증할 수 있는 중요한 성과 중 하나인 「홍재현 진술서」는 울릉도 주민들이 재개척 당시부터 독도가 울릉도의 속도라는 사실을 잘 알고 있었으며, 일본의 불법적인 독도편입조치와 일제식민체제하에서도 불구하고 울릉도 주민들이 생활터전인 독도에서 어로작업을 계속해왔다는 중요한 의미를 갖는다.

다섯째, 독도 소나무의 존재 확인

울릉도 · 독도학술조사단이 올린 성과 중 하나는 독도조사를 실시하면서 독도에 자생하는 소나무 수십 그루를 발견한 것이다. 조사에 함께 참여한 홍구표는 기행문 「무인독도답사를 마치고」에서 독도에 20여 그루의 소나무가 자생하고 있었다고 증언하고 있으며, 8월 28일자 『남선경제신문』의 기사에도 "흑송(해송) 15~16주를 발견하였음을 보도하고 있다. 독도 소나무의 존재 확인은 독도가 현재 일본이 주장하는 죽도(竹島, 다케시마)가 아니라 그들이 19세기 말 이전까지 수백 년간 사용해온 소나무가 있는 섬, 즉 송도(松島, 마쓰시마)라는 것을 입증하는 것이다. 당연히 그들이 현재 '다케시마'라고 부르고 있는 섬은 사실 독도가 아니라 울릉도이며, 울릉도가 한국 영토인 것은 누구나 아는 사실이다. 독도 소나무의 존재 확인은 독도가 다케시마가 아님을 입증하는 것이다. 그러나 현재 독도에 소나무가 살지 않기 때문에 과거 독도에 소나무가 살고 있었음을 입증하기 위해서는 좀 더 많은 과학적 증거 자료가 필요하다.

여섯째, 최초의 독도사진과 변형된 독도 지형의 확인

1947년 조선산악회 울릉도·독도 학술조사단이 남긴 또 하나의 중요한 성과 중의 하나는 독도의 전경이 담긴 사진을 찍어 최초로 공개한 것이다. 그런데 이 사진을 자세히 보면 현재의 독도의 모습과 달라진 부분을 확인할 수 있는데 이것은 어떤 외력에 의한 충격으로 바위의 일부분이 훼손되어 사라진 것으로 보인다. 물론 파랑의 파식작용이나 비말 등의 풍화작용 등에 의해 독도 지형이 변형되었을 것으로 추정할 수도 있지만 독도가 1947년~1952년까지 약 5년간 미군폭격훈련지로 사용되면서 그 원형이 훼손되었기 때문으로 보인다. 비단 독도 바위뿐만 아니라 독도를 안식처로 삼았던 독도 강치와 독도 소나무를 비롯한 많은 동식물들이 폭격으로 사라졌을 것으로 보인다. 1948년 6월 8일 독도폭격사건으로 인한 수십 명의 피해자들에 대한 조사는 어느 정도 이루어졌지만, 독도와 독도에 살던 동식물들의 피해는 가늠하기 힘들다. 차제에 이에 대한 조사도 실시되어야 할 것으로 생각한다.

1947년 울릉도·녹도 학술조사는 당시 한국정부가 미군정 하의 과도정부로 존속하였지만, 조선산악회와 공동으로 울릉도·독도 학술조사단을 파견하여 조사활동을 펼친 것은 독도현대사의 서막을 여는 동시에 독도영토주권 수호 의지를 드높인 쾌거였다고 평가할 수 있다. 즉 조선산악회와 과도정부가 함께 실시한 울릉도·독도 학술조사는 광복 후 독도에 대한 최초의 정부공식 조사로서 한국(과도)정부의 영토 수호를 위한 확고한 의지 표명이었다.

또한 1947년 울릉도·독도 학술조사는 한국정부의 행정적, 실질적 독도 관리 시작을 알리는 실효적 지배의 첫 시작점이었다는 점에서 이어지는 1953년~

1956년 독도의용수비대 활동과 함께 독도수호사의 상징적 의미를 가지고 있다고 할 수 있다. 나아가 1947년 울릉도·독도에 대한 학술조사의 실시는 독도에 대한 주권국으로서 의사와 의지를 대내외적으로 천명하고 국가기능을 실질적으로 행사한 행위이다. 과도정부의 이러한 행위들은 국제법상 독도의 소속에 관해 중요한 의미를 가지는 것으로 평가된다.

[참고문헌]

1) 논문 및 단행본

경상북도·문화재청, 『2007년 독도 천연보호구역 식생복원을 위한 타당성 조사연구』, 2008.

김수희, 「개척령기 울릉도와 독도로 건너간 거문도 사람들」, 『한일관계사연구』 38, 한일관계사학회, 2011.4.

박현진, 「독도 실효지배의 증거로서 민관합동 학술과학조사 -1947년 및 1952~53년 (과도)정부·한국산악회의 울릉도·독도조사를 중심으로-」, 『국제법학회논총』 제60권 3호, 2015.

송병기, 「치암발굴(癡菴發掘) 심흥택보고서 부본에 대하여」, 『백산학보』 제70호, 백산학회, 2004.

송병기, 『울릉도와 독도, 그 역사적 검증』, 역사공간, 2010.

송호열, 「1947년 독도 학술 조사에 대한 지리적 고찰」, 『한국사진지리학회지』 25권 제3호, 한국사진지리학회, 2015.

옥승식, 「울릉도 및 독도지질조사개보」, 『울릉도·독도 조사보문』, 미군정청 상무부 지질광산연구소, 1948.3.

외무부 정무국 편, 『독도문제개론』, 외무부 정무국, 1955.

외교통상부 국제법률국 편, 『독도문제개론』(개정판), 외교통상부 국제법률국, 2012.

유하영, 「조선산악회 울릉도 독도 학술조사의 국제법상 의미와 증거가치」, 『동북아연구』 35권 2호, 조선대학교 동북아연구소, 2020.

이기석, 「한국산악회의 1952 '울릉도·독도 학술조사단 파견계획서」, 『영토해양연구』 제14권, 동북아역사재단, 2017.

이예균·김성호, 『일본은 죽어도 모르는 독도 이야기88』, 2005.

이태우·최재목·김도은·김은령 편역, 『해방후 울릉도·독도 조사 및 사건관련 자료해제 I』, 영남대학교 독도연구소 자료총서4, 학진출판사, 2017.

이태우 외 3인, 『울릉도·독도로 건너간 거문도·초도 사람들』, 선인, 2019.

이태우 · 최재목 · 김은령 편역,『해방후 울릉도 · 독도 조사 및 사건관련 자료해제Ⅱ』, 영
    남대학교 독도연구소 자료총서13, 도서출판 선인, 2022.
이태우 · 최재목 · 김은령,「신문 · 잡지 · 문서를 통해 본 1947년 조선산악회 울릉도 · 독도
    학술조사단의 활동과 의의」,『영남학』제82호, 경북대학교 영남문화연구원, 2022.9.
정병준,『독도1947』, 돌베개, 2010.
정인섭,「심흥택 보고서와 독도연구 60년」,『독도연구저널』제4호(2008년겨울), 한국해양
    수산개발원, 2009.01.30.
홍성근,「독도영유권 문제와 영토의 실효적 지배」,『독도연구총서』9, 독도연구보전협회,
    2002.
홍성근,「1948년 독도폭격사건의 인명 및 선박 피해 현황」,『영토해양연구』19, 동북아역
    사재단, 2020.
홍성근,「1947년 조선산악회의 울릉도학술조사대 파견 경위와 과도정부의 역할」,『영토해
    양연구』23, 동북아역사재단 독도연구소, 2022.6.

2) 신문 · 잡지 · 인터넷 기사
방종현,「독도의 하루」,『경성대학 예과신문』13호, 1947.9.28.
신석호,「독도소속에 대하여」,『사해』제1권 제1호, 1948.12.
윤병익,「가제(독도산)」(2),『서울신문』, 1947.11.18.
이규태,「독도의 나무(이규태코너)」,『조선일보』, 1990.03.29.
홍구표,「무인독도 답사를 마치고」,『건국공론』제3권 제5호, 1947.11.
홍종인,「울릉도 보고전을 열면서」,『서울신문』, 1947.11.15.
홍종인,「울릉도 학술조사대 보고기」(1)~(4), 한성일보, 1947.09.21.~1947.09.26.
『공업신문』,「울릉도 보고, 10일에 강연회」, 1947.09.09.
『공업신문』,「독도의 국적은 조선, 입증할 엄연한 증거자료 보관」, 1947.10.15.
『남선경제신문』,「독도는 이런 곳②」, 1947.8.28.
『대구시보』,「올릉도전시회에 도민대표기 상경」, 1947.11.08.
『대구시보』,「독도사진공개-본사 최촉탁 촬영」, 1947.8.30.
『대구시보』,「독도사진」, 1947.8.31.
『동광신문』,「독도는 우리 땅, 사적 증거문헌 발견」, 1947.8.7.
『동아일보』,「독도는 우리 판도, 역사적 증거문헌 발견, 수색회서 맥사령(司令)에 보고」,
    1947.8.5.
『매일신문』,「미군정도 국토구명사업 지원 "독도는 한국 땅" 명백한 증거」, 2009.09.26.
『서울신문』,「울릉도조사대의 귀환보고강연회」, 1947.09.09.
『서울신문』,「울릉도 보고전」, 1947.11.05.
『자유신문』,「동해 신비경인 독도의 생태에 황홀」, 1947.8.24.
https://terms.naver.com/entry.naver?docId=1080871&cid=40942&categoryId=32527(검색일:
    2023.5.23.)

제6장

해방 후 한국인의 독도영유권 인식의 보편화와 체화
─ 언론보도기사와 기록물을 중심으로 ─

이 태 우[*]

1. 머리말

　신라 지증왕 512년 이사부 장군이 우산국을 복속시켜 신라 영토에 편입한 이후 많은 고문헌에는 옛 우산국 영토인 울릉도와 독도(우산도)가 우리나라 영토임을 기술해왔다. 『삼국사기』(1145)에서부터『세종실록』「지리지」(1454), 『신증동국여지승람』(1530),『조선왕조실록』,『강계고』(1756),『동국문헌비고』「여지고」(1770),『만기요람』(1808) 등에 이르기까지 다수의 옛 문헌과 지도에 그 사실이 기록되어 있다.

　무엇보다 조선정부가 울릉도·독도 관리를 위한 행정적 조치를 지속적으로 실시하여 울릉도·독도에 대한 영유권을 공고히 해왔음은 주지의 사실이다. 조선 초 왜구의 침입과 약탈로부터 주민 보호를 위해 섬 주민들을 육지로

　＊　영남대학교 독도연구소 연구교수

데려오는 쇄환정책을 펼쳐 울릉도·독도를 지속적으로 관리해왔다.[1]

또한 조선 중기 숙종 때인 1694년 장한상의 울릉도 수토 이후 1894년까지 200년간 2~3년 간격으로 수토사를 정례적으로 파견하여 울릉도·독도를 꾸준히 관리해왔다. 특히 조선 말기 1900년 고종황제에 의해 「대한제국 칙령 제41호」를 반포하고 관보에 실어 세계만방에 울릉도·독도의 소속과 관할을 확고히 하였고, 1906년 「심흥택보고서」를 통해 독도가 우리 땅임을 재확인하였다.

그러나 울릉도·독도(우산도)를 기술하고 있는 대부분의 옛 문헌과 지리서는 문자 해독이 어려운 백성들이 접근하기에는 한계가 있었다. 따라서 중앙정부의 관료와 선비 등 식자층과 지배 엘리트, 그리고 울릉도를 몰래 왕래한 동남해안 일부 어민들을 제외하고는 독도 뿐 아니라 울릉도의 존재도 널리 알려지지 못했다. 물론 해금정책과 수토정책의 실시 등으로 원양으로 도항하는 일이 국법으로 금지되어 있는 상황이었기에 더더욱 알려지기 어려웠다. 이러한 영향으로 조선시대 관리나 선비들 중 동해지역을 여행하며 쓴 시나 산문에는 울릉도를 무릉도 또는 무릉도원과 같이 찾아갈 수는 없지만, 풍요로운 땅이나 신선이 사는 이상향으로 그리고 있음을 많이 찾아볼 수 있다.[2]

1905년 을사늑약으로 외교권을 박탈당하고, 1910년 한일강제병합으로 일

---

1 조선시대 쇄환정책은 변방주민의 안전 또는 외부로부터의 침략에 이용당할 가능성을 배제할 목적으로 국방상의 필요에 따라 울릉도, 거제도 등 도서지역에서 실시되곤 했다. 쇄환정책은 그 자체가 곧 영유권의 실현행위이며 실효적 지배의 한 형태였다. 조선이 쇄환정책 하에서도 정기적으로 관리를 파견하여 순찰하고 치안을 유지하는 등 통치권을 행사했음이 그 단적인 증거이다. 동북아의 평화를 위한 바른역사정립기획단, 『일본은 이렇게 독도를 침탈했다』, 2006, pp.45-47 참조.

2 예를 들면 김시습, 「망우릉도(望羽陵島)」, 『매월당집(梅月堂集)』 권12, 1583; 이명한, 「소공대(召公臺)」, 『백주집(白洲集)』 권5, 1646; 권호문, 「차관어대(次觀魚臺)」, 『송암집(송암집)』 권2 詩, 1680; 조석형, 「망울릉도(望鬱陵島)」, 『가림세고(嘉林世稿)』 상편, 1704; 오도일, 「여정원경(與鄭遠卿)」, 『서파집(西坡集)』 권22 書, 1729; 신활, 「서울릉도도후(書蔚陵島圖後)」, 『죽로선생문집(竹老先生文集)』 권4, 1801 등이 있다.

본 제국주의의 식민 통치를 받으면서 독도에 대한 언급은 더 이상 찾아볼 수가 없게 되었다. 일제시기 발간되던 매일신보나 조선·동아일보 등에서 울릉도에 대한 간헐적인 소개가 있었지만 독도(석도)에 대한 기사는 찾아볼 수가 없었다. 당연히 국민들은 독도의 존재에 대해 알 수가 없었다.

그렇다면 대한민국 국민들이 독도라는 섬의 존재를 인식하게 된 것은 언제부터일까? 어떤 경위나 사건을 통해 독도의 존재가 우리에게 알려지게 되었을까? 그리고 그러한 인식이 보편화 되고, 신체적·감성적으로 전 국민들에게 체화된 것은 어느 시점에서부터일까?

이러한 문제의식 하에서 이 연구는 해방 후 한국의 독도영유권 인식의 보편화와 체화 과정이 어떻게 이루어졌는지 고찰해보는 것을 목적으로 한다. 구체적으로 1) '조선산악회 울릉도·독도학술조사단의 조사활동'(1947~1953), 2) '독도폭격사건'(1948) 3) '평화선 선언'(인접해양주권에 대한 대통령 선언, 1952) 4) '독도의용수비대의 독도수호활동'(1953~1956) 등 독도영유권을 둘러싼 일련의 사건을 통해 독도영유권에 대한 보편적 인식과 체화가 이루어졌음을 제시해보고자 한다.[3]

연구방법과 관련해서 먼저 이 연구의 대상 시기는 해방 후 한국인이 독도의 존재를 처음으로 인지한 1947년에서 한일협정이 타결된 1965년까지로 한정한다. 다음으로 연구 대상 자료는 독도와 관련된 당시의 언론기사와 기록물, 구체적으로 신문·잡지·사진·정부기록물 등을 활용할 것이다. 마지막으로 위의 자료들을 분석·검토하여 위에서 언급한 주장의 근거를 제시한 후 그 타당성을 논증하고자 한다.

---

3 물론 이 논문에서 제시한 것만으로 독도영유권 인식이 보편화되고 국민 개개인의 체화로까지 이어졌다고 단언할 수는 없다. 1970년대 이후로는 학교 현장의 독도교육을 통해서 그러한 것들이 이루어졌으며, 일본의 독도도발에 대한 정부의 대응과 언론보도의 영향도 무시할 수 없다. 최근에는 여러 시민사회단체들의 자발적인 독도수호운동과 독도유관기관에서의 독도교육홍보활동이 큰 역할을 했음은 주지의 사실이다.

2. 조선산악회 울릉도 독도 학술조사단의 활동과 독도영유권 인식(1947)

해방 후 한국(과도)정부는 영토주권 수호를 위해 독도를 관리하기 위한 노력을 꾸준히 기울여 왔다. 그러한 노력의 일환으로 이루어진 것이 1947~1953년 3차에 걸친 조선산악회(한국산악회) 울릉도 · 독도학술조사단의 파견이었다. 물론 1947년 제1차 울릉도 · 독도 학술조사는 당시 미군정 하에서 과도정부의 주도적 계획에 의해 실행되었다기 보다는 조선산악회의 계획과 준비가 먼저 진행되던 중, 독도영유권과 관련한 과도정부의 독도조사가 시급하게 요청되어 공동으로 조사대를 파견한 것으로 볼 수 있다.[4]

아래 표[5]에서 확인할 수 있듯이 울릉도 · 독도 학술조사는 1947년~1953년까지 총 3차에 걸쳐 실시되었다. 그 중 2차 조사 때에는 독도에 입도하기 직전 미공군기의 '독도폭격'으로 인해 소기의 목적을 달성하지 못하고 아쉽게 되돌아 올 수밖에 없었다.

〈표 1〉 조선산악회(한국산악회) 울릉도 · 독도 학술조사일자 및 참가인원

구분	울릉도 · 독도 전체 조사일자	참가인원	독도조사일자	비고
1차 조사	1947.8.16.~ 1947.8.28.(13일)	80명(외부 17명 포함)	1948.8.20.(1일)	조선산악회, '남면 독도' 표주 세움
2차 조사	1952.9.17.~ 1952.9.28.(12일)	36명	1952.9.22.(1일)	한국산악회, 미공군 독도폭격으로 독도인근에서 사진 촬영 후 철수
3차 조사	1953.10.11.~ 1953.10.17.(7일)	61명	1953.10.14.~ 1953.10.15.(2일)	한국산악회, 영토표지석 설치
계	총 32일	총 177명	총 4일	

4 이태우 · 최재목 · 김은령, 「신문 · 잡지 · 문서를 통해 본 1947년 울릉도 · 독도학술 조사단의 활동과 의의」, 『영남학』 82, 경북대 영남문화연구원, 2022.9., p.334 참조.
5 위의 글, 같은 곳 참조.

이 중에서 1947년 제1차 울릉도·독도학술조사는 최초의 학술조사라는 의미와 함께 과도정부와 민간산악회가 공동으로 조사활동을 벌였다는 점, 3차례 조사 중 80명이라는 가장 많은 인원이 참가하였다는 점을 고려할 때 가장 큰 상징성을 가지고 있다. 따라서 제1차 울릉도·독도학술조사단의 파견과 조사활동, 조사내용 등을 보도한 언론보도기사와 조선산악회 기록물 등을 중심으로 해방 직후 한국민의 독도에 대한 영유권 인식이 어떻게 확산되었는지 살펴보고자 한다.

1947년 제1차 울릉도·독도학술조사 당시 학술조사단 파견과 활동 관련 신문기사를 보면 대구시보, 동아일보, 한성일보 등에서 약 23건의 관련 소식을 전하고 있다. 또한 학술조사단에 참여한 조사단원이나 기자가 신문에 기고한 글들은 약 24건으로 파악되고 있다. 그 밖에 잡지에도 활동 관련 4건의 기사가 실렸으며, 조선산악회에서 생산한 문서도 4건이 확인되고 있다.[6]

---

6 이태우·최재목·김은령, 같은 글, pp.345-358; 이태우·최재목·김은령 편역, 『해방후 울릉도·독도 조사 및 사건관련 자료해제Ⅱ』, 영남대학교 독도연구소 자료총서13, 도서출판 선인, 2022 참조; 최근 한국산악회에서 동북아역사재단에 기탁한 1947~1953 울릉도·독도 학술조사 관련 문건들이 자료집으로 출간되어 독도영유권과 관련한 조선산악회 활동의 의의와 중요성을 재조명할 수 있게 해주었다(동북아역사재단 독도체험관 편, 『(한국산악회 기탁유물 자료집) 울릉도·독도 학술조사를 가다: 1947~1953』, 동북아역사재단, 2024 참조. 특히 미 군정청 군정장관이 과도정부 독도조사단 및 울릉도학술조사대장으로 참가한 과도정부소속 한국인 공무원 6명의 울릉도·독도 출장을 명령한 '출장명령서'(1947.8.15.)는 '울릉도·독도 학술조사에 미 군정청이 직접 관여했음을 보여주는 중요한 문건이다. 이것은 당시 미국 행정당국이 독도를 한국의 영유로 인식하고 있었음을 보여준다(동북아역사재단 독도체험관편, 같은 책, pp.46-49 참조).

1947년 8월 16일 제4차 국토구명사업의 일환으로 실시한 울릉도·독도 학술조사대가 조사활동을 마치고 현자리에 모였다. (한국산악회 자료사진)

[그림 1] 조선산악회 울릉도독도 학술조사대 단체사진(1947.8.16.)

광복 후 독도의 존재가 처음으로 국민들에게 알려지면서 사회적 이슈로 등장하게 된 것은 1947년 6월 20일 『대구시보』의 보도를 통해서였다. 「왜적 일인의 얼빠진 수작」이라는 제하에 일본 어민이 독도를 자기네 어장이라고 주장하며 우리 어선에 총격을 가했다는 내용이었다.

간흉한 침략귀 일본이 마수를 뻗친 곳은 경북도내의 울릉도에서 동방 약49리(哩, 마일) 지점에 있는 독도(獨島)란 섬으로서 […] 이 우리의 도서를 해적 일본이 저희 본토에서 128리(哩)나 떨어져 있으면서도 뻔뻔스럽고도 주제넘게 저희네 섬이라고 하며 최근에는 시마네현(島根縣) 사카이항(境港)의 일인 모(某)가 제 어구로 소유하고 있는 모양으로 **금년 4월 울릉도 어선 한 척이 독도 근해로 출어를 나갔던 바 이 어선을 보고 기총 소사를 감행한 일이 있다고 한다.**[7]

7 「왜적 일인의 얼빠진 수작」, 『대구시보』, 1947.6.20.

또한 1947년 7월 23일자『동아일보』는「판도에 야욕의 촉수 못버리는 일인의 침략성」이라는 제하에 독도어장에 침입하여 우리 어민들의 어업을 금지하는 일본 측의 독도도발을 강하게 비판하고 관계 당국에 대책 마련을 요구하는 기사를 싣고 있다.

> 동해바다 울릉도 동남 49마일 지점에 있는 두 개의 무인도인 독도가 있는데 […] 이 섬은 오랜 옛날부터 우리의 어업장으로서 또는 국방기지로서 우리의 당당한 판도에 속하였던 것이다. 그런데 요즘에 와서는 일본 시마네현(島根縣) 사카이(境)에 사는 일인이 동섬[독도]은 자기 개인의 것이라고 조선인의 어업을 금하고 있으며, 또한 **일인은 우리의 영해에 침입하고 있어 울릉도 도민들은 경북도를 거쳐 군정당국에 진정을 해왔다.**[8]

일제로부터 36년간 국권과 국토를 빼앗기고 깊은 상실감으로부터 벗어난 지 채 2년도 지나기 전에 또다시 국토를 강탈하려는 일본의 침략성에 대한 언론보도는 전국민의 공분을 불러일으키기에 충분했다. 동시에 이 사건은 독도라는 섬의 존재에 대해 많은 국민들의 궁금증을 촉발하고 관심을 가지게 만든 계기가 되었다.

일본인들의 위협으로 삶의 터전인 독도어장을 잃을 처지에 놓인 울릉도 어민들의 진정을 받은 과도정부는 때마침 1946년 가을부터 '제4회 국토구명운동'의 일환으로 울릉도 조사를 준비하고 있던 조선산악회와 공동으로 울릉도·독도학술조사단을 파견하게 된다.

당시 미군정 하에 있었지만, 한국(과도)정부와 조선산악회가 공동으로 울릉도·독도학술조사단을 파견하여 조사활동을 펼친 것은 독도영토주권 수호 의지를 드높인 중요한 사건이었다. 1947년 울릉도·독도학술조사는 광복 후 독도에 대한 최초의 정부공식 조사였으며, 한국(과도)정부의 독도영유권

---

8 「판도에 야욕의 촉수 못 버리는 일인의 침략성」,『동아일보』, 1947.7.23.

수호를 위한 확고한 의지 표명이었다.

또한 1947년 울릉도·독도학술조사는 한국(과도)정부의 행정적, 실질적 독도 관리의 시작을 알리는 동시에 해방 후 독도에 대한 실효적 지배의 첫 출발점이었다는 점에서 현대 독도수호사의 상징적 의미를 가지고 있다고 하겠다.[9]

1947년 제1차 울릉도·독도학술조사단은 과도정부 독도조사단 4명(국사관장 신석호, 외무처 일본과장 추인봉, 문교부 편수관 이봉수, 수산국 기술사 한기준)과 국립민족박물관장 겸 조선산악회장 송석하(宋錫夏)를 대장으로 한 각 분야 전문가 63명, 경상북도청 공무원 2명, 제5관구 경찰직원 11명을 포함하여 총 80명에 달하는 대규모 학술조사대였다.[10]

8월 16일부터 28일까지 총 13일 간 울릉도·독도 학술조사의 여정을 마친 조사단은 보고강연회와 전람회 개최, 개별적 신문·잡지 기고와 자료공개 등 다양한 방식으로 조사결과를 국민들에게 홍보하였다. 국내 각 언론사들은 조사단의 출발과 도착 소식, 조사활동, 서울로 귀환 소식, 강연회와 전시회 개최 소식 등을 전함으로써 독도의 존재를 국민들에게 알리기 시작했다.

먼저 『동아일보』(1947.8.3.)는 「독도문제 중대화-수색위원회 조직고자 협의」라는 제하에 "일본인이 우리의 판도 안 울릉도 동해에 있는 독도에 또다시

9 이태우·최재목·김은령, 위의 글, p.359; 1947년 울릉도·독도 학술조사는 조선산악회의 선제적인 계획수립과 주도 하에 과도정부의 적극적 지원으로 이루어졌다. 이 과정에서 과도정부는 독도에 관한 수색위원회 조직과 독도조사단 파견, 해안경비대의 독도 운항, 독도 영토표주 설치 등을 적극 지원하였다. 즉 독도에 대한 주권국으로서 의사와 의지를 표시하고 국가기능을 실질적으로 행사하였다. 과도정부의 이러한 행위들은 국제법적으로 독도의 소속에 관해 중요한 의미를 가지는 것으로 평가할 수 있다. 홍성근, 「1947년 조선산악회의 울릉도학술조사대 파견 경위와 과도정부의 역할」, 『영토해양연구』 23, 동북아역사재단 독도연구소, 2022.6., pp.159-160.

10 신석호, 「독도소속에 대하여」, 『사해(史海)』 제1권 1호, 1948.12., p.90; 홍종인, 「울릉도 학술조사대 보고기(1)」, 『한성일보』, 1947.9.21.; 한국산악회, 「울릉도 독도 학술조사대」, 『한국산악회50년사』, 1996, pp.81-82 참조.

야욕의 마수를 뻗치고 있다 […] 과도정부서는 이 문제를 중대시하야 민정장관이 위원장이 되고 독도에 관한 수색위원회를 조직하여 4일 상오 10시부터 중앙청 민정장관실에서 그에 대처하기 위한 협의를 하기로 되었다."[11]고 보도하였다. 동시에 같은 지면에 추인봉 외무처 일본과장을 통해 "이 문제는 우리 국토에 관한 만큼 중대한 문제다. 독도에 관한 역사적 고찰과 현지조사를 하여 맥아더 사령부에 보고하고 우리 국토라는 것을 세계에 선포하여야 한다."[12]는 과도정부의 입장을 강조하였다.

같은 날 『한성일보』(1947.8.3.)는 「울릉도 답사대, 조선산악회서 파견」을 보도하면서 조선산악회가 하기 사업으로 8월 16일 서울을 출발하여 18일에 포항을 경유하여 2주일간 학계의 중진을 망라하여 (독도를 포함한) 울릉도 조사를 결행하게 되었다고 전하고 있다.[13]

이어서 중앙과 지방의 공무원이 포함된 울릉도·독도학술조사단의 출정을 알리는 「독도조사단 16일 등정」[14] 소식을 시작으로 조사단의 조사 관련 일정과 활동상황을 보도하기 시작했다. 『서울신문』(1947.8.22.)은 울릉도학술조사대가 현지에 도착하여 활동에 착수하였다는 소식을 전하고 있으며[15], 『대구시보』는 드디어 학술조사단이 독도에 상륙하여 탐사를 실시하였다고 보도하였다. "18일에 울릉도에 도착한 울릉도학술시찰단 일행은 19일 그곳에서 위문품의 전달과 강연회를 개최하고 중앙청 각 국장과 제5관구 경찰청 홍경위 등 일행과 본섬(울릉도)에서 응원으로 참가한 도사(島司) 서장 치안관 등 72명이 20일 새벽 4시 반에 출발하여 문제의 「독도」를 탐사하고 「해구」 세 마리를 잡는 등 시찰을 하고 오후 8시 반 울릉도에 귀환"[16]하였다고 최초의

---

11 「독도문제 중대화」, 『동아일보』, 1947.8.3.
12 「우리의 국토 추(秋) 일본과장 담(談)」, 『동아일보』, 1947.8.3.
13 「울릉도답사대, 조선산악회서 파견」, 『한성일보』, 1947.8.3.
14 「학술조사단 16일 등정」, 『대구시보』, 1947.8.17.
15 「울릉도학술조사대, 현지착 활동에 착수」, 『서울신문』, 1947.8.22.

독도입도와 학술조사 사실을 전 국민에 알렸다. 『조선일보』(1947.8.23.)와 『공업신문』(1947.8.28.), 『서울신문』(1947.9.9.) 등에서도 울릉도·독도학술 조사단의 활동 관련 기사를 잇달아 보도하였다.

각 언론기관의 보도기사 외에도 학술조사단원이나 특파원으로 동행한 인물들의 신문기고문들도 약 24건 정도 소개되었다. 조선산악회 학술조사대는 「동해 신비경인 독도의 생태에 황홀」[17]을 『자유신문』을 통해 소개하였고, 권상규는 「동해의 고도, 울릉도 기행」[18]을 2회에 걸쳐 『대구시보』에 소개하였다. 『남선경제신문』 편집부도 2회에 걸쳐 「독도는 이런 곳」[19]임을 알리고 있으며, 『자유신문』 편집부도 「독도 가제에 대하여」[20] 궁금증을 풀어주는 기사를 싣고 있다. 그 외에도 석주명이 『서울신문』에 「울릉도의 연혁」[21]을, 구동련이 『수산경제신문』에 「울릉도기행」[22]을, 방종현이 『경성대학 예과신문』에 「독도의 하루」[23]를 기고하였다. 학술조사단의 부대장으로 참여한 홍종인은 「울릉도 학술조사대 보고기」[24]를 4회에 걸쳐 『한성일보』를 통해 연재하였으며, 학술조사단의 조사결과를 전 국민에게 소개하기 위해 개최한 전시회와 보고강연회 소식을 「울릉도 보고전을 열면서」[25]라는 제하에 『서울신문』을 통해 알리고 있다.

국내 각 언론사의 보도기사를 통해 울릉도·독도학술조사단의 독도조사

16 「독도를 탐사」, 『대구시보』, 1947.8.22.
17 조선산악회 학술조사대, 「동해 신비경인 독도의 생태에 황홀」, 『자유신문』, 1947.8.24.
18 권상규, 「동해의 고도, 울릉도 기행」①②, 『대구시보』, 1947.8.27.-29.
19 「독도는 이런 곳」, 『남선경제신문』①②, 1947.8.27.-28.
20 「독도 가제에 대하여」, 『자유신문』, 1947.9.1.
21 석주명, 「울릉도의 연혁」, 『서울신문』, 1947.8.22.
22 구동련, 「울릉도기행」, 『수산경제신문』①~④, 1947.9.20.-24.
23 방종현, 「독도의 하루」, 『경성대학 예과신문』13호, 1947.9.28.
24 홍종인, 「울릉도 학술조사대 보고기」①~④, 『한성일보』, 1947.9.21.-26.
25 홍종인, 「울릉도 보고전을 열면서」, 『서울신문』, 1947.11.15.

활동 소식이 알려지면서 미지의 섬 독도의 존재에 대한 궁금증이 어느 정도 해소될 수 있게 되었다. 그렇지만 언론보도기사만으로는 울릉도·독도에 대한 궁금증을 전부 해소하기에는 부족함이 있었다. 따라서 울릉도·독도학술조사단은 전 국민을 직접 만나 한국의 고유영토인 독도의 진면목을 보여주는 보고강연회와 전시회를 개최하였다.

울릉도·독도 학술조사를 마치고 귀경한 조사단은 우선 「울릉도조사대의 귀환보고강연회」를 열고 과학적 학술조사의 결과를 국민들에게 직접 설명하는 자리를 가졌다. 강사는 조사단에 참여했던 전문가들로서 사회경제(홍종인), 언어(방종현), 지리(정홍헌), 고고(김원룡), 식물(도봉섭), 동물(석주명), 농림(김종수), 지리/지질(옥승식), 의학(조중삼) 등 각 분야별로 조사결과를 국민들에게 직접 보고하였다.[26]

뿐만 아니라 '보고강연회'와 함께 서울·부산·대구를 순회하며 '보고전시회'도 개최하였다. 서울전시회는 11월 10일부터 18일까지 동화백화점(현 신세계백화점 본점) 3층에서 열렸는데 대형 기록사진 281매와 도표 및 표본 650여종이 전시되어 사회각계의 관심을 불러일으켰다. 서울 전시회에 이어서 부산전시회가 11월 30일부터 12월 4일까지 5일간 부산일보사에서 열렸으며, 대구전시회는 이듬해인 1948년 1월 20일부터 1월 26일까지 7일간 대구공회당에서 개최되어 미지의 섬 독도의 존재에 대한 전 국민적 인식이 확산되는 계기가 되었다.[27]

『서울신문』은 "조선산악회의 울릉도 학술조사 보고전람회가 오는 10일부

---

26 「울릉도조사대의 귀환보고강연회」, 『서울신문』, 1947.9.9.; 「울릉도 보고, 10일에 강연회」, 『공업신문』, 1947.9.9.; 1947년 8월 16일부터 8월 28일까지 13일간 학술조사단이 실시한 독도조사활동과 성과는 이태우, 「1947년 조선산악회 울릉도·독도학술조사단의 독도조사활동과 성과」, 『독도연구』 34, 2023.6., pp.165-205 참조.
27 한국산악회 편, 「울릉도·독도 학술조사대」, 『한국산악회 50년사』, 한국산악회, 1996, pp.81-82 참조.

터 18일까지 시내 동화백화점 갤러리에서 열린다. 보도반의 보도 사진을 위시하여 동물·식물·광물·농림관계 표본 등과 석기시대 이래의 고고학과 민속학 자료며 의학반 등의 조사결과 등 각 반의 수확을 종합 진열하여 울릉도와 독도의 전부를 보여줄 것이라고 하여 각 방면의 기대가 크다."[28]는 신문 기사를 통해 전시회 소식을 알리고 있다.

[그림 2] 1947년 울릉도 학술조사보고전람회(1947.11.30.~12.4). 조선산악회 경남지부·경상남도 학무과 주최(김재문 촬영) 출처: 외교부 독도

[그림 3] 1947년 울릉도 학술조사보고전람회(1947.11.30.~12.4, 부산일보사). 조선산악회 경남지부·경상남도학무과 주최 (김재문 촬영) 출처:외교부 독도

1947년 조선산악회와 과도정부가 공동으로 실시한 울릉도·독도 학술조사는 독도현대사의 서막을 여는 동시에 독도영토주권 수호 의지를 드높인 쾌거였다고 평가할 수 있다. 즉 조선산악회와 과도정부가 함께 실시한 울릉도·독도 학술조사는 한국(과도)정부의 행정적, 실질적 독도 관리 시작을 알

28 「울릉도 보고전」, 『서울신문』, 1947.11.5.; 특히 서울에서 열린 전시회에서는 울릉도민을 대표하여 남면장 홍성국, 도장학사 서호암·도성인, 교육사 정용학 등이 울릉도 특산물과 공예품 등을 가지고 참가하였다(「울릉도 전시회에 도민대표가 상경」, 『대구시보』, 1947.11.8. 참조).

리는 첫 출발점이었으며, 광복 후 독도에 대한 최초의 정부공식 조사로서 한국(과도)정부의 영토 수호를 위한 확고한 의지 표명이었다.[29]

이처럼 광복 후 독도에 대한 실효적 지배의 시발점이 된 1947년 조선산악회의 울릉도·독도 학술조사 활동의 결과는 1948년 한국정부 수립이후 한국의 독도인식과 여론형성, 독도정책수립의 시금석이 되었다고 할 수 있다. 1947년 학술조사를 계기로 독도문제의 중요성과 분쟁가능성, 한국영유권의 역사, 증거문헌, 일본 침략의 구체적 실상 등을 명확히 인식할 수 있게 되었고, 이에 대해 적극적으로 대처해야 한다는 전 국민적 공감대를 형성하게 되었다.[30]

또한 1947년 울릉도·독도 학술조사는 광복 후 과도정부와 한국민이 독도 주권수호의 중요성을 인식하고 그에 대한 국민적 자각과 의지를 형성하게 하였다.[31] 울릉도·독도 조사활동 후 전국적인 보고강연회와 전시회 개최 등에 대한 국내 각 언론사의 적극적인 보도는 독도의 존재와 독도영유권에 대한 전 국민적 인식을 확산시키게 되는 계기가 되었으며, 전 국민적으로 독도영유권 인식을 보편화하고 체화하는 첫 출발점이 되었다.

3. 독도폭격사건과 독도영유권 인식(1948)

1948년 6월 8일 발생한 1차 독도폭격사건은 많은 어민들의 희생과 재산상의 피해를 야기함으로써 전 국민의 슬픔과 공분을 자아낸 비극적 사건이었

---

29 이태우, 「1947년 조선산악회 울릉도·독도학술조사단의 독도조사활동과 성과」, 『독도연구』 34, 영남대 독도연구소, 2023.6., p.201 참조.
30 정병준, 『독도1947』, 돌베개, p.153.
31 박현진, 「독도 실효지배의 증거로서 민관합동 학술과학조사 ─ 1947년 및 1952~53년 (과도)정부·한국산악회의 울릉도·독도조사를 중심으로─」, 『국제법학회논총』 제60권 3호, 2015, p.82.

다.[32] 역설적이게도 이 사건으로 인해 독도에 대한 전 국민적 인지도가 높아졌으며 독도영유권에 대한 한국인의 체감도도 훨씬 높아지게 되었다.

독도폭격사건은 2차에 걸쳐 발생하였는데 2차 폭격사건은 1952년 9월 15일, 9월 22일, 9월 24일 연속 세 차례에 걸쳐 일어났다. 다행히 2차 폭격사건 때에는 인명피해는 없었지만, 때마침 제2차 울릉도·독도학술조사단 일행이 독도조사를 위해 독도에 입도하기 직전 미공군이 폭격훈련을 실시함으로써, 결국 조사단은 눈앞에 독도를 두고서 아쉬운 발길을 돌려야만 했다.[33]

1차(1948.6)와 2차(1952.9) 독도폭격사건은 울릉도·독도를 생업터전으로 삼고 있는 동해안 어민들에게 엄청난 상처와 고통을 안겨준 사건으로, 특히 1948년 1차 폭격사건은 많은 사상자가 발생하였기에 범국민적 아픔과 공분을 일으킨 사건이었다. 이 사건에 대한 국내 각 언론사의 보도와 국회 및 정부의 대응으로 독도의 존재와 독도영유권에 대한 국민적 관심은 더욱 고조되었다.

---

32 이태우, 「1948년 독도폭격사건의 경과와 발생배경」, 『독도연구』 20, 2016.6., pp.121-141; 김태우, 「1948년 미 공군에 의한 독도 폭격의 전개양상과 군사정책적 배경」, 『동북아역사논총』 32호, 동북아역사재단, 2011.6., pp.375-411; 윤한곤, 「미군의 독도폭격과 독도영유권」, 『독도특수연구』, 법서출판사, 2001; 정병준, 『독도 1947』, 돌베개, 2012; 홍성근, 「독도폭격사건의 국제법적 쟁점 분석」, 『독도 연구총서』 10, 독도연구보전협회, 2003; 홍성근, 「독노폭격사선의 인녕 및 선박 피해 현황」, 『엉토해양연구』 19, 동북아역사재단, 2020; 홍성근 편, 『광복 후 독도와 언론보도 Ⅰ - 1948년 독도폭격사건』, 동북아역사자료총서60, 동북아역사재단, 2020 참조.

33 당초 제2차 울릉도·독도학술조사단은 1952년 9월 12일 부산 출발, 울릉도·독도 조사 후 9월 20일 부산 도착 예정이었지만, 태풍으로 인해 출발이 연기되면서 9월 17일 부산항을 출발해 울릉도·독도 조사 후 9월 26일 부산에 귀항할 예정이었다. 그런데 9월 15일과 22일, 24일 연속적으로 독도폭격이 있었던 것은 이 기간에 독도조사를 계획 했던 학술조사단의 조사활동을 저지하기 위한 일본의 책략에 의한 것이라는 강한 의혹을 부인할 수 없다. "9월 15일에는 1대의 단발기가 4개의 폭탄 투하를, 9월 22일에는 4대의 쌍발기가 25회 폭격을, 9월 24일에는 2~4대의 전투기 폭격을 진행했다. 독도조사대는 주일미공군의 폭격이 **일본 측의 사주를 받은 것으로 추정**했다." 정병준, 『독도1947』, 돌베개, 2012, p.839.

폭격사건이 발생하고 사흘 후인 1948년 6월 11일 『조선일보』가 「국적불명의 비기(飛機)가 투탄 기총소사, 독도서 어선파괴, 16명이 즉사」라는 기사를 내 보낸 후 조선, 동아, 경향, 서울, 한성, 조선중앙, 남선경제, 수산경제, 남조선민보, 자유신문 등 국내 각 언론사들은 앞 다투어 이 소식을 속보로 보도하였다.

먼저 『조선일보』는 "팔일 오전 11시반경 울릉도 동방 39해리 (獨島)에 국적불명 비행기 수기가 출현하야 폭탄을 투하한 후 기관총 소사까지 행하고 사라졌는데 그곳에 고기잡이와 미역을 따러갔던 울릉도와 강원도의 20여척 어선이 파괴되고 어부 16명이 즉사 10명이 중상되었다. 이 급보를 받은 울릉도당국에서는 구조선 2척이 9일 저녁 현장에 급행하였다."[34]며 가장 먼저 사건을 국민들에 알렸다.

〈표 2〉 독도폭격사건 관련 국내 언론보도기사 목록(1948.6.11.~1948.6.13)

순번	기사 제목	언론사	날짜/면수
1	국적불명의 비기(飛機)가 투탄 기총소사, 독도서 어선파괴, 16명이 즉사	조선일보	1948.6.11., 2면
2	소속불명의 비기(飛機)가 어선을 폭격소사(爆擊掃射)	동아일보	1948.6.12., 2면
3	정체(正體)모를 비행기(飛行機) 울릉도어선(鬱陵島漁船) 폭격(爆擊)	경향신문	1948.6.12., 2면
4	독도 부근서 우리 어선, 국적 불명의 비행기 습격으로 사망 16명 기타 조사 중	남선경제신문	1948.6.12., 2면
5	어선 11척도 침몰	남선경제신문	1948.6.12., 2면
6	동해에 살인 비기 출현, 어선을 폭격, 11척 침몰, 9명 사망	서울신문	1948.6.12., 2면
7	기총사격까지, 피해자 배(裵)씨 담	서울신문	1948.6.12., 2면

---

34 「국적불명의 비기(飛機)가 투탄 기총소사, 독도서 어선파괴, 16명이 즉사」, 『조선일보』, 1948.6.11.

8	출어 중의 어선을 폭격, 독도서 어선 11척 침몰, 사상 20여명	수산경제신문	1948.6.12., 2면
9	[사설] 독도 해상의 참변을 듣고	자유신문	1948.6.12., 1면
10	비기군(飛機群) 어선 폭격 사상, 어선 11척 침몰, 독도의 참사	자유신문	1948.6.12., 2면
11	獨島폭격 현지보도. 민심에 큰 충격. 어선 침몰만 23척, 사상 24명, 독도폭격 현지속보	조선일보	1948.6.12., 2면
12	9기 편대로 어선을 맹폭, 무고한 죽음의 책임 추궁 요망	조선일보	1948.6.12., 2면
13	기영(機影) 일거에 참시낭자(慘屍浪藉). 폭풍탄우(彈雨)로 독도는 생지옥화. 李선장 조난 담. 독도폭격 제3특신	조선일보	1948.6.12., 2면
14	독도폭격 진상, 미 당국서 조사 중	조선일보	1948.6.12., 2면
15	소속 불명 비기(飛機) 어선 습격, 11척 침몰, 24명 사상, 독도 근해 참변	한성일보	1948.6.13., 2면
16	기(旗)의 표식도 본체만체, 고의로 기총으로 맹사, 김태홍씨의 생환담, 울릉도 사변 속보	남조선민보	1948.6.13., 2면
17	우리의 어선을 습격하는 자 누구냐? 내습한 비행기 정체를 구명코, 안심하고 어업에 종사할 수 있도록, 해안 경비의 만전책 세우자	수산경제신문	1948.6.13., 2면
18	태극기 흔들었으나 못 본척하고 폭격을 계속, 구사일생의 조난자 목격담	수산경제신문	1948.6.13., 2면
19	연습한다는 말도 없이 저공으로 폭격코 소사(掃射), 구사일생으로 귀환한 이 선장 담. 독도사건 현지 속보	조선중앙일보	1948.6.13., 2면
20	태극기를 흔들었으나 결국 화를 면치 못했다. 생환자 담	조선중앙일보	1948.6.13., 2면
21	사상자 신분 판명, 시체 3명을 발견 속속 탐사 중, 독도사건 속보	한성일보	1948.6.13., 2면
22	독도는 우리의 섬, 원명은 돌섬(석도)	한성일보	1948.6.13., 2면

이튿날『동아일보』는 "독도에서 어선이 폭격을 받아 20여 명이 사상한 사건이 일어났다. 미역을 채취 중이던 어선 15척이 작업 하던 중 상공에 나타난

비행기로부터 폭탄과 기관총 공격을 받아 11척이 침몰하고 사망 9명, 실종 5명, 중상 2명, 경상 8명이라는 큰 희생을 냈다"[35]고 보도하였다.

『경향신문』도 "15척의 어선에 45명의 어부가 독도 근해에서 미역을 채취하던 중 정체 모를 비행기 아홉대가 날아들어 폭탄과 기관총 사격을 받았으며, 9일 구호선을 출동시켜 구호작업을 하는 중"[36]이라고 전하고 있다. 위의 표에서 보듯 1948년 6월 11일에서 6월 13일까지 사건 초기 3일 동안에만 국한하더라도 독도폭격사건을 보도하고 있는 신문 기사 건수가 21건으로 파악되고 있다. 파악되지 않거나 누락된 신문기사 건수를 합치면 훨씬 더 많을 것으로 생각된다. 신문보도 외에도 그날의 참상은 잡지를 통해 보다 상세히 알려졌다.[37]

사망자와 실종자, 피해선박 숫자 등 피해상황에 대한 정확한 집계가 이루어지지 않았지만 시간이 지나면서 피해규모가 드러나게 되었다. 1948년 6월 10일 저녁 8시까지는 사망 16명, 부상 10명으로 파악했다가, 12일 기사 후에는 사망자가 14명, 부상자가 10명이라고 했다. 그리고 6월 15일 이후에는 사망자가 14명, 부상자(중상자)가 3명 또는 2명이라고 보도하였다.[38]

35 「소속불명의 비기(飛機)가 어선을 폭격소사(爆擊掃射)」, 『동아일보』, 1948.6.12.
36 「정체 모를 비행기 울릉도 어선 폭격」, 『경향신문』, 1948.6.12.
37 조춘정, 「독도폭격사건의 진상」, 『민성』제4권 제7-8호, 1948.8.; 한규호, 「참극의 독도(현지레포-트)」, 『신천지』 7월호(통권27호). 1948.
38 홍성근, 「독도폭격사건의 인명 및 선박 피해 현황」, 『영토해양연구』 19, 동북아역사재단, 2020, p.57.

國籍不明의

飛機가 投彈機銃掃射

獨島서 漁船破壞·16名이 卽死

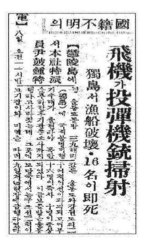

[그림 4] "국적불명의 비행기가 투탄 기총소사—독도서 어선파괴, 16명이 즉사" (『조선일보』, 1948.6.11. 보도)

正體 모를 飛行機

鬱陵島漁船爆擊

【鬱陵島서 本社朴興燮記者特電】八일 오전열두시경 울릉도 부근 독도(獨島)에서 미역을 따고있던 어선十五척이 난데없는 비행기의 폭격을 받었다

이날 열다섯척의 어선은 四十五명의어부를 실고 작업을 하고있었는데 정체모를 비행기 아홉대가 날러드러 투탄과 기총사격을 감행하여 발동선등 十一척이 침몰하고 사망九명 행방불명 五명 중상자 二명 경상자 八명을 내었으며 손해는 약 五백만원에 달한다고한다 급보를접한 경찰에서는 九일오후 구호선을 출동시켜 구호작업을 하는중인데 비행기는 모국비행기의 연습이 아니었던가하고 추측된다고 한다

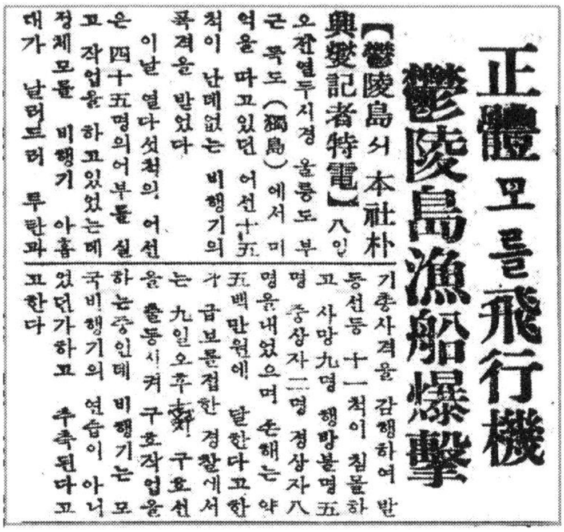

[그림 5] "정체 모를 비행기 울릉도 어선 폭격", 『경향신문』, 1948.6.12.보도

생존자들의 증언에 의해 폭격기가 미군 비행기로 알려지고, 『로이터』 통신이 「폭격사건에 '극동군 관련 가능성'」(1948.6.12.)을, 미국 『성조지(The Stars & Stripes)』가 「비행기 폭격으로 한국 어선 침몰」(1948.6.13.)을 보도하자 미 극동군사령부는 특별조사단을 독도 현지에 파견했다. 『공업신문』은 "독도 근해에서 정체 모를 비행기가 작업 중이던 조선 어선 십여 척을 폭격하여 많은 사상자를 낸 사건에 대해서는 일반 사회의 격분을 사고 있으며 신속한 사건 진상 규명이 있기를 일반은 바라고 있는데 […] 13일 미국 특별조사대에서는 이번 독도 사건을 조사하기 위하여 특별조사단을 현지에 급파하였는데 이 조사단은 부상자를 구호하고자 의료 약품까지 휴대하고 경비선으로 독도로 향하였다."[39] 고 보도하였다.

39 「독도폭격은 누구, 미군에서 특별조사대 급파, 공보부 발표」, 『공업신문』, 1948.6.15.,

1948년 당시 언론은 이 사건의 내용과 경과, 그리고 각 정당과 사회 각계 각층의 반응을 시시각각 전달하였다. 6월 11일 첫 보도가 있은 후 7월까지 2개월간 보도된 기사가 480여건 이상이었다. 좌우익의 정치적 성향을 불문하고 거의 모든 신문들이 이 사건을 다루었다. 미군 당국에서도 국내 신문의 독도 관련 기사를 모니터링하며 주요 기사를 영문으로 번역하는 등 여론의 추이를 자세히 살폈다. 1948년 6월 8일 독도폭격사건이 있은 후 1950년 6월 8일 독도 현지에 독도조난어민위령비를 세우기까지 국내와 미국 언론보도를 포함하여 최소 530여건이나 되었다.[40]

미군의 독도폭격사건에 대한 언론보도를 접하고 민족적 분노를 발표한 '전국유교연맹'과 '한국독립학생전선', '사민당(社民黨)', '여맹(女盟)', '과학동맹(科學同盟)', '교협(敎協)', '농업기술연맹' 등을 비롯한 국내 각 정당 및 사회단체의 성명도 끊이지 않았다.[41]

2면; 이 밖에도 미군 특별조사대의 울릉도 파견 관련 언론보도는 「울릉도 어선 폭격 사건: 사건 진상조사차 미군 특별조사대 현지 향발」, 『대중일보』, 1948.6.15., 2면; 「미군 특별조사단 급파, 구호물품 다수 적재코 독도폭격사건 현장에, 철저 조사하고 진사(陳謝) 요구하라」, 『부인신보』, 1948.6.15., 1면; 「미군조사대 의료품 싣고 출선」, 『서울신문』, 1948.6.15., 2면; 「미군 특별조사대, 사건 조사차 현지 향발」, 『수산경제신문』, 1948.6.15., 2면; 「미군 특별조사단 조사차 현지 향발」, 『조선중앙일보』, 1948. 6.15., 2면; 「폭격사건 진상: 14일 판정 예상」, 『남선경제신문』, 1948.6.15., 1면; 「미군 조사대 파견」, 『조선일보』, 1948.6.15., 2면; 「독도에 미군조사대를 파견」, 『한성일보』, 1948.6.15., 2면 참조.

40 홍성근 편, 『광복 후 독도와 언론보도 I – 1948년 독도폭격사건』, 동북아역사자료총서60, 동북아역사재단, 2020 참조; 이 책의 제3편(pp.393-430)에는 「1948년 독도폭격사건 관련 언론보도기사 전체 목록」이 수록되어 있다. 1950년 6월 8일 독도폭격사건 2주기 행사 관련 보도까지 약 2년간의 국내신문기사를 연도별, 날짜별로 정리하였고, 잡지 기사 2건과 해외언론기사 20건을 날짜별로 수록하고 있다.

41 「독도사건에 유련(儒聯) 한국 학생 성명」, 『조선중앙일보』, 1947.6.20., 1면; 「피 끓는 동지애 발휘, 서해 어민들 수(遂) 궐기, 관계 요로에 항의문 발송 결의, 독도사건」, 『수산경제신문』, 1947.6.22., 2면; 「진상 밝혀라, 교육자협회 회담」, 『조선중앙일보』, 1947. 6.29., 2면; 「전범 이상의 죄, 기독교민주동맹 담」, 『조선중앙일보』, 1947.6.29., 2면; 「민

언론들은 이 사건에 주목하여, 스스로 나서서 피해자 유족을 위한 모금 활동, 좌담회 개최 등을 하며 이 사건에 대한 국민적 관심을 불러 일으켰다. 독도폭격 사건 피해유가족들에게 보내는 의연금·성금도 전국에서 답지했다. 수산협회, 중학생 등은 독도사건 유족들에게 성금과 위문품 등을 전달했다. 이는 수해· 화재 의연금처럼 국토 내의 불행에 대한 국민적 관심과 위로의 표현이었다.[42]

[그림 6] "독도폭격사건에 원성자자", 『경향신문』, 1948.6.19. 보도

[그림 7] "독도조난동포 위문금, 위문품 모집", 『남선경제신문』, 1948.6.21. 보도

1948년 독도폭격사건은 한국인들에게 중요한 교훈과 계기를 제공했다. 이 폭격사건으로 말미암아 독도가 한국령 이라는 국민적 공감대와 국내외적 확 인 작업이 이루어진 것이다. 언론의 보도는 피해 어민들이 강원도 울진·묵

족을 무시, 대국 아량 보이라, 사회민주당 담」, 『조선중앙일보』, 1947.7.11., 2면 참조.

42 이태우, 「1948년 독도폭격사건의 경과와 발생배경」, p.138; 특히 『남선경제신문』은 6월 26일~6월 30일에 걸쳐 피해자 유가족을 위한 위문금품을 모집하는 기사를 잇달아 게시하여 각계각층의 호응을 이끌어 내었다. 「독도 조난 동포 위문금 위문품 모집, 주 최 본사 경상북도 경북 어련(어련) 후원 하에 착수, 25일부터 7월 10일까지 본사 취급」 (1947.6.26., 1면), 「동족애 분발하라! 독도사건 조난 동포 위해 위문금품 내자! 본사에 서 25일부터 취급 개시」(1947.6.26., 2면), 「본사 솔선 3만원, 사원들의 총의로 갹출」 (1947.6.26., 2면.), 「조난 동포에 동정심 비등, 본사 주최 위문금품 모집 운동 각계 호 응」(1947.6.27., 2면), 「넘치는 동포애, 지방 각 군서 위문금 속속」(1947.7.8., 2면) 참조.

호, 울릉도 어민들로 모두 한국인들이며, 이들이 조업하던 독도 역시 한국령이라는 것을 전제로 하고 있었다. 또한 미군정 역시 사건이 발생한 독도에 "군의를 포함한 조사 및 구호반"을 파견했다는 사실은 독도의 관할권이 미군정에 있음을 보여주는 것이었다.[43]

독도폭격사건에 대한 언론의 보도는 국민들로 하여금 우리의 영토로서 독도에 대한 이해와 사랑을 두텁게 하였으며, 독도에 관한 국민들의 인식을 크게 확장시키는 계기가 되었다.[44] 울릉도를 비롯한 울진·묵호 등 동해안 어민들의 큰 희생과 피해가 있었지만 결과적으로 이 사건은 우리정부와 국민이 독도영유권에 대한 인식을 보편화하고 체화하는 계기가 되었다.

1950년 6월 8일 독도폭격사건이 발생한지 2주년이 되던 해 '독도조난어민위령비' 제막식이 경상북도 도지사와 울릉도 주민을 비롯한 많은 인사들이 참석한 가운데 독도 현장에서 거행되어 언론보도를 통해 전 국민들에게 알려졌다. 그러나 제막식 행사 직후 한국전쟁이 발발하였고, 전쟁 후 혼란하고 힘든 세월을 지나오면서 독도 해역에서 동해안 어민들의 희생도 오랜 기간 잊혀져왔다. 다행히 최근 몇 년 전부터 관할 자치단체와 시민운동단체 등의 관심과 노력으로 매년 '6.8 독도폭격사건 희생자 위령제' 행사를 가지면서 다시 그날의 안타까운 희생을 기억하고 있다.

4. 평화선 선언과 독도영유권 인식(1952)

'독도폭격사건'이 독도의 존재에 대한 전 국민적 관심과 인식을 확대시켰

---

43   이태우, 「1948년 독도폭격사건의 경과와 발생배경」, 위의 글, pp.137-138.
44   홍성근, 「1948년 독도폭격사건의 역사적 의미와 과제」, 〈6·8 독도 미공군 폭격사건 위령행사: 전문가 토론회 발표문〉, 2021.6.7. 참조.

다면, 독도영유권에 대한 인식을 보편화하고 국민의 피부로 직접 체화하기 시작한 것은 '평화선 선언'(인접해양주권에 대한 대통령 선언)에서부터 본격화 되었다고 할 수 있다.

1952년 1월 18일 이승만 대통령은 **'대한민국 인접해양의 주권에 대한 대통령 선언'(일명 평화선 또는 이승만라인)**을 국무원 고시 제14호로 선포하고, 같은 날짜로 관보에 "호외"로 등재하여 공포하였다.[45]

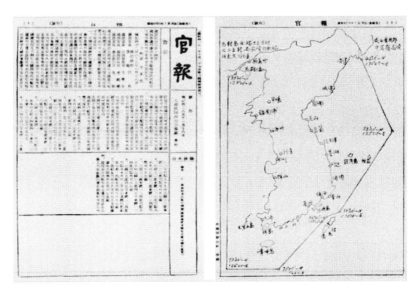

[그림 8] 인접해양에 대한 주권에 관한 선언이 게재된 관보(1952)와 지도
(출처: 동북아역사재단 독도아카이브)

1945년 8월 15일 제2차 세계대전에서 패배한 일본이 연합국에 항복한 이후 한반도 주변에는 '맥아더 라인(MacArthur Line, 1945.9.27)'이라는 일종의 해양

---

45 평화선 선포의 배경과 선포 과정, 합법성에 대해서는 지철근, 『평화선』, 범우사, 1979, pp.185-234; 오세연, 「평화선과 한일협정」, 『역사문제연구』 14, 2005, pp.8-25; 이석우, 「평화선」, 『독도사전』(개정증보판), 한국해양수산개발원, 2019, pp.442-443 참조.

경계선이 설정되었다. 이는 '연합국 최고사령관 각서 제1033호'에 의해 선포된 것으로, 일본어선에 대해 어로작업을 금지하고, 인가하는 어로수역을 설정함으로써, 일본 어선의 남획을 제한하고 한국어장을 보호하기 위한 조치였다.

맥아더라인은 동해에 있어서 한국 측에서 보아 독도의 외측에 설정되었다. 맥아더라인은 일본정부의 확장요청에 따라 수차례 걸쳐 SCAPIN에 의해 수정되었으나 수정된 맥아더라인 어느 것도 독도의 외측에 설정되었으며, 특히 1946년 6월 22일의 "SCAPIN 제1033호"는 일본어선의 독도에의 접근을 금지한다는 명문 규정을 두고 있었다.[46] 그럼에도 불구하고 일본정부가 인가된 어로구역에 대한 계속적 확장을 요청함에 따라 '맥아더라인'은 수차례에 걸쳐 계속 수정되었다. 이렇게 수정된 맥아더라인은 다음과 같은 SCAPIN으로 시행되었다.[47]

① 1947년 12월 23일의 "SCAPIN 제1033/1호"

② 1949년 6월 30일의 "SCAPIN 제1033/2호"

③ 1949년 9월 19일의 "SCAPIN 제2046호"

④ 1949년 10월 10일의 "SCAPIN 제2050호"

⑤ 1951년 1월 31일의 "SCAPIN 제2050/1호"

⑥ 1951년 5월 11일의 "SCAPIN 제2097호"

---

46 1946년 6월 22일의 "스캐핀 제1033호" 제3항은 독도를 명시하여 독도의 12해리 이내 일본어선은 접근하지 못한다고 다음과 같이 규정하고 있다. "(b) 일본의 선박이나 인원은 금후 북위 37도 15분 동경 131도 53분에 있는 리앙꾸르암(독도)의 12해리 이내에 접근하지 못하며 또한 이 섬에 어떠한 접근도 하지 못한다." 김명기, 「맥아더라인의 독도영토주권에 미치는 법적 효과」, 『독도연구』 15, 2013.12., p.174, pp.178-189; 김명기·김도은, 「독도의 영토주권 평화선 존재에 관한 연구」, 『독도연구』 35, 영남대학교 독도연구소, 2023 참조.

47 USNARA / DC / S SCAPIN File Room 600-1. 김명기, 「맥아더라인의 독도영토주권에 미치는 법적 효과」, 위의 글, p.179에서 재인용.

맥아더라인이 계속적으로 확장되자 이에 반대하는 국회의 대정부 결의가 이어졌다. 1949년 6월 13일 국회는 연합군최고사령부가 점차적으로 맥아더라인을 확장해 나아가는데 반대하여 한병규 외 8의원이 발의한 "맥아더선 확장 반대 결의"를 만장일치로 채택했다. 결의안에는 정치적으로는 일제의 재침략을, 경제적으로는 한국경제의 파탄을 우려하는 목소리를 담고 있다. 내용을 보면 다음과 같다.[48]

주문
1. 맥아더선 확장 반대를 결의함
1. 위 결의를 정부로부터 맥아더 사령부에 강력히 항의할 것.
이유
… 맥아더 장군이 전후 그들의 해양침략을 봉쇄하기 위하여 일본국민의 해양활동권으로 맥아더선을 확정한 것은 실로 인류평화의 수호를 위하여 일본의 침략적 준동을 제압하는 현명한 시책으로 우리는 심심한 경의를 표하는 것이다.
… 만약 이 맥아더선이 확장 내지 철폐를 용허할진대 정치적으로는 과거 일제 침략의 재판이 될 것이며 경제적으로는 밀수출입을 조장하여 국내식량의 수출과 일본상품의 유입으로 자급자족을 도모하는 한국경제의 파탄을 이루게 될 것이다.

일본정부의 요구로 '맥아더라인'이 수정되면서 일본의 어로수역이 계속해서 확장되어가던 와중에 1952년 4월 28일로 예정된 샌프란시스코 강화조약의 발효가 현실로 다가오면서 그동안 한국어장을 보호해주던 '맥아더 라인'의 폐지가 임박하게 되었다. 이에 따라 한국정부는 해양영토의 경계를 획정하고, 일본 어선의 침범과 어업자원의 남획으로부터 우리나라의 어업을 보호하기 위해 새로운 대책이 절실히 필요하게 되었다. 그 결과 샌프란시스코 강화조

---

48 국회, 「국회회의록」, 제3회, 제16호, p.349; 김명기, 위의 글, p.180에서 재인용.

약의 발효를 약 3개월 앞두고 전격적으로 발표한 것이 '평화선'(또는 이승만라인)이었다. '평화선' 선포로 인해 이 해양경계선을 침범하는 어선은 일본뿐만 아니라 중국 어선까지도 강력하게 단속하게 되었다.

평화선은 해안에서부터 평균 60마일로, 일본과의 어업분쟁의 가능성을 방지하고 어업자원 및 대륙붕 자원을 보호하기 위한 것이었다. 평화선 선포로 우리 정부는 **독도를 포함**한 평화선 내의 수역이 대한민국의 관할구역임을 국내외적으로 분명히 명시하였으며, 평화선을 침범한 일본 선박을 나포하여 우리의 주권을 행사하였다. 당시 샌프란시스코강화조약이 발효되기 전이어서 주권을 회복하지 못했던 일본은 정식 항의를 할 수 없었다.

미국도 '평화선' 선포 한 달 뒤인 2월 12일 "평화선을 인정할 수 없다"고 이승만에게 통보했지만 우리 정부는 이에 굴하지 않고 평화선 안에서 조업하는 일본어선 328척을 나포하고 일본 어민 3,929명을 한국교도소에 감금 억류하였다. 이 과정에서 일본 어부 44명이 사망함으로써 한·일간의 관계는 악화일로를 달리게 되었다. 그렇지만 영해권 개념이 뚜렷하지 않았던 당시, 선제적으로 영해권을 설정했던 이승만 정부가 어업 수역을 지키고 지금까지 독도영유권을 지켜올 수 있게 한 '평화선'정책은 높이 평가할 수 있다.[49]

이승만 정부가 '평화선'을 선포하면서 '평화선'을 침범한 일본인 어선 및 어민의 나포 문제는 한일회담 및 한일관계의 주요 쟁점이 되었다. 한국 어민들은 맥아더라인의 폐지를 반대하는 대규모의 시위나 궐기대회를 열었으며, 한

---

49 물론 이승만 정부가 선제적으로 설정한 '평화선'에 대해 일본 정부가 끊임없이 '불법성'을 제기하고 있지만, 이러한 일본 측 주장의 부당성과 모순성은 적극적 비판과 논증을 통해 반박되고 있다. 최장근, 「일본정부의 '이승만라인' 불법성 주장의 부당성 논증」, 『일어일문학』 54, 대한일어일문학회, 2012; 최장근, 「일본정부의 "이승만라인"과 "미일행정협정"의 모순적 주장에 대한 검증」, 『일본근대학연구』 52, 한국일본근대학회, 2016; 최장근, 「'죽도문제연구회'의 「평화선」에 대한 사실 날조 방식」, 『일본문화학보』 73, 『한국일본문화학회』, 2017 참조.

국정부는 학생과 시민들을 대상으로 '평화선 침범상황 전시회'를 개최하였다. 이처럼 맥아더라인 폐지 반대와 평화선 선포를 지지하는 어민들의 목소리는 연일 국내 언론을 통해 보도되었다.

[그림 9] 평화선 범을
중지하라(『경향신문』,
1953.9.28. 1면)

[그림 10] 평화선은 불가결
(『동아일보』,1958.2.19.1면)

[그림 11] 맥아더라인 철폐 반대 및 평화선
지지 국민대회(1952), 사진: 공보처 홍보국
제작(출처: 국가기록원)

[그림 12] 맥아더라인 철폐 반대 및 평화선
지지 국민대회(1952), 사진: 공보처 홍보국
제작(출처: 국가기록원)

[그림 13] 평화선 침범상황
전시회(1953). (출처: 국가기록원)

[그림 14] 평화선 침범상황 전시회(1953),
(출처: 국가기록원)

　'평화선' 관련 국내 몇몇 언론들의 보도만 예를 들어 보더라도 동아일보 약 350건(1953. 4. 3.~1962. 12. 13.), 조선일보 약 1500건(1953. 2. 26.~1965. 12. 28.), 마산일보 약 200건(1954. 2. 7.~1965. 5. 12.), 자유신문 20건(1953. 9. 7.~1953. 10. 10.) 등이다. 당시에 발행된 신문 보도기사들에 대한 충분한 조사가 이루어져야 하겠지만, 그 밖에 다른 언론사들의 '평화선' 관련 보도도 1953년~1965년 사이 각 언론사별로 수백 건씩에 이를 것으로 추산된다. 다시 말하면, 이 사실은 전 국민들이 '평화선'과 '독도'에 대한 소식을 그만큼 많이 접하게 되었고, 독도가 한국의 영유임을 당연시하게 되었음을 보여주는 것이다. 즉 독도영유권에 대한 인식의 보편화와 그에 따른 국민적 체감도가 최고조에 달했다고 볼 수 있다.

[그림 15] 평화선 사수 어민 총궐기대회
(1954), (출처: 국가기록원)

[그림 16] "백만 어민의 생명선인
평화선을 사수하자(1954) " ,
(출처: 국가기록원)

당시에 발행된 많은 신문들에서 '평화선'과 관련한 보도기사가 거의 쏟아졌다고 할 만큼 많이 실렸음을 알 수 있다. 예컨대 아래의 신문기사 목록에서 보듯이 약 한 달간 『자유신문』에 실린 건수만 하더라도 20건에 달하고 있음을 확인할 수 있다.

〈표 3〉 평화선 관련 『자유신문』 보도기사 목록(1953.9.7.~1953.10.10.)

순번	기사 제목	언론사	날짜/면수
1	日 반한감정 악화	자유신문	1953.9.7., 1면
2	日 어선 나포사건 중대화, 국제재판 제소 운운, 괴! 초계함정 4척을 급파	자유신문	1953.9.10., 1면
3	日 영해 침범야욕 노골화, 2백 척 출어선을 경비선이 보호	자유신문	1953.9.11., 1면
3	정부 나포방침 불변, 日 奧村 외무차관 정식 항의	자유신문	1953.9.7., 1면
4	李라인을 평화선으로, 孫장관 관하에 시달	자유신문	1953.9.12., 2면
5	日船방지에 온갖 수단, 한국 평화선 수호에 결의 闡明	자유신문	1953.9.13., 1면
6	日船 침범시 격침, 평화선 수호결의 재천명	자유신문	1953.9.17., 1면
7	李라인은 생명의 라인, 한·일간 문제 일괄토의 용의	자유신문	1953.9.19., 1면

8	평화선 침범한 일선(日船) 나포	자유신문	1953.9.7., 2면
9	日 초계정 나포	자유신문	1953.9.23., 1면
10	日船 침범 1,100여 척, 평화선 침해 점차 노골화	자유신문	1953.9.25., 2면
11	李라인 방위에 협조, 클라크장군 對韓 回翰서 언약	자유신문	1953.9.28., 1면
12	李라인 어로 중지, 美 佐世保海軍地 사령관 對日 권고	자유신문	1953.9.29., 1면
13	일본의 허위선전, 평화선 밖에서 取締 사실 없다	자유신문	1953.9.29., 2면
14	日어선 또 평화선 내에서 盜로, 감시선 등 9척을 나포, 해군함 출동, 제주도 동남방 해상에서	자유신문	1953.9.30., 2면
15	적반하장격의 해적 일본	자유신문	1953.10.2., 1면
16	日 어선 4척 나포, 3주간에 1·3·4·9척이 침입	자유신문	1953.10.3., 2면
17	독도 평화선문제 圍繞, 일본측 고의로 排韓여론을 선동	자유신문	1953.10.5., 1면
18	문제의 초점은 평화선, 한·일회담의 성숙 前途 난측	자유신문	1953.10.9., 1면
19	李라인 존중하라, 김公使 일본측에 요구	자유신문	1953.10.9., 1면
20	평화선 경비·경찰서 담당, 경비경찰도 벌써 배치	자유신문	1953.10.10., 2면

독도가 한국의 해양영토로서 이 '평화선' 안에 포함된 것은 당연한 조치였
다. 한반도 연안에서 일본어선의 불법적 어업자원의 남획으로 어민들의 피해
가 커지자 이승만 정부는 어민들을 보호하기 위한 조치로 '평화선 선언'을 대
내외적으로 선포한 것이었다. 이어서 우리 영해를 침범하여 불법적으로 어업
자원을 남획한 일본 어선을 강제로 나포하고 일본어민들을 억류함으로써 이
러한 과정은 언론을 통해 대대적으로 보도되었다.

한·일 정부간의 '독도영유권이론에 관한 교환각서'[50]에서 볼 수 있듯이 독
도에 대한 일본의 지속적인 침범과 영유권 주장은 전 국민들의 분노를 야기하
였으며, 불법 영해 침범으로 나포된 일본 어민들의 송환협상과 함께 초미의
관심사가 되었다.

---

50 외교통상부 국제법률국 편, 『(전면개정판) 독도문제개론』, 외교통상부, 2012, pp.
88-163 참조.

결과적으로 '평화선'으로 인해 1965년 한일협정이 체결 될 때까지 10여 년간 독도의 존재가 언론보도를 통해 지속적으로 부각되었다. 따라서 '평화선'은 전 국민이 자연스럽게 독도가 한국의 영토라는 보편적 인식을 가지게 하였고, 아울러 독도가 한국의 영토임을 온몸으로 체인(體認)하는데 가장 중요한 역할을 한 것으로 볼 수 있다.

5. 독도의용수비대의 독도수호활동과 독도영유권 인식(1953~1956)

앞 장에서도 살펴보았듯이, 1952년 1월 18일 '인접 해양의 주권에 대한 대통령의 선언'(평화선)이 공포되고, 그 범위 안에 독도와 그 영해가 포함되자, 일본은 열흘 뒤인 1952년 1월 28일 평화선 선포에 항의함과 동시에 독도의 한국 영유를 인정할 수 없다는 외교문서(구술서)를 한국정부에 보내오게 된다.

이에 대해 한국정부는 일본정부의 항의를 일축하고, 1946년 1월 26일 연합국 최고사령부가 SCAPIN 제677호에 의해 이 섬을 한국에 반환해서 일본 통치구역으로부터 명백히 제외했으며, 또 '맥아더라인' 밖에 두었다는 사실을 지적하고 일본정부가 이를 상기하면 독도가 한국영토임을 확인할 수 있을 것이라고 반박하였다.

그러나 일본정부는 이에 승복하지 않고 2개월 후인 1952년 4월 25일 독도를 일본영토라고 주장하면서, 한국측이 제시한 SCAPIN 제677호와 맥아더라인 밖의 지적에 대해 '반박구술서'를 보내왔다. 이로서 독도논쟁은 본격적으로 불붙기 시작하였으며 일본의 독도 침범도 노골화되기 시작한다. 이승만 대통령이 '평화선'을 선포하자 일본 외무성은 열흘 후인 1월 28일 항의해 왔을 뿐만 아니라, 독도에서 조업 중인 울릉도 어선들도 일본인들에 의해 쫓겨 나오게 되어 울릉도 어민들은 생계에 큰 타격을 입게 되었다.

그러던 중 이승만 대통령은 유엔군총사령관 마크 클라크 대장의 초청의 형태로 비공식적으로 일본을 방문(1953. 1. 5.~1. 7.)하여 1월 6일 클라크의 공저에서 요시다 시게루 일본 총리와 대담을 가짐으로써 한때나마 한일 간에는 해빙의 무드기 조성되어 제2차 한일회담은 순조롭게 진행된 듯 했다. 그러나 뜻밖에도 일본 「시마네겐」(島根縣) 임검대원(臨檢隊員)들의 독도침입사건이 발생함으로써 회담은 다시 교착상태에 빠져 회담이 열린지 5개월만인 7월 23일에 중단되고 말았다.

이 사건은 1953년 6월 27일 새벽 3시경 일본국립경찰 「시마네겐」 본부대원과 법무성입국관리국 마쓰에(松江) 사무소 직원 등 약 30명이 제8관구해상보안본부 순시선 「오끼」와 「구수류」라는 배를 타고 독도에 상륙하여 그때 마침 그곳에서 천막을 치고 유숙하며 고기잡이를 하던 우리 어부 6명을 강제로 내쫓고 독도에다 「도근현은기군오개촌죽도(島根縣隱岐郡五個村竹島)」라는 표지와 독도의 한국인 출어는 불법이라는 2개의 표지를 세운 사건이었다.[51]

이 사건이 발생하자 우리 정부는 즉각 성명을 발표하고 일본인이 독도에 표식을 세운 것은 우리 영토에 대한 중대한 침해라고 규탄, 주일대표부를 통해 이 표식물의 자진철거를 요구하고 일본영토 운운은 어불성설이라고 일축했다. 또한 우리나라 국회에서도 돌발적으로 발생한 이 사건을 매우 중요시하고 다시는 이와 같은 침해사건이 재발하지 않도록 일본정부에 항의할 것을 결의하는 대정부 건의안(1953. 7. 8. 제16회 국회임시회의)을 채택했다.[52] 즉 "대한민국 정부는 금후 한국의 주권을 보장할 뿐만 아니라 '산악회'를 포함한 강력한 현지조사단을 파견함과 아울러 한국인 어민의 출어를 충분히 보호하고 금후 사태수습에 적극적인 조치를 취할 것을 요청하여 좌기의 결의문을 제

---

51 지철근, 『평화선』, 범우사, 1979, pp. 194-195 참조.
52 지철근, 같은 책, 같은 곳.

출"한다는 내용이었다.[53]

당시 독도에 불법으로 들어가 있는 일본인들에 의해 독도근해에서 어로작업 하던 우리어민들은 남녀노소를 불문하고 무차별적인 폭행으로 피투성이가 되어 쫓겨나오곤 했다. 남자들은 물론 해녀들까지 피해를 당하는 모습을 보고 대원들은 "오히려 이 상황에 기다릴 시간이 어디 있겠냐"며 통분하여 매일같이 지금 바로 들어가자고 성화를 부리기도 하였다. 또한 홍순칠 대장은 "전쟁터에 나가는데 한번 죽은 목숨인 우리가 이 한 목숨 버려도 아까울 것 하나 없으나 이런 만행 저지른 일본 놈들 때려잡고 독도를 지키려면 완벽한 작전과 무기라도 있어야 될 것 아니냐"고 대원들을 설득하였다.

정부에서는 6.25전쟁으로 독도에까지 여력이 미치지 못하는 관계로 군(軍)을 통하여 울릉군에 민간방위대라도 조직하여 독도를 지킬 것을 당부하였다. 이에 6.25전쟁에 참전하여 부상으로 명예 전역한 홍순칠이 울릉도 출신 전역자들을 모아 순수 민간인 조직인 '독도의용수비대'를 결성하게 되었다. 결국 울릉도민의 삶의 터전을 지키기 위한 수비대의 필요성이 대두되면서 민과 관의 상호 협조와 양해 아래 독도의용수비대가 결성되었고, 그런 점에서 독도의용수비대는 울릉도민의 삶의 터전을 지키려는 민관협동정신에 의해 결성되었다고 볼 수 있다.[54]

---

53 지철근, 같은 책, 같은 곳; 이 사건으로 인해 국회가 정부에 적극적 조치를 요청하는 결의문을 제출하자 대한민국 정부는 실제로 한국산악회와 함께 제3차 '울릉도 · 독도 학술조사단'(1953.10.11.~1953.10.17.)을 파견하였고, 독도에 영토표지석을 설치하였다.
54 김호동, 「독도의용수비대 정신 계승을 위한 제안」, 『독도연구』 9호, 영남대독도연구소, 2010.12. p.262, pp.266-267.

[그림 17] "독도를 수호하자.
울릉도민회서 자위대 결성 결의",
동아일보, 1954.5.2. 3면

[그림 18] 훌륭한 조직이다. 백총리,
독도자위대에 협조지시, 조선일보,
1954.5.6.

    이들의 독도수호 활동은 대한민국 정부가 제정한 법률에 의해 공식적으로 인정받게 되었다. 독도의용수비대 지원법 제2조 제1호에 의하면 독도의용수비대는 "울릉도 주민으로서 우리의 영토인 독도를 일본의 침탈로부터 수호하기 위하여 1953년 4월 20일에 독도에 상륙하여 1956년 12월 30일 국립경찰에 수비업무와 장비 전부를 인계할 때까지 활동한 33명의 의용수비대원이 결성한 단체를 말한다."고 정의되어 있다.[55]

    독도의용수비대의 독도 주둔과 일본순시선 퇴치한 주요 활약 사건을 일자별로 살펴보면 아래와 같다.[56]

---

55 그렇지만 현재 독도의용수비대 활동과 관련하여 일부 연구자들은 이들의 독도주둔 기간이나, 인원 등 활동사에 대해 의문을 제기하기도 한다. 차제에 독도의용수비대의 애국정신은 계승발전 시켜나가면서 이들의 활동에 대한 사실성과 정확성이라는 측면에서 그러한 지적을 충분히 검토하고 오류를 바로잡아 나가야 할 필요가 있다.

56 독도의용수비대기념사업회 홈페이지 자료(https://dokdovolunteerdefenseteam.or.kr/dokdo-guards/archivement) 참조(검색일: 2024.5.6.).

제1차 전투 : 1954.5.23. 10:30경
일본 해상보안청 무장순시선 즈가루호(1,000톤급) 침범, 격퇴
제2차 전투 : 1954.5.29. 15:00경
일본 어업 실습선 다이센호(450톤급) 침범, 수비대원 일본배 승선,
퇴각조치
제3차 전투 : 1954.7.28. 15:00경
순시선 나가라호(270톤급)·구르쥬호(270톤급) 침범, 수비대원 서도
의 물골앞에서 격퇴
제4차 전투 : 1954.8.23. 08:00경
일본 해상보안청 무장순시선 오키호 침범, 기관총 600발 사격, 격퇴
제5차 전투 : 1954.10.2. 아침
일본 무장순시선 오키호·나가라호 침범, 목 대포 설치, 격퇴
제6차 전투 : 1954.11.21. 06:00 ☆독도대첩
일본 무장순시선 오키호(450톤급), 헤꾸라호(450톤급) 침범, 1시간 동
안 총공세 실시, 헤꾸라호 박격포탄 명중, 격퇴

독도의용수비대는 1950년대 일본의 물리적인 독도 침탈을 차단하고, 한국
의 계속적, 실질적 지배를 가능하게 했다. 독도의용수비대가 활동한 1950년
대는 한국전쟁으로 국가 기능이 전반적으로 약화되어 있었고, 이를 기회로
일본인들이 의도적으로 독도에 접근하거나 상륙하는 일이 빈번하였다. 1953
년에만 해도 10여 차례 있었다. 이러한 위기 상황에서 독도에 대한 한국의 계
속적이고 실질적인 지배가 가능하도록 하는 일에 기여했던 이들이 바로 독
도의용수비대였다. 독도의용수비대는 독도가 한국의 영토임을 몸소 증명하
였다.[57]

---

57 홍성근,「청소년 독도 교육과 독도의용수비대 기념사업회의 역할」,『독도영유권 수
호를 위한 애국심 함양 방안』, 독도의용수비대 기념사업회, 2010, p.47.

무인고도의 악조건 속에서 국토 최동단의 영토를 목숨을 걸고 수호한 이들의 독도수호 활약상과 이들의 애국심에 대한 정부의 훈포장 수여 소식 등은 여러 언론매체를 통해 보도되었다. 국내에 보도된 언론보도기사를 보면 다음과 같다.

〈표 4〉 독도의용수비대 관련 국내 언론보도기사 목록(1953~1996)

순번	기사 제목	언론사	날짜/면수
1	한국어부 불법체포 일, 독도영유계속 주장	동아일보	1953.6.29., 1면
2	독도 보호에 실력 행사, 일 안보청 순시선 불법상륙 기도	경향신문	1953.7.15., 2면
3	일(日), 독도 영유 고집, 순시선 피격? 일(日) 대한(對韓) 항의	동아일보	1953.7.15., 1면
4	일선 2척 독도 침범, 정지 신호하자 도주	조선일보	1953.7.16., 2면
5	독도에 일 어선 이백척,	조선일보	1953.9.12., 2면
6	독도 보호해주오, 울릉도민 당국에 진정	경향신문	1954.4.3., 2면
7	'독도를 수호하자', 울릉도민회서 자위대 결성 결의	동아일보	1954.5.2., 3면
8	독도 수호에 궐기, 울릉도민이 자위대 조직	서울신문	1954.5.2., 3면
9	우리영토를 수호, 독도의 자위대를 결성	조선일보	1954.5.3., 3면
10	자위대 결성을 추진-독도기록영화공개	동아일보	1954.5.6., 2면
11	'훌륭한 조직이다' 백두진 총리, 독도자위대에 협조 지시	조선일보	1954.5.6., 2면
12	독도에 영토표지석	조선일보	1954.5.13., 2면
13	일함, 독도에 기총소사, 영토표식 말소가 목적?	조선일보	1954.6.2., 2면
14	일(日) 우리 영해침범(領海侵犯)을 조장(助長),	조선일보	1954.6.18., 2면
15	외침시(外侵時)엔 국방력(國防力)을 동원(動員),	조선일보	1954.9.12., 2면
16	독도근해(獨島近海)를 유익(遊弋)	조선일보	1954.9.13., 3면
17	일(日), 독도에 상륙시도 아(我) 경비진에 놀라 퇴거	동아일보	1954.10.6., 2면
18	한국해안포 사격 독도 접근한 日船에(東京)	동아일보	1954.10.30., 1면
19	쌀 없어 기아상태, 독도수비대서 구호 요청	조선일보	1954.12.20., 3면
20	잊혀졌던 공훈 30년만에 햇빛 독도의용수비대	동아일보	1983.7.9., 6면
21	독도수비대 30돌 기념식,	조선일보	1983.7.26., 10면

22	일본(日本)이 겁낸 「독도(獨島)파수꾼」,	조선일보	1996.3.01.39면
23	독도수비대 33명에 훈장	조선일보	1996.4.3.37면
24	몸으로 지킨 독도사랑, 50년대 의용수비대장 故 홍순칠씨	동아일보	1996.3.1. 1면
25	용감한『독도의용수비대』, 초등학교 교과서 실려	동아일보	1996.8.16.38면

이들 독도의용수비대 33인의 독도수호활동은 정부가 수여한 훈포장 뿐만
아니라, 홍순칠 대장이 펴낸 수기『이 땅이 뉘 땅인데』[58]로 전 국민에게 널리
알려지게 되었다. 이들의 독도수호 활동은 교과서에도 수록되어 애국정신의
표상으로 학생들에게 소개되기도 했다.

[그림 19] 용감한 '독도의용수비대'
초등학교 교과서 실려, 동아일보,
1996.8.16.

[그림 20] 독도의용수비대 홍순칠
대장의 수기『이 땅이 뉘 땅인데』표지
(혜안. 1997.)

---

58 당초 홍순칠이『월간 학부모』잡지에 연재했던 수기「독도의 숨은 사연들」을 책으로
출판한 것임. 홍순칠,『이 땅이 뉘 땅인데!: 독도의용수비대 홍순칠 대장수기』, 혜안,
1997 참조.

홍순칠을 비롯한 독도의용수비대 33인의 독도수호활동은 해방 후 한국의 독도영유권 인식을 확고히 하는데 큰 기여를 하였을 뿐 아니라, 전 국민들에게 독도에 대한 인식을 보편화하고 체화하는데 중요한 역할을 하였다. 현재까지 국토수호를 위한 이들의 숭고한 애국희생정신은 '독도의용수비대기념사업회'와 울릉도에 건립된 '독도의용수비대기념관'을 통해 학생과 일반 시민을 대상으로 한 독도홍보와 교육을 수행하면서 지금까지 이어오고 있다.

[그림 21] 독도의용수비대. 잊혀졌던 공훈 30년 만에 햇빛. 동아일보. 1983.7.6.

[그림 22] '독도수비대' 33명에 훈장. 조선일보. 1996.4.3. 37면

6. 맺음말

이상으로 현재 대한민국 국민들의 의식에 자리 잡고 있는 독도영유권에 대한 인식이 언제부터 어떻게 형성되기 시작하였으며, 또 그러한 인식이 어떻게 보편화되고 체화되어 왔는지 언론매체와 기록물 등을 통해 그 과정을 살펴보았다.

본론에서 제시한 바와 같이, 해방 후 1947년 조선산악회 울릉도 · 독도학술조사단의 조사활동에 의해 독도의 존재가 처음으로 국민들에게 알려졌으며, 1948년 '독도폭격사건'의 발생으로 인한 동해안어민들의 무고한 희생에 의해 독도의 존재가 전 국민의 의식에 뚜렷이 인식될 수 있었다. 이어서 1952년 이승만 대통령에 의한 '평화선' 선언은 독도를 포함한 해양영토에 대한 전 국민적 주권의식으로 고양되어 전국적인 궐기대회 등을 통해 보편화 되고 체화되기 시작했으며, 그러한 영토주권에 대한 확고한 믿음과 영토수호 의식은 1953~1956년 독도의용수비대의 독도수호활동으로까지 이어지게 되었음을 알 수 있었다.

다시 말하면 해방 직후 1947년 8월 남조선 과도정부와 조선산악회가 공동으로 울릉도 · 독도학술조사단을 파견하고 조사활동의 성과를 언론과 전시회를 통해 홍보하면서 일제식민통치로 잊혀져왔던 독도의 존재에 대한 전 국민적 인식이 시작되었다.

이어서 1948년 6월 8일 발생한 독도폭격사건은 동해안 어민들의 무고한 희생과 함께 독도의 존재도 전 국민의 의식에 각인되었다. 어민들의 피해상황에 대한 언론보도, 피해 어민을 위한 모금운동 전개, '독도조난어민위령비' 건립 등의 추모행사가 이어져 독도가 전 국민의 초미의 관심사가 되면서 국토의 최동단 독도에 대한 인식이 확산되고, 보편화되는 계기가 되었다.

이러한 독도의 존재에 대한 인식이 보편화되고 전 국민에 체화하기 시작한 것은 1952년 1월 18일 '평화선 선언'(인접해양주권에 대한 대통령 선언)에서부터 본격화 되었다. 독도를 포함한 한반도 연안에서 일본어선의 불법적 어업자원의 남획으로 어민들의 피해가 커지자 이승만 정부는 어민들을 보호하기 위한 조치로 '평화선 선언'을 대내외적으로 선포하였다. 이어서 우리 영해를 침범하여 불법적으로 어업자원을 남획한 일본 어선을 강제로 나포하고 일본어민들을 억류함으로써 이러한 과정은 언론을 통해 대대적으로 보도되었다. 1965년 한일회담으로 '한일기본조약'이 체결될 때까지 '평화선'은 10년 이상 유지되었다. 결과적으로 '평화선'은 전 국민들에게 독도영유권 인식을 보편화하고 체화하는데 결정적 역할을 한 것이었다.

마지막으로 독도를 침탈하려는 일본 해안순시선을 수차례에 걸쳐 무력으로 격퇴한 독도의용수비대의 독도수호 활동(1953. 4. 20.~1956. 12. 30.)이 언론보도를 통해 널리 알려짐으로써 독도영토주권에 대한 애국심을 한층 더 고취할 수 있었다. 결과적으로 이러한 일련의 사건들이 언론보도를 통해 알려지게 됨으로써 전 국민적으로 독도영유권 인식의 보편화와 체화가 이루어지게 되었다.

요컨대 독도영토주권에 대한 보편적 인식의 확대와 그에 따른 확신이 해방 후 1947년~1956년 사이 약 10여 년간 독도와 해양영토주권을 둘러싼 일련의 사건들을 통해 점차적으로 전 국민적 독도수호 의식으로 발현하기 시작하였다. 이에 따라 이러한 독도수호 의식과 의지가 결집되고 확산되어 전 국민에게 심화되면서 독도영유권 인식의 보편화와 체화로 이어지게 된 것이라 볼 수 있다.

[참고문헌]

1) 논문, 단행본 및 고문헌
국회, 「국회회의록」 제3회, 제16호.
김명기, 「맥아더라인의 독도영토주권에 미치는 법적 효과」, 『독도연구』 15, 2013. 12.
김명기 · 김도은, 「독도의 영토주권 평화선 존재에 관한 연구」, 『독도연구』 35, 영남대학교 독도연구소, 2023. 12.
김호동, 「독도의용수비대 정신 계승을 위한 제안」, 『독도연구』 9호, 영남대독도연구소, 2010. 12.
김태우, 「1948년 미 공군에 의한 독도 폭격의 전개양상과 군사정책적 배경」, 『동북아역사논총』 32호, 동북아역사재단, 2011. 6.
동북아역사재단 독도체험관 편, 『(한국산악회 기탁유물 자료집) 울릉도 · 독도 학술조사

를 가다: 1947~1953』, 동북아역사재단, 2024.

동북아의 평화를 위한 바른역사정립기획단,『일본은 이렇게 독도를 침탈했다』, 2006.

박현진,「독도 실효지배의 증거로서 민관합동 학술과학조사－1947년 및 1952~53년 (과도) 정부·한국산악회의 울릉도·독도조사를 중심으로－」,『국제법학회논총』제60권 3호, 2015.

오세연,「평화선과 한일협정」,『역사문제연구』14, 2005.

외교통상부 국제법률국 편,『(전면개정판) 독도문제개론』, 외교통상부, 2012.

윤한곤,「미군의 독도폭격과 독도영유권」,『독도특수연구』, 법서출판사, 2001.

이석우,「평화선」,『독도사전』(개정증보판), 한국해양수산개발원, 2019

이태우,「1947년 조선산악회 울릉도·독도학술조사단의 독도조사활동과 성과」,『독도연구』34, 2023.6.

이태우,「1948년 독도폭격사건의 경과와 발생배경」,『독도연구』20, 2016.6.

이태우·최재목·김은령,「신문·잡지·문서를 통해 본 1947년 울릉도·독도학술조사단의 활동과 의의」,『영남학』82, 경북대 영남문화연구원, 2022.9.

이태우·최재목·김도은·김은령 편역,『해방후 울릉도·독도 조사 및 사건관련 자료해제 I』, 영남대학교 독도연구소 자료총서4, 학진출판사, 2017.

이태우·최재목·김은령 편역,『해방후 울릉도·독도 조사 및 사건관련 자료해제 II』, 영남대학교 독도연구소 자료총서13, 도서출판 선인, 2022.

정병준,『독도1947』, 돌베개, 2012.

지철근,『평화선』, 범우사, 1979.

최장근,「일본정부의 '이승만라인' 불법성 주장의 부당성 논증」,『일어일문학』54, 대한일어일문학회, 2012.

최장근,「일본정부의 "이승만라인"과 "미일행정협정"의 모순적 주장에 대한 검증」,『일본근대학연구』52, 한국일본근대학회, 2016.

최장근,「'죽도문제연구회'의 '평화선'에 대한 사실 날조 방식」,『일본문화학보』73,『한국일본무화학회』2017.

한국산악회 편,「울릉도·독도 학술조사대」,『한국산악회 50년사』, 한국산악회, 1996.

홍성근,「1947년 조선산악회의 울릉도학술조사대 파견 경위와 과도정부의 역할」,『영토해양연구』23, 동북아역사재단 독도연구소, 2022.6.

홍성근,「1948년 독도폭격사건의 역사적 의미와 과제」,〈6·8 독도 미공군 폭격사건 위령행사: 전문가 토론회 발표문〉, 2021.6.7.

홍성근,「1948년 독도폭격사건의 인명 및 선박 피해 현황」,『영토해양연구』19, 동북아역사재단, 2020.

홍성근 편,『광복 후 독도와 언론보도 I -1948년 독도폭격사건』, 동북아역사자료총서60, 동북아역사재단, 2020.

홍성근,「청소년 독도 교육과 독도의용수비대 기념사업회의 역할」,『독도영유권 수호를 위한 애국심 함양 방안』, 독도의용수비대 기념사업회, 2010.

홍성근, 「독도폭격사건의 국제법적 쟁점 분석」, 『독도 연구총서』 10, 독도연구보전협회, 2003.
홍순칠, 『이 땅이 뉘 땅인데! : 독도의용수비대 홍순칠 대장수기』, 혜안, 1997.

김시습, 「망우릉도(望羽陵島)」, 『매월당집(梅月堂集)』 권12, 1583.
이명한, 「소공대(召公臺)」, 『백주집(白洲集)』 권5, 1646.
권호문, 「차관어대(次觀魚臺)」, 『송암집(송암집)』 권2 詩, 1680.
조석형, 「망울릉도(望鬱陵島)」, 『가림세고(嘉林世稿)』 상편, 1704.
오도일, 「여정원경(與鄭遠卿)」, 『서파집(西坡集)』 권22 書, 1729.
신 활, 「서울릉도도후(書蔚陵島圖後)」, 『죽로선생문집(竹老先生文集)』 권4, 1801.

2) 신문 · 잡지 · 인터넷 기사
권상규, 「동해의 고도, 울릉도 기행」①②, 『대구시보』, 1947.8.27.~8.29.
구동련, 「울릉도기행」①~④, 『수산경제신문』, 1947.9.20.~9.24.
방종현, 「독도의 하루」, 『경성대학 예과신문』13호, 1947.9.28.
석주명, 「울릉도의 연혁」, 『서울신문』, 1947.8.22.
신석호, 「독도소속에 대하여」, 『사해(史海)』 제1권 1호, 1948.12.
조춘정, 「독도폭격사건의 진상」, 『민성』 제4권 제7-8호, 1948. 8.
한규호, 「참극의 독도(현지레포-트)」, 『신천지』 7월호(통권27호), 1948.
홍종인, 「울릉도 학술조사대 보고기」①~④, 『한성일보』, 1947.9.21.~9.26.
홍종인, 「울릉도 보고전을 열면서」, 『서울신문』, 1947.11.15.

『경향신문』, 「정체 모를 비행기 울릉도 어선 폭격」, 1948.06.12.
『경향신문』, 「평화선 침범을 중지하라」, 1953.9.28.
『공업신문』, 「울릉도 보고, 10일에 강연회」, 1947.9.9.
『공업신문』, 「독도폭격은 누구, 미군에서 특별조사대 급파, 공보부 발표」, 1948.6.15.
『남선경제신문』, 「독도는 이런 곳」①②, 1947.8.27.~28.
『남선경제신문』, 「폭격사건 진상: 14일 판정 예상」, 1948.6.15.
『남선경제신문』, 「독도 조난 동포 위문금 위문품 모집」, 1947.6.26.
『남선경제신문』, 「동족애 분발하라! 독도사건 조난 동포 위해 위문금품 내자!」, 1947.6.26.
『남선경제신문』, 「본사 솔선 3만원, 사원들의 총의로 갹출」, 1947.6.26.
『남선경제신문』, 「조난 동포에 동정심 비등, 본사 주최 위문금품 모집 운동 각계 호응」, 1947.6.27.
『남선경제신문』, 「넘치는 동포애, 지방 각 군서 위문금 속속」, 1947.7.8.
『대구시보』, 「왜적 일인의 얼빠진 수작」, 1947.6.20.
『대구시보』, 「학술조사단 16일 등정」, 1947.8.17.
『대구시보』, 「독도를 탐사」, 1947.8.22.

『대구시보』,「독도사진공개-본사 최촉탁 촬영」, 1947.8.30.

『대구시보』,「독도사진」, 1947.8.31.

『대구시보』,「울릉도 전시회에 도민대표가 상경」, 1947.11.8.

『대구시보』,「울릉도전시회에 도민대표가 상경」, 1947.11.08.

『대중일보』,「울릉도 어선 폭격사건: 사건 진상조사차 미군 특별조사대 현지 향발」, 1948.6.15.

『동광신문』,「독도는 우리 땅, 사적 증거문헌 발견」, 1947.8.7.

『동아일보』,「판도에 야욕의 촉수 못 버리는 일인의 침략성」, 1947.7.23.

『동아일보』,「독도문제 중대화」, 1947.8.3.

『동아일보』, 우리의 국토 추(秋) 일본과장 담(談)」, 1947.8.3.

『동아일보』,「독도는 우리 판도, 역사적 증거문헌 발견, 수색회서 맥사령(司令)에 보고」, 1947.8.5.

『동아일보』,「소속불명의 비기(飛機)가 어선을 폭격소사(爆擊掃射)」, 1948.06.12.

『동아일보』,「독도를 수호하자. 울릉도민회서 자위대 결성 결의」, 1954.5.2.

『동아일보』,「평화선은 불가결」, 1958.2.19.

『동아일보』,「용감한 '독도의용수비대' 초등학교 교과서 실려」, 1996.8.16.

『동아일보』,「독도의용수비대. 잊혀졌던 공훈 30년 만에 햇빛」, 동아일보, 1983.7.6.

『매일신문』,「미군정도 국토구명사업 지원 "독도는 한국 땅" 명백한 증거」, 2009.09.26.

『부인신보』,「미군 특별조사단 급파, 구호물품 다수 적재코 독도폭격사건 현장에, 철저 조사하고 진사(陳謝) 요구하라」, 1948.6.15.

『서울신문』,「울릉도학술조사대, 현지착 활동에 착수」, 1947.8.22.

『서울신문』,「울릉도조사대의 귀환보고강연회」, 1947.9.9.

『서울신문』,「울릉도 보고전」, 1947.11.5.

『서울신문』,「미군조사대 의료품 싣고 출선」, 1948.6.15.

『수산경제신문』,「미군 특별조사대, 사건 조사차 현지 향발」, 1948.6.15.

『수산경제신문』,「피 끓는 동지애 발휘, 서해 어민들 수(遂) 궐기, 관계 요로에 항의문 빌송 결의, 독도사건」, 1947.6.22.

『자유신문』,「동해 신비경인 독도의 생태에 황홀」, 1947.8.24.

『자유신문』,「독도 가제에 대하여」, 1947.9.1.

『조선일보』,「국적불명의 비기(飛機)가 투탄 기총소사, 독도서 어선파괴, 16명이 즉사」, 1948.6.11.

『조선일보』,「미군 조사대 파견」, 1948.6.15.

『조선일보』,「훌륭한 조직이다. 백총리, 독도자위대에 협조지시」, 1954.5.6.

『조선일보』,「'독도수비대' 33명에 훈장」, 1996.4.3.

『조선중앙일보』,「미군 특별조사단 조사차 현지 향발, 1948.6.15.

『조선중앙일보』,「독도사건에 유련(儒聯) 한국 학생 성명」, 1947.6.20.

『조선중앙일보』,「진상 밝혀라, 교육자협회 회담」, 1947.6.29.

『조선중앙일보』, 「전범 이상의 죄, 기독교민주동맹 담」, 1947.6.29.
『조선중앙일보』, 「민족을 무시, 대국 아량 보이라, 사회민주당 담」, 1947.7.11.
『한성일보』, 「울릉도답사대, 조선산악회서 파견」, 1947.8.3.
『한성일보』, 「독도에 미군조사대를 파견」, 1948.6.15.
독도의용수비대기념사업회 홈페이지 자료
    (https://dokdovolunteerdefenseteam.or.kr/dokdo-guards/archivement)(검색일: 2024.5.6.).

제7장

대일 독도 관련 입장의 기조로서 '변영태성명' 및 '변영태구술서'에 대한 고찰

최 재 목[*]

1. 머리말

이 논문은 '독도=역사문제'라는 대한민국 정부 인식의 기원이 된 '변영태성명' 및 '변영태구술서'에 대해서 논한 것이다.[1]

1952년 1월 이승만(李承晩) 대통령은 '대한민국 인접해양의 주권에 대한 대통령의 선언'을 공표하여 해역선을 설정한다. 한·일 양국 간의 평화유지를

---

[*] 영남대학교 철학과 교수, 독도연구소장
[1] '독도문제'에 대한 대한민국 정부 인식의 기원이 된 '변영태성명(1954.9.28.)'과 '변영태구술서(1954.10.28.)'는 외무부를 통해 당시 대한민국의 입장을 일본 측에 공식적으로 표명한 것이기 때문에 당연히 변영태 개인의 문건이거나 입장이 아님이 분명하다. 그러나 이 논문에서는 당시 대한민국의 독도에 대한 기본입장을 정리, 표명한 해당 국가 부서의 장이 변영태였고 그가 한 역할이 매우 컸음을 명확히 하기 위해 '변영태성명'과 '변영태구술서'라는 명칭을 사용할 것이다.

목적으로 한 '평화선(Peace Line)'이다. 이것을 일본에서는 '이승만라인(李承晩ライン, 영어로는 Seungman Rhee line)으로 부른다. 이 '평화선'에는 독도를 대한민국의 영토에 온전히 포함시키고 있다.

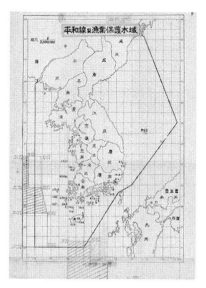

[그림 1] 1952년 이승만이 선언한 '평화선' 지도[2]

오늘날의 '배타적 경세 수역과 비슷한 개념'으로 "대한민국과 주변국가 간의 수역 구분과 자원 및 주권 보호를 위한 경계선"[3]으로 "일본과 어업분쟁으로 일어날 가능성을 방지하고, 어업 및 대륙붕의 자원 보호를 위한 것"[4]이었다.

2 국가기록원 소장 평화선(Peace Line) 혹은 이승만라인(Syngman Rhee Line) 지도.
(https://www.archives.go.kr/archivesdata/upFile/monthly/file/relt/1342571420153/37_1400669421703.jpg)(검색일자: 2023.5.16.)
3 위키백과 평화선(https://ko.wikipedia.org/wiki/%ED%8F%89%ED%99%94%EC%84%A0)
(검색일자: 2023.5.16.) 참조.
4 네이버 지식백과 '평화선'(https://terms.naver.com/entry.naver?docId=928660&cid=43667&categoryId=43667)(검색일자: 2023.5.16.) 참조.

그러나 일본은 이에 대해 국제법상으로 보장된 공해상의 자유항행 원칙을 위반하는 조치이며, 일본 영토인 독도를 불법적으로 한국에 편입시킨 조치라며 즉각 반발하였다. 이때를 계기로 한국과 일본 사이에는 독도 영유권 문제가 본격화되는데[5] 당시 대통령은 이승만이고, 변영태(卞榮泰, 1892~1969)[6]는 대한민국 제3대 외무부 장관(1951~1955 재임)을 지내고 있었다.

1952년 1월 독도를 한국 수역에 포함시킨 이른바 '평화선' 선포에 이어, 1954년 8월 독도에 등대가 설치되고[7] 이 사실을 일본정부에 통고하자, 일본은 9월 24일 주일(駐日) 한국대표부에 항의 표시의 「구술서」(日側口述書[8])(No. 157/A5)를, 이어 한국 등대 설치에 항의 및 국제사법재판소(ICJ)에 제소를 제의하는 「구술서」(日側口述書)를 전달했다.[9] 그 사이 1954년 10월 21일자로 일본측이 독

보통 평화선(平和線, Peace Line)이라 하면 1952년 1월 18일 대한민국의 대통령 이승만이 대통령령 '대한민국 인접해양의 주권에 대한 대통령의 선언'을 공표함으로써 설정된 대한민국과 주변국가간의 수역 구분과 자원 및 주권 보호를 위한 경계선이다. 미국, 중화인민공화국, 일본에서는 이승만라인(영어: Seungman Rhee line, 중국어 정체자: 李承晚線, 일본어: 李承晚ライン)으로 부른다. 이는 오늘날 배타적 경제 수역과 비슷한 개념이다.

5 독도사전편찬위원회, 『개정증보판 독도사전』, 한국해양수산개발원, 2019, p. 227.
6 변영태의 동생은 시인 변영로(卞榮魯)이고, 형은 법조인 변영만(卞榮晩)이다. 변영태는 영어에 능통했으며 중국어도 잘 했던 것으로 보인다.
7 참고로 1947년 8월 20일, 조선산악회 산하 '울릉도 학술조사대'가 독도 동도에 '朝鮮 慶尙北道 鬱陵島 南面 獨島'라는 문구의 표목을 설치한 바 있다.
8 외무부, 「23. 1954. 9. 24. 字 日側口述書(No. 157/A5)」, 『獨島關係資料集(1)―往復外交文書(1952-76)』, (1977. 7. 19.) [執務資料77-134(北-)], p. 73.[이하 외무부, 『獨島關係資料集』, p.○○으로 표기]
   『獨島關係資料集(1)―往復外交文書(1952-76)』의 대부분은 외교통상부 국제법률국(편), 『전면개정판 독도문제개론』, (외교통상부, 2012)에 번역되어 있고, 원자료는 부록으로 실려 있다.
   원래 이 자료집은 〈외무부 정무국 편, 『외교문제총서 제11호: 독도문제개론』, (외무부, 1955. 5.)〉으로 간행된 것이었다.
9 외무부, 23. 日本側口述書(No. 158/A5), 『獨島關係資料集(1)―往復外交文書(1952-76)』, (1977. 7. 19.) [執務資料77-134(北-)], pp. 74-75,

도에 대포 설치에 항의 서한을 보내왔고, 이어서 변영태 장관은 1954년 10월 28일자로, 일본 측의 국제사법재판소(ICJ) 제소에 대한 입장을 외교서한(=我側口述書)[이하 '변영태구술서']으로 정리하여 보낸다.

이른바 '변영태구술서'의 탄생 과정을 『獨島關係資料集(1) − 往復外交文書(1952~76)[10]의 순서에 따라 정리하면 다음과 같다. [*제목 및 이에 붙은 번호는 인용자]

<표 1> 이른바 '변영태구술서' 탄생 과정

21. 등대 설치 사실 일본 정부에 통고[11] 1954.9.15자 한국측구술서 독도에 등대 설치 사실을 일본측에 통고(본문 생략[12])
22. 한국의 등대 설치에 항의[13] 1954.09.24자 일본측구술서 (No. 157/A5)
23. 한국 등대 설치에 항의 및 국제사법재판소 제소를 제의[14] 23. 1954.9.25자 일본측구술서(No. 158/A5)
24. 대한민국 정부 견해(2) 표명[15] 24. 1954.9.25.자 한국측구술서 1954년 2월 10일자 일본 일본외무성 구술서 No.15/A2[16]에서 취한 독도(다케시마)의 영토 소유권에 대한 일본국정부의 견해를 반박하는 대한민국정부의 견해 (대한민국정부 견해2)
25. 대포 설치에 항의[17] 25. 1954.10.21.자 일본측구술서(No.158／A5)
26. 일본측의 국제사법재판소 제소 제의 일축[18] 26. 1954.10.28.자 한국측구술서

10 이하, 외무부, 『獨島關係資料集』, p.OO으로 표기.
11 외무부, 『獨島關係資料集』, p.72.

이른바 '변영태구술서'는 변영태 장관의 특출한 영어 실력을 활용하여 직접 작성한 것으로 알려져 왔다. "독도는 일본의 한반도 침탈의 첫 대상이었습니다."라는 핵심 문장으로 대변되는 이 문서는 이후 독도에 대한 한국측 입장을 간명하게 제시했다는 이른바 변영태 장관 성명'(원본 미확인)[19]과도 혼용되는 등 사실 확인 없이 외무부, 언론계 및 학계에서 널리 유포되고 있는 상황이다.

독도는 명백하게 역사 문제라는 점을 각인시키는 "독도는 일본의 한반도 침탈의 첫 대상이었습니다."라는 문구는 대한민국에서 살아가는 국민뿐만 아니라 대일 외교의 전략을 규율하는 일종의 가이드라인으로, 대한민국 국민들에게 공유되는 규칙과 습관인 '랑그(langue)'[20] 즉 '국어'의 역할을 한다고 본다. 하지만 종래 독도 관련 연구에서는 이 문제에 크게 주목하지 못했다.

따라서 이 논문에서는 먼저 〈'독도=역사문제'라는 대한민국 정부 인식의 기원〉을, 이어서 〈'변영태구술서' 및 '변영태성명'에 대해서〉 서술하고자 한다.

이 논문에서 활용할 주요 자료는 〈외무부, 『獨島關係資料集(1) - 往復外交

---

12 원래는 查略. 생략의 誤記로 보임. 아울러 '독도에 등대 설치 사실을 일본측에 통고'의 생략된 내용은, 외교통상부 국제법률국(편), 『전면개정판 독도문제개론』, 외교통상부, 2012, p.148에 〈대표부각서〉로 있음을 밝혀둠.
13 외무부, 『獨島關係資料集』, p.73.
14 외무부, 『獨島關係資料集』, pp.74-75.
15 외무부, 『獨島關係資料集』, pp.78-93(한글), pp.94-116(영문번역).
16 외무부, 『獨島關係資料集』에는 실려 있지 않음.
17 외무부, 『獨島關係資料集』, pp.117-118.
18 외무부, 『獨島關係資料集』, pp.119-121.
19 구체적인 문건의 존재는 국가기록원 등에서 미확인임을 밝혀 둠.
20 프랑스 현대철학자 롤랑 바르트(1915-1980)는 우리가 집단적으로 사용하는 언어(에크리튀르, écriture)를 '외부로부터 규제하는 랑그(langue)'와 '내부로부터 규제하는 스틸(style)'로 구분한다. 랑그란 일종의 '국어' 같은 것이며, 한 시대의 글을 쓰는 사람 모두에게 공유되는 규칙과 습관의 집합체이다.[우치다 다쓰루, 『푸코, 바르트, 레비스트로스, 라캉 쉽게 읽기 - 교양인을 위한 구조주의 강의 - 』(원제: 寝ながら學べる構造主義), 이경덕 옮김, 갈라파고스, 2010의 제4장 참조.]

文書(1952-76)』(1977. 7. 19.)[執務資料77-134(北-)]과 〈〈외무부 정무국 편, 『외교문제총서 제11호: 독도문제개론』, (외무부, 1955.5)〉이다. 기타 관련 자료를 활용하고자 한다.

2. '독도=역사문제'라는 대한민국 정부 인식의 기원

"독도는 일본의 한반도 침탈의 첫 희생물이었습니다." 대한민국 외교부(Ministry of Foreign Affairs)의 홈페이지에 실려 있는 동영상 〈대한민국의 아름다운 영토, 독도〉[21]의 첫 화면에 나오는 잘 알려진 구절이다.

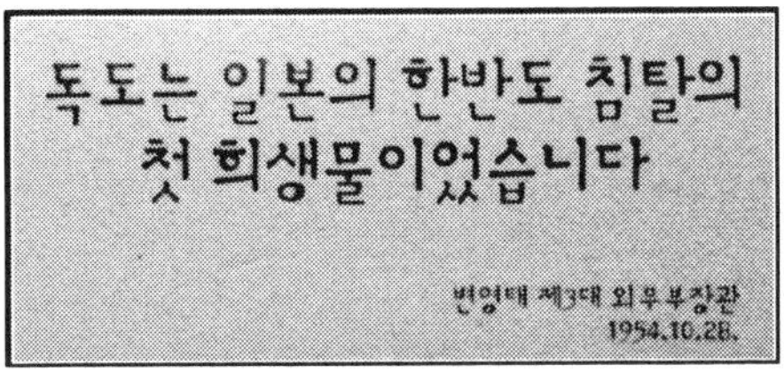

[그림 2] 대한민국 외교부 홈페이지 게재 〈대한민국의 아름다운 영토, 독도〉 영상 화면 일부

이 구절은 2014년 새해를 맞이하여 외교부가 올린 독도 관련 영상의 제일 앞부분에 나오는 대목이다.

1954년 10월 28일자로 일본측에 보낸 변영태장관이 작성한 외교시한(=我側口述書)에 기초한 '변영태장관 성명'의 일부로 알려져 있는 이 문구는 대한민국에서 살아가는 국민뿐만 아니라 대일 외교의 전략을 규율하는 가이드라

---

21 외무부 홈페이지의 〈대한민국의 아름다운 영토, 독도〉(https://www.youtube.com/watch?v=muB4_LNZ2Rk)(검색일자: 2023. 4. 14)

인 역할을 하고 있다.

외교부 홈페이지에서 〈관련 사이트 외교부 독도〉를 클릭하여 들어가기 전의 첫 화면에 나오는 "독도에 대한 영유권 분쟁은 존재하지 않으며, 독도는 외교 교섭이나 사법적 해결의 대상이 될 수 없다."는 논조가 사실은 『구술서』에 기초하여 언급되는 '변영태장관 성명'으로 보인다.

먼저, 대한민국 외교부 홈페이지의 〈관련 사이트 외교부 독도〉에서는 "독도는 역사적, 지리적, 국제법적으로 명백한 우리 고유의 영토입니다."라고 시작한다. '역사적, 지리적, 국제법적'이라는 워딩의 순서에서 '역사적'인 것을 제일 먼저 들고, 이어서 '지리적, 국제법적'을 들고 있다.

독도에 대한 대한민국 입장 독도는 역사적, 지리적, 국제법적으로 명백한 우리 고유의 영토입니다.
독도에 대한 영유권 분쟁은 존재하지 않으며, 독도는 외교 교섭이나 사법적 해결의 대상이 될 수 없습니다.

우리 정부는 독도에 대한 확고한 영토주권을 행사하고 있습니다.
우리 정부는 독도에 대한 어떠한 도발에도 단호하고 엄중하게 대응하고 있으며, 앞으로도 지속적으로 독도에 대한 우리의 주권을 수호해 나가겠습니다.

관련 사이트
외교부 독도

[그림 3] 외교부 홈페이지에서 〈관련 사이트 외교부 독도〉의 사진과 내용[(*강조는 인용자. 이하 같음)

아울러 외교부의 〈독도에 대한 정부의 기본입장〉(pdf) 가운데 Q14와 그 답변 내용(31쪽)을 보자. 여기에는 '1954년 독도 문제를 국제사법재판소(ICJ)에 회부하자는 일본 정부의 주장'이라는 질문에서 시작한다. 그리고 정부가 일본측에 전달한 입장의 요지를 적고 있다.

> "일본 정부의 제의는 사법절차를 가장한 또 다른 허위의 시도에 불과하다. 한
> 국은 독도에 대한 영유권을 갖고 있으며, **한국이 국제재판소에서 이 권리를 증명**
> **해야 할 하등의 이유가 없다.** 일본 제국주의에 의한 한국의 주권 침탈은 1910년
> 까지 단계적으로 이루어졌으며, 1904년 일본은 강압에 의해 체결한 '한·일 의정
> 서'와 '제1차 한·일협약'으로 한국에 대한 실질적인 통제권을 획득하였다. **독도**
> **는 일본의 한국 침략의 최초의 희생물이다.** 독도에 대한 일본의 비합리적이고
> 끈질긴 주장은 한국 국민들로 하여금 일본이 다시 한국 침략을 시도하는 것은 아
> 닌지 의심케 한다. 한국 국민들에게 있어 독도는 단순히 동해의 작은 섬이 아니
> 라 한국 주권의 상징이다."

> ─ "당시 우리 정부가 전달하였던 상기와 같은 입장은 지금도 변함이 없습니다."

여기서 주목할 점은 "독도는 일본의 한국 침략의 최초의 희생물이다."라는
것에서 독도=역사적 문제임을 규정한 것이다. 그리고 그 기점이 바로 '1954년
독도 문제를 국제사법재판소(ICJ)에 회부하자는 일본 정부의 주장'에 대해,
같은 해 10월 28일자로 일본측에 보낸 한국측 입장 즉 '변영태구술서'임을 명
시한 것이다.

Q14: 1954년 독도 문제를 국제사법재판소(ICJ)에 회부하자는 일본 정부의 주장에 우리 정부는 어떤 입장을 전달했나요?

1954년 독도 문제를 국제사법재판소(ICJ: International Court of Justice)에 회부하자는 일본 정부의 주장에 대해 우리 정부는 다음과 같은 요지의 입장을 전달하였습니다.

"일본 정부의 제의는 사법절차를 가장한 또 다른 허위의 시도에 불과하다. 한국은 독도에 대한 영유권을 갖고 있으며, 한국이 국제재판소에서 이 권리를 증명해야 할 하등의 이유가 없다. 일본 제국주의에 의한 한국의 주권 침탈은 1910년까지 단계적으로 이루어졌으며, 1904년 일본은 강압에 의해 체결한 '한·일 의정서'와 '제1차 한·일협약'으로 한국에 대한 실질적인 통제권을 획득하였다. **독도는 일본의 한국 침략의 최초의 희생물이다.** 독도에 대한 일본의 비합리적이고 끈질긴 주장은 한국 국민들로 하여금 일본이 다시 한국 침략을 시도하는 것은 아닌지 의심케 한다. 한국 국민들에게 있어 독도는 단순히 동해의 작은 섬이 아니라 한국 주권의 상징이다."

- 당시 우리 정부가 전달하였던 상기와 같은 입장은 지금도 변함이 없습니다.

[그림 4] 외교부 홈페이지의 독도 관련 Q14

그리고 대한민국 외무부의 홈페이지에 '**독도는 일본의 한반도 침탈의 첫 희생물**'이라는 항목에 실린 한글 설명 및 그 영문 번역문을 보자.

"...일본 정부는 일본 제국주의 침략으로 40년 넘게 한국의 주권을 빼앗은 사실을 기억할 것이다. 일본 정부가 잘 알고 있듯이 침략은 단계적으로 이루어져 결국 한반도 전체가 일본 땅으로 병합되었다. 그러나 실질적으로 일본은 이미 1904년에 이른바 한일의정서와 제1차 한일협약을 강압적으로 체결하여 한국을 통치할 수 있는 권력을 장악했다.

그 다음해(1905년)에 시마네현 정부는 독도를 시마네현의 관할 하에 편입했다고 주장했다. 즉, 독도는 일본의 한반도 침탈의 첫 희생물이었다. 오늘날 독도에 대한 일본 정부의 계속되는 부당한 주장을 보며 한국인들은 일본이 이와 같은 침탈의 과정을 되풀이 하는 것이 아닌지 심각하게 의심할 수밖에 없다.

이런 사실에 비춰볼 때, 한국인들에게 독도는 단지 동해에 위치한 작은 섬이 아니다. 독도는 일본에 대한 대한민국 주권의 상징이며, 대한민국 주권의 완전성을 판가름하는 시금석이다."

…the Japanese government must well remember the fact that it deprived Korea of her sovereignty for over forty years through imperial Japanese aggression. As it is no doubt well aware, the aggression took place in stages, culminating in the annexation of the entire Korean peninsula by Japan in 1910. But, in fact, Japan had seized the power to control Korea in 1904 when it forced upon Korea to sign the Korea-Japan Treaty of 1904 and the Korea-Japan Protocol of August 1904. In the following year (1905), the Shimane Prefectural Government alleged that it had incorporated Dokdo into its jurisdiction. It is Dokdo that was the first Korean territory to fall victim to Japan's aggression against the Korean peninsula. Now, with the Japanese government persistently making an absurd claim over Dokdo, the Koreans cannot help but have serious suspicion if Japan is going down the same path of aggression once again. Against this backdrop, Dokdo means much more to the Koreans than merely being a small island in the East Sea. It symbolizes Korea's sovereignty against Japan and represents a critical test of the integrity of Korean sovereignty.

[그림 5] 외교부 홈페이지의 '독도는 일본의 한반도 침탈의 첫 희생물' 한글 설명 및 영문번역

일관되게 외무부는 '변영태구술서'에 근거하여 그 입장을 견지하고 있음을 알 수 있다.

다시 말해서 아래와 같이 현재 외무부의 입장[B]은 '변영태구술서' 재확인 입장[A]임을 살필 수 있다. 외무부 홈페이지 Q14[A]는 같은 홈페이지의 '독도는 일본의 한반도 침탈의 첫 희생물' 한글 설명[B]과 거의 동일하다. 전자(A) 즉 '변영태구술서'의 입장에 근거하여 후자(B)의 입장이 보완 설명되고 있다.

〈표 2〉 외교부 홈페이지의 Q14와 '독도는 일본의 한반도 침탈의 첫 희생물' 한글 설명 비교

A 외무부 홈페이지 Q14 (1954년 독도 문제를 국제사법재판소에 회부하자는 일본 정부의 주장에 한국 정부의 입장)	대 비	B 외무부의 홈페이지 '독도는 일본의 한반도 침탈의 첫 희생물'이라는 항목에 실린 한글 설명
일본 정부의 제의는 사법절차를 가장한 또 다른 허위의 시도에 불과하다. 한국은 독도에 대한 영유권을 갖고 있으며, 한국이 국제재판소에서 이 권리를 증명해야 할 하등의 이유가 없다.		(동일 입장 고수)
일본 제국주의에 의한 한국의 주권 침탈은 1910년까지 단계적으로 이루어졌으며, 1904년 일본은 강압에 의해 체결한 '한·일 의정서'와 '제1차 한·일협약'으로 한국에 대한 실질적인 통제권을 획득하였다.	→	...일본 정부는 일본 제국주의 침략으로 40년 넘게 한국의 주권을 빼앗은 사실을 기억할 것이다. 일본 정부가 잘 알고 있듯이 침략은 단계적으로 이루어져 결국 한반도 전체가 일본 땅으로 병합되었다. 그러나 실질적으로 일본은 이미 1904년에 이른바 한일의정서와 제1차 한일협약을 강압적으로 체결하여 한국을 통치할 수 있는 권력을 장악했다. 그 다음해(1905년)에 시마네현 정부는 독도를 시마네현의 관할 하에 편입했다고 주장했다.

독도는 일본의 한국 침략의 최초의 희생물이다. 독도에 대한 일본의 비합리적이고 끈질긴 주장은 한국 국민들로 하여금 일본이 다시 한국 침략을 시도하는 것은 아닌지 의심케 한다. 한국 국민들에게 있어 독도는 단순히 동해의 작은 섬이 아니라 한국 주권의 상징이다.	→	즉, 독도는 일본의 한반도 침탈의 첫 희생물이었다. 오늘날 독도에 대한 일본 정부의 계속되는 부당한 주장을 보며 한국인들은 일본이 이와 같은 침탈의 과정을 되풀이하는 것이 아닌지 심각하게 의심할 수밖에 없다. 이런 사실에 비춰볼 때, 한국인들에게 독도는 단지 동해에 위치한 작은 섬이 아니다. 독도는 일본에 대한 대한민국 주권의 상징이며, 대한민국 주권의 완전성을 판가름하는 시금석이다.

이만큼 '변영태구술서'는 대한민국 외교부의 대일본 독도문제 관련 입장 표명에서 가이드라인이 되고 있고, 그만큼 중요하다고 판단된다.

그러나 종래 독도 학계에서는 '변영태구술서'에 대해 대체로 간과하고 있거나 제대로 평가하고 있지 못하다.

예컨대 독도 관련 대표 사전인, 2019년 한국해양수산개발원에서 개정 증보한(초간: 2011년) 『독도사전』에서는 다음과 같이 '변영태' 항목을 두고 있지만 '변영태장관 성명'이나 「구술서」에 대한 평가의 언급은 전혀 없다.

변영태 卞榮泰 1892~1969

서울 출생. 1912년 만주 신흥학교를 졸업한 후 중국 퉁저우(通州) 협화대학(協和大學)을 졸업했다. 1917년부터 중앙고등보통학교 영어 교사와 고려대 교수로 재직했다. 1949년 대통령 특사로 정부 승인 교섭을 위해 필리핀에 파견되었다. 1951~1955년 외무부 장관으로 재임 중 1954년 6~11월 제5대 국무총리를 겸임했다. 외무장관으로서 1953년 한미상호방위조약에 서명했다. 그 뒤 서울대 상과대학 교수, 고려대 교수 등을 역임했다. 1963년에는 정민회(正民會)를 조직해 대통령 선거에 출마하기도 했다. 그가 외무장관으로 재임한 1951~1955년 사이에 한일 간 분쟁은 점점 고조되었다. 1951년 한국은 샌프란시스코 강화조약에 독도 영유권 조항을 삽입하기 위해 미국과 교섭하였으나 뜻을 이루지 못했다. 1952년 1월에는 독도를 한국 수역에 포함시킨 평화선이 선포되었다. 일본은 평화선 선포는 국제법상으로 보장된 공해상의 자유항행 원칙을 위반하는 조치이며, 일본 영토인 독도를 불법적으로 한국에 편입시킨 조치라며 즉각 반발했다. 이때를 계기로 한국과 일본 사이에는 독도 영유권 문제가 본격화되었다. 또한 1953년 10월에는 '구보타 발언'으로 제3차 한일회담이 결렬되어 장기간 중단되는 사태도 벌어졌다.[22]

이어서, 전후 독도문제와 한미일 관계를 다룬 대표 저술인 정병준의 『독도 1947』[23]에서도 그 평가나 언급은 생략되어 있다.

이렇게 학계의 인식과는 별도로 현재 대한민국 외무부의 공식입장인 '독도 =역사 문제'라는 인식의 기원은 '독도는 일본의 한반도 침탈의 첫 희생물'이라는 '변영태구술서'의 언급에서임을 확인할 수 있다. 이에 대해 분명한 입장을 언급한 것은 학계에서 아니라 외교부와 언론이었다. 예를 들어 2011년 8월 12일 김성환 외교장관이 정례브리핑에서 "독도 문제는 국제사법재판소(IJC)에서 다룰 사안이 아니다"라는 정부 입장을 밝히면서 1954년 변영태 전 외무장관의 '외교공한'을 소개한 바 있다.[24] 이어서 "독도문제 한국외교의 기준은 58년 전 '변영태구술서'"라는 2012년 8월 25일자 『중앙일보』 기사이다.

"우리 정부는 한 달이 지난 10월 28일에 독도가 한국 영토라는 사실엔 논란의 여지가 없다며 이를 거부했다. 이 내용은 변영태 제3대 외무부장관(1951~55년 재임)이 일본에 1954년 10월 28일자로 보낸 3장짜리 외교 서한 즉 구상서(note verbale)[25]에 잘 드러나 있다. … 변 전 장관은 여기서 "한국은 독도에 대한 영유

22 독도사전편찬위원회, 『개정증보판 독도사전』, 한국해양수산개발원, 2019, p.227.
23 정병준, 『독도1947』, 돌베개, 2010.
24 "독도재판불가 1954년 변영태 외교공한 공개"(『newdaily』 2011.08.12.)(https://www.newdaily. co.kr/site/data/html/2011/08/12/2011081200085.html)(검색일자: 2023.4.14.)

권을 갖고 있으며 한국이 국제사법재판소(ICJ)에서 권리를 증명해야 할 하등의 이유가 없다"고 강조했다."[26]

아울러 간과해서는 안 될 것이 있다. 외무부 홈페이지에서 밝힌 '독도에 대한 대한민국 입장'인 "독도는 역사적, 지리적, 국제법적으로 명백한 우리 고유의 영토입니다."라는 문장의 워딩에서 '역사적→지리적→국제법적'이라는 순서에 대한 것이다. 즉 '역사적'인 문제를 제일 앞세우고, 이어서 '지리적'인 문제를, 그리고 마지막으로 '국제법적'인 문제를 두는 발상의 기원 말이다. 이 것 또한 '변영태구술서'의 '기획' 즉 "한국은 독도에 대한 영유권을 갖고 있으며 한국이 국제사법재판소(ICJ)에서 권리를 증명해야 할 하등의 이유가 없다"는 데서 비롯된 것이라 하겠다.

3. '변영태구술서' 및 '변영태성명문'에 대하여

이제부터 독도문제에 관한 한국외교의 기준이 된 1954년 10월 28일자 '아측구술서(我側口述書)' 즉 '변영태구술' 그리고 '변영태성명'에 대해 살펴보기로 하사.

---

25 인용자 설명: 이른바 '변영태구술서'를 말함.
26 "독도문제 한국외교의 기준은 58년 전 '변영태 문서'"(『중앙일보』: 2012.8.25.)
    (https://www.joongang.co.kr/article/9141330#home)(검색일자: 2023.4.14.)

1) '변영태구술서'에 대하여

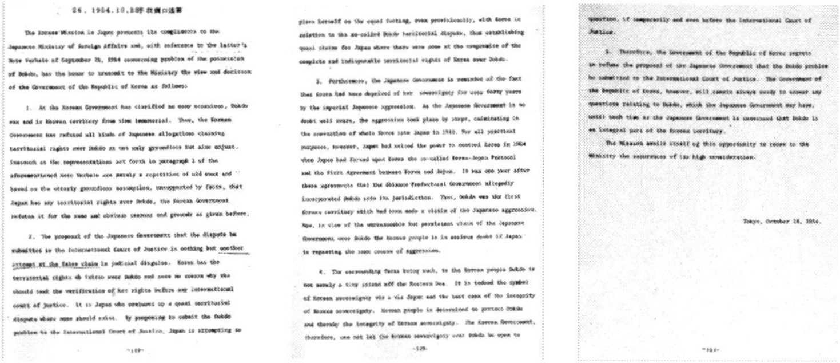

[그림 6] 1954년 10월 28일자 '아측구술서(我側口述書)'[27] 일명 '변영태구술서'

아래에서는 논지를 전개하기 위해 약간 긴 영문 원문과 이에 따른 한글 번역을 제시하기로 한다. (❶~❹번호 및 강조는 인용자)

The Korean Mission in Japan presents its compliments to the Japanese Ministry of Foreign Affairs and, with reference to the latter's Note Verbale of September 25, 1954 concerning problem of the possession of Dokdo, has the honor to transmit to the Ministry the view and decision of the Government of the Republic of Korea as follows:

(주일 한국대표부는 독도 영유권 문제에 관한 1954년 9월 25일자 일본 외무성의 구두각서와 관련하여 일본 외무성에 경의를 표하며, 다음과 같이 대한민국 정부의 견해와 결정을 일본 외무성에 전달하게 된 것을 영광으로 생각합니다.)

1. As the Korean Government has clarified on many occasions, Dokdo was and is Korean territory from time immemorial. Thus, the Korean Government has refuted all kinds of Japanese allegations claiming territorial rights over Dokdo

---

27 외무부, 『獨島關係資料集』, pp.119-121.

as not only groundless but also unjust. In as much as the representations set forth in paragraph 1 of the aforementioned Note Verbale are merely a repetition of old ones and based on the utterly groundless assumption, unsupported by facts, that Japan has any territorial rights over Dokdo, the Korean Government refutes it for the same and obvious reasons and grounds as given before.

(1. 한국 정부가 여러 차례 해명한 바와 같이, 독도는 태고적부터 한국 땅이었고 지금도 그렇습니다. 이에 우리 정부는 독도 영유권을 주장하는 일본의 온갖 주장을 근거가 없을 뿐만 아니라 부당하다고 반박해왔습니다. 전술한 구두각서 1항의 표현은 옛 표현의 반복에 불과하며, 일본이 독도에 대한 영유권을 가지고 있다는 사실에 근거하지 않은 전혀 근거 없는 가정에 기초하고 있는 만큼, 한국 정부는 앞서 제시한 것과 동일하고 명백한 이유와 근거를 들어 반박합니다.)

2. The proposal of the Japanese Government that the dispute be submitted to the International Court of Justice is nothing but another attempt at the false claim in judicial disguise. Korea has the territorial rights ab initio over Dokdo and sees no reason why she should seek the verification of her rights before any international court of justice. It is Japan who conjures up a quasi territorial dispute where none should exist. By proposing to submit the Dokdo problem to the International Court of Justice, Japan is attempting to place herself on the equal footing, even provisionally, with Korea in relation to the so-called Dokdo territorial dispute, thus establishing quasi claims for Japan where there were none at the compromise of the complete and indusputable territorial rights of Korea over Dokdo.

(2. 분쟁을 국제사법재판소(ICJ)에 회부하자는 일본 정부의 제안은 사법을 가장한 또 다른 허위 주장에 지나지 않습니다. 한국은 처음부터 독도에 대한 영토권을 가지고 있으며 국제사법재판소에서 우리 자신의 권리를 확인해야 할 이유가 없다고 생각합니다. 존재할 수도 없는 유사 영유권 분쟁을 불러일으키는 것은 일본입니다. 일본은 독도 문제를 국제사법재판소에 회부할 것을 제안함으로써, 소위 독도 영토 분쟁이라 불리는 것과 관련하여

잠정적으로라도 한국과 동등한 입장에 서서 타협의 여지가 없는 독도에 대한 한국의 완전하고 논란의 여지가 없는 영토권에 대한 일본의 유사 주장을 확립하려고 시도하고 있습니다.❶)

3. Furthermore, the Japanese Government is reminded of the fact that Korea had been deprived of her sovereignty for over forty years by the imperial Japanese aggression. As the Japanese Government is no doubt well aware, the aggression took place by steps, culminating in the annexation of whole Korea into Japan in 1910. For all practical purposes, however, Japan had seized the power to control Korea in 1904 when Japan had forced upon Korea the so-called Korea-Japan Protocol and the First Agreement between Korea and Japan. It was one year after these agreements that the Shimane Prefectural Government allegedly incorporated Dokdo into its jurisdiction. Thus, Dokdo was the first Korean territory which had been made a victim of the Japanese aggression. Now, in view of the unreasonable but persistent claim of the Japanese Government over Dokdo the Korean people is in serious doubt if Japan is repeating the same course of aggression.

(3. 또한, 일본 정부는 한국이 일본 제국의 침략으로 40년 넘게 주권을 박탈당했다는 사실을 상기시켜줍니다. 일본 정부가 의심의 여지없이 잘 알고 있는 것처럼, 일본의 침략은 단계적으로 일어났고, 1910년 한국 전체를 일본에 병합하면서 절정에 달했습니다. 그러나 사실 일본은 1904년 소위 한일의정서와 제1차 한일협약을 강요하면서 한국을 지배할 권력을 장악했습니다. 시마네 현 정부가 독도를 관할 구역으로 편입시킨 것은 이들 협정이 있은 지 1년 후였습니다. **따라서 독도는 일본 침략의 첫 번째 희생양이 된 우리 땅이었습니다.** 이제 일본 정부가 독도에 대해 부당하고 끈질긴 주장을 하는 것을 볼 때 우리 한국 국민은 일본이 이전과 같은 침략노선을 반복하고 있는 것은 아닌지 심각하게 의심하고 있습니다.❷)

4. The surrounding facts being such, to the Korean people Dokdo is not merely a tiny island off the Eastern Sea. It is indeed the symbol of Korean sovereignty vis a vis Japan and the test case of the integrity of Korean sovereignty. Korean

people is determined to protect Dokdo and thereby the integrity of Korean sovereignty. The Korean Government, therefore, can not let the Korean sovereignty over Dokdo be open to question, if temporarily and even before the International Court of Justice.

(4. 주변 사실이 이러하니 우리 한국 민족에게 독도는 단순히 동해 앞바다의 작은 섬이 아닙니다. 독도는 참으로 일본에 대한 한국 주권의 상징이자 한국 주권의 온전함을 시험하는 사례입니다. 한국 국민은 독도를 수호하여 한국의 주권을 보전하겠다는 결의를 다졌습니다. 따라서 한국 정부는 독도에 대한 한국의 주권이 일시적으로라도 심지어 국제사법재판소에서 문제시되게 할 수 없습니다.❸)

5. Therefore, the Government of the Republic of Korea regrets to refuse the proposal of the Japanese Government that the Dokdo problem be submitted to the International Court of Justice. The Government of the Republic of Korea, however, will remain always ready to answer any questions relating to Dokdo, which the Japanese Government may have, until such time as the Japanese Government is convinced that Dokdo is an integral part of the Korean territory.

(5. 그러므로 대한민국 정부는 독도 문제를 국제사법재판소에 회부하자는 일본 정부의 제안을 유감스럽게도 거절합니다.❹ 그러나 대한민국 정부는 일본 정부가 독도가 한국 영토의 불가분의 일부라고 확신할 때까지 일본 정부가 가질 수 있는 독도와 관련된 모든 질문에 항상 답변할 준비가 되어 있습니다.)

The Mission avails itself of the opportunity to renew to the Ministry the assurances of its high consideration.

(주일 한국대표부는 일본 외무성에 경의를 표할 새로운 기회를 갖게 되어 영광으로 생각합니다.)

Tokyo, October 28, 1954.

(1954년 10월 28일 도쿄.)

위의 문서 내용은 전술한 〈2. '독도=역사문제'라는 정부 인식의 기원〉의 외무부 홈페이지 내용의 기준이 되고 있다.

위 ❶~❹는 현재 외무부가 견지하는 '독도=역사문제'(=일본 침략의 첫 희생물), '일본의 국제사법재판소 회부 제안을 받아들이지 않음', '독도는 분쟁지역이 아님'등의 입장이 기원한 내용이다. 이것은 다음에서 논의할 '변영태성명'과 혼성되어 활용되기도 한다.

2) '변영태 장관 성명'에 대하여

흔히 '변영태성명[28]'이라고 부르는 것이 있다. 외무부나 국가기록원에 조사를 해도 나오지 않지만 언론에는 '변영태 장관 성명'(약칭 '변영태성명')으로 통용되고 있다.

즉 단기4287년(=1954년) 9월 30일(목요일)자 『동아일보』에 나오는 기사 〈外務部不應聲明 : 日의 獨島問題提訴說〉이라는 제하의 내용에 "外務部情報局에서는 二十八日 過般 日本이 獨島問題를 國際裁判所에 提訴하겠다는 데 對하여 다음과 같은 聲明을 發表하였다."운운 하는 내용이 있다. 이 내용에 따르면 1954년 9월 28일 '外務部情報局'에서 (*아마도 변영태장관 명의로) 성명을 발표한 것으로 보인다.

---

28 '성명(聲明)'이란 어떤 일에 대한 자기의 입장, 견해, 방침을 공개적으로 발표하는 것 (혹은 그 입장이나 견해)를 말한다.

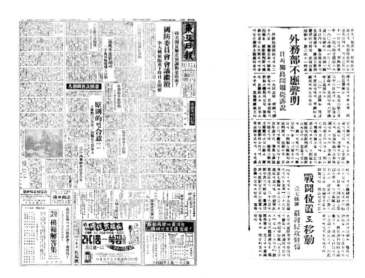

[그림 7] 단기4287년 9월 30일(목요일)자 『동아일보』〈外務部不應聲明〉기사]

이 내용을 전사(全寫)하면 다음과 같다.(* 맞춤법, 띄워쓰기는 원문 그대로)

外務部不應聲明

日의 獨島問題提訴說

　　外務部情報局에서는二十八日 過般日本이 獨島問題를 國際裁判所에 提訴하겠다는데對하여다음과같은聲明을發表하였다.

　　一九四五年 韓國이 解放됨에따라 日本侵略의最初로 犧牲되었던 獨島가 自動的으로 日本으로부터 其他韓國嶺土와함께解放이되었음은 勿論이려니와 이를立證하는史蹟은 放擧키끝이없으며 百餘年前의 日本地圖만보드래도 獨島가韓國의領土라는 것을 明白히하고있는것이다. 日本이韓國의領土를 자기의領土라고해서 그問題를 國際司法裁判所에 提訴하려한다는 消息이 있는데 萬一 어떤나라가 『鹿兒島』를 그의領土라고하여 그 問題를 國際司法裁判所에 提訴하면 日本은 이에應할것인가? 數百年前부터 獨島는韓國의領土이다. 獨島가韓國에歸屬되고있는點은 歷史가證明하는바이며 占有以後今日까

지 우리 漁民이 이를 繼續하여 利用하고 있다. 그럼에도 不拘하고 日本이 再武裝을 始作한 뒤로 가끔 韓國을 武力으로 威脅하는 行動이 있었음은 否認할 수 없는 事實이다 過去에 있어 日帝侵略의 最初로 犧牲된 獨島를 또 다시 占有하려함은 對日講和條約을 破棄하고 韓國을 再侵하려는 意圖의 發露로서 注視되지 아니치 못할 것이다. (* 강조는 인용자)

1954년 9월 30일(목요일)자 『동아일보』에 실린 〈외무부불응성명〉 기사는 1954년 9월 28일 외무부정보국에서 발표한 성명의 내용 즉 "一九四五年 韓國이 解放됨에 따라…意圖의 發露로서 注視되지 아니치 못할 것이다."를 실은 것이다.

이것을 해독하기 쉽게 다시 적어보면 이렇다.

1945년 한국이 해방됨에 따라 일본침략의 최초로 희생되었던 독도가 자동적으로 일본으로부터 기타 한국 영토와 함께 해방이 되었음은 물론이려니와 이를 입증하는 사적은 방거(放擧)[29]키 끝이 없으며 100여 년 전의 일본지도만 보드래도 독도가 한국의 영토라는 것을 명백히 하고 있는 것이다. 일본이 한국의 영토를 자기의 영토라고 해서 그 문제를 국제사법재판소에 제소하려한다는 소식이 있는데 만일 어떤 나라가 '가고시마(鹿兒島)'를 그의 영토라고 하여 그 문제를 국제사법재판소에 제소하면 일본은 이에 응할 것인가? 수백 년 전부터 독도는 한국의 영토이다. 독도가 한국에 귀속되고 있는 점은 역사가 증명하는 바이며 점유 이후 금일까지 우리 어민이 이를 계속하여 이용하고 있다. 그럼에도 불구하고 일본이 재무장을 시작한 뒤로 가끔 한국을 무력으로 위협하는 행동이 있었음은 부인할 수 없는 사실이다. 과거에 있어 일제침략의 최초로 희생된 독도를 또 다시 점유하려 함은 대일강화조약을 파기하고 한국을 재침하려는 의도의 발로로서 주시되지 아니치 못할 것이다.[성명ⓐ * 대비를 위해서 필자가 '성명ⓐⓑ ⓒ…'로 일련 부호를 붙임]

---

29 방거(放擧): 내걸고(放) 들다(擧). 즉 '제시하다'는 뜻임.

이 내용이 이른바 '변영태성명'으로 바뀌어 통용되고 있다고 보면 될 듯하다.

그런데 이에 대해서는 약간 혼동이 있기도 하다. 위 『동아일보』에 명기된 '외무부 불응 성명'(편의상 '변영태성명')과 1954년 10월 28일자 '아측구술서 (我側口述書)'[일명 '변영태구술서'] 내용이 혼용되고 있음을 살필 수 있다.

예를 들면, 〈동북아역사재단〉의 블로그[30]에 조윤수(독도연구소 연구위원)가 올린 글 「대한민국 외교의 기초를 다진 일석(逸石) 변영태」(2014.2.26.)에 보면, 다음과 같이 '변영태 외무부 장관 성명'을, 김용식의 『새벽의 약속』[31]에서 인용하고 있다.

> "독도는 일본의 한국 침략에 대한 최초의 희생물이다. 해방과 함께 독도는 다시 우리의 품에 안겼다. 독도는 독립의 상징이다. 이 섬에 손을 대는 자는 모든 한민족의 완강한 저항을 각오하라! 독도는 단 몇 개의 바윗덩어리가 아니라 우리 겨레 영해의 닻이다. 이것을 잃고서야 어찌 독립을 지킬 수가 있겠는가! 일본이 독도 탈취를 꾀하는 것은 한국에 대한 재침략을 의미하는 것이다."[32][성명ⓑ]

---

30 https://m.blog.naver.com/correctasia/50189786690(검색일자: 2023.5.29.)

31 김용식, 『새벽의 약속』, 김영사, 1993.

32 이외에도 '변영태 (장관) 성명'으로 통하는 문장이 몇 종류가 된다. 여기서는 일일이 다 들 수는 없고, 두 가지만 들어두고자 한다.
예건대 『흥사단』, 홈페이지에서는 다음과 같다.

"독도는 일본의 한국 침략에 대한 최초의 희생물이다. 해방과 함께 독도는 다시 우리 품에 안겼다. 독도는 한국 독립의 상징이다. 이 섬에 손을 대는 자는 모든 한민족의 완강한 저항을 각오하라. 독도는 단 몇 개의 바윗덩어리가 아니라 우리 겨레의 명예의 닻이다. 이것을 잃고서야 어찌 독립을 지킬 수가 있겠는가? 일본이 독도의 탈취를 꾀하는 것은 한국 재침략을 의미하는 것이다."(1954년 9월 변영태 외무장관 성명서) [성명 ⓒ]
[https://www.yka.or.kr/html/info/column.asp?skey=&sword=&category=&size=10&page=1&no=20520](검색일자: 2023년 5월 1일)

그리고 『재외동포신문』에서는 다음과 같이 기술하고 있다.

이어서 블로그에는 다음과 같이 '한국측 구상서(1954.9.24.)'와 '외교부 불응성명(1954년 9월 30일자 동아일보)'에 대한 것도 언급하고 있다.

"변영태는 독도가 영토문제가 아니라 역사문제라는 논리를 만들어냈습니다. <u>한국측은 구상서(1954.9.24)에서 "한국은 40년 이상이나 제국적 일본의 침략으로 말미암아 그의 권리가 약탈당하였다는 사실을 환기시키는 바이다. 일본 정부가 분명히 알고 있는 바와 같이 침략은 차차로 진행되다가 1910년 전 한국의 일본과의 병합으로서 그 정점에 도달하였다. ...시마네 현청이 독도를 자칭하여 그의 관할권에 포함시킨 것은 이러한 협정의 일년 후다.</u> 그리하여 독도는 일본 침략의 희생으로 된 최초의 한국 영토였다."[성명ⓒ]라고 주장했다. 1954년에는 "과거에 있어 일제 침략의 최초로 희생된 독도를 또 다시 점유하려 함은 대일강화조약을 파기하고 한국을 재침하려는 의도의 발로로서 주시되지 아니치 못할 것이다."라는 성명(외교부 불응성명, 1954년 9월 30일자 동아일보)도 발표했습니다."(* 밑줄은 인용자)

위 블로그에서 알 수 있는 것은 ① '변영태 외무부 장관 성명'내용, ② '한국측 구상서(1954.9.24.)', ③ '외교부 불응성명(1954년 9월 30일자 동아일보)'이다.

그런데, 김용식의 『새벽의 약속』에서 인용된 ① '변영태 외무부 장관 성명'

"독도는 일본의 한국 침략에 대한 최초의 희생물이다. 해방과 함께 독도는 다시 우리 품에 안겼다. 독도는 '한국 독립의 상징'이다. 이 섬에 손을 대는 자는 모두 한민족의 완고한 저항을 각오하라. 독도는 단 몇 개의 바위 덩어리가 아니라 우리 겨레 '<u>영예의 닻</u>'이다. 이것을 잃고서야 어지 독립을 지킬 수 있겠는가? 일본이 '<u>독립탈취</u>'를 꾀하는 것은 한국 '재침략'을 의미하는 것이다"[성명 ⓓ]

1954년 9월 25일 일본 정부가 우리 외교부에 최초로 국제사법재판소(ICJ) 제소를 공식 제의했을 때, 당시 **변영태 외부부장관이 발표한 특별 성명**이다.
[https://www.dongponews.net/news/articleView.html?idxno=23433](검색일자: 2023년 5월 29일)

약간의 차이만 있을 뿐 거의 비슷하다.

내용이 ③ '외교부 불응성명(1954년 9월 30일자 동아일보)과 어떻게 연결되고 또한 같고 다른지는 불분명하다.

아울러 인용문의 밑줄 부분 "변영태는 독도가 영토문제가 아니라 역사문제라는 논리를 만들어냈다."는 점은 일단 수긍할 대목이다. 그런데 "한국측은 구상서(1954.9.24.)에서" 운운하는 대목은 '1954.9.25.자 한국측구술서'[33] 오기로 보아야 한다. 왜냐하면 외무부의 『독도관계자료집』에 1954년 9월 24일자 '한국측 구상서'는 보이지 않고, '일본측 구술서'[34]만 실려 있기 때문이다.

더구나 '1954.9.25.자 한국측구술서'에는 밑줄-강조의 인용 내용("한국은 40년 이상이나… 일본 침략의 희생으로 된 최초의 한국 영토였다.")이 보이지 않는다. 오히려 아래의 비교에서 알 수 있듯이, 〈1954년 10월 28일자 아측구술서[일명 '변영태구술서']〉를 오인하여 오기한 것으로 볼 수 있다.

〈표 3〉 동북아역사재단 블로그 내용과 '아측구술서[일명 '변영태구술서'] 내용 대조

동북아역사재단 블로그(2014.2.26) 내용	1954년 10월 28일자 '아측구술서 (我側口述書)[일명 '변영태구술서']
한국은 40년 이상이나 제국적 일본의 침략으로 말미암아 그의 권리가 약탈당하였다는 사실을 환기시키는 바이다. 일본 정부가 분명히 알고 있는 바와 같이 침략은 차차로 진행되다가 1910년 전 한국의 일본과의 병합으로서 그 정점에 도달하였다. …시마네 현청이 독도를 자칭하여 그의 관할권에 포함시킨 것은 이러한 협정의 일년 후이다. 그리하여 독도는 일본 침략의 희생으로 된 최초의 한국 영토였다.	(3. 또한, 일본 정부는 한국이 일본 제국의 침략으로 40년 넘게 주권을 박탈당했다는 사실을 상기시켜줍니다. 일본 정부가 의심의 여지없이 잘 알고 있는 것처럼, 일본의 침략은 단계적으로 일어났고, 1910년 한국 전체를 일본에 병합하면서 절정에 달했습니다. 그러나 사실 일본은 1904년 소위 한일 의정서와 제1차 한일협약을 강요하면서 한국을 지배할 권력을 장악했습니다. 시마네현 정부가 독도를 관할 구역으로 편입시킨 것은 이들 협정이 있은 지 1년 후였습니다. 따라서 독도는 일본 침략의 첫 번째 희생양이 된 우리 땅이었습니다.[35]

---

33 「24. 대한민국정부견해(2) 표명/24 : 외무부」, 『獨島關係資料集』, pp.76-77.
34 외무부, 『獨島關係資料集』, p.73.

위의 〈동북아역사재단〉 블로그에 올린 조윤수의 글[대한민국 외교의 기초를 다진 일석 변영태](2014.2.26.)]은 다음 『본헤럴드』의【정성구칼럼】〈독도는 한국 영해의 닻(독도와 변영태 외무장관)[2019.8.27.])에서도 재생산된다.

"1954년 10월 28일 우리 외교부에서 반박 구상서를 작성했다. 즉「분쟁을 국제 사법재판소에 부탁하자는 일본정부의 제안은 사법적인 가장으로서 허위 주장하는 확인을 국제사법재판소에 구하여야 한다는 이유를 인정하지 않는다. 아무런 분쟁이 없는데도 유사적, 영토적 분쟁을 조장하는 것은 바로 일본이다.」

변영태는 독도가 영토 문제가 아닌 역사문제라는 논리를 폈다. 1954년 9월 24일 구상서에서「한국은 40년 이상이나 제국적 일본의 침략으로 말미암아, 그의 권리가 약탈당하였다는 사실을 일본에게 환기시키는 바이다. 일본정부가 분명히 알고 있는 바와 같이 침략은 차차로 진행되다가 1910년 한국의 일본병합으로서 그 정점에 도달하였다… 시네마 현청이 독도를 자칭하여 그의 관할권에 포함시킨 것은 이러한 협정의 1년 후이다」

「과거에 있어서 일제 침략의 최초로 희생된 독도를 또 다시 점유하려 함은 대일강화조약을 파기하고 한국을 재침하려는 의도적 발로」라고 했다.

변영태는 그의 꼬장꼬장 하면서도 능숙한 외교로 이승만 대통령의 오른 팔이 되어 독도를 지켜냈다. 그는 구체적으로 1954년 독도에「독도 등대」를 설치하고 오늘날 우리가 보는 대로「태극기」와「한국령」표지석을 설치하여 독도가 한국땅인 것을 대내외에 선포했다. 역사가들이 자유당과 이승만 대통령을 폄하하고 독재의 화신이니, 친일이니 하는 오명을 덮어 씌우고 있지만, 이승만 대통령과 변영태 외무장관 겸 국무총리의 나라사랑과 대한민국을 지키기 위해서 〈한미방위조약〉을 만들어 미국의 우산 아래 오늘의 번영된 대한민국을 만드는데 기초를 놓았고, 독도를 확실히 지켜낸 것을 오늘의 세대는 알는지 모르겠다.

나는 54년 전에 그 꼬장꼬장하고 힘차게 Time 잡지를 들고 영어를 가르치고, 대한민국의 앞날을 외치던 전 변영태 외무장관을 잊을 수 없다. 아직도 이만한 외교전략가는 없는 듯 하다. 당시 변영태 외무장관 성명은 이랬다.

「독도는 일본의 한국침략에 대한 최초의 희생물이다. 해방과 함께 독도는 다

---

35 외무부, 『獨島關係資料集』, p.120.

시 우리 품 안에 안겼다. 독도는 한국독립의 상징이다. 이 섬에 손을 대는 자는 완강한 저항을 각오하라! 독도는 몇 개의 바위 덩어리가 아니라 우리 겨레 영해의 닻이다. 이것을 잃고서야 어찌 독립을 지킬 수가 있겠는가. 일본이 독도를 탈취하려는 것은 한국에 대한 재침략을 의미하는 것이다.」[성명ⓕ] 라고 실로 전율을 느끼게 하는 메시지이다. 일본의 간담을 서늘하게 했다."[36] (* 강조는 인용자)

어쨌든 변영태 성명이 발표되고 일명 '변영태구술서'가 일본측에 전달될 때까지의 1개월간 남짓(1954.9.25.-10.28) 긴박했던 일정을 간략하게 정리하면 아래와 같다.

1. 1954.9.25자 일본측구술서(No. 158/A5)
   [한국 등대 설치에 항의 및 국제사법재판소 제소를 제의[37]]
2. 1954년 9월 28일자 '外務部情報局'에서 (변영태장관 명의의) 성명[38] 발표
3. 1954년 9월 30일(목요일)자 『동아일보』 기사
5. 1954년 10월 28일자 '아측구술서(我側口述書)'[39][일명 '변영태구술서']

이상에서 살펴보았듯이 '변영태 장관 성명' 혹은 '변영태성명'으로 불리는 1954년 9월 28일자 '외무부정보국'에서 발표한 성명은 위의 논의 가운데서 보듯이 '성명ⓐ'에서 '성명ⓕ'까지 약간의 차이를 보이며 그 기본 골격을 유지하고 있다. 다만 성명의 원본은 필자가 접하지 못했으며, 1954년 9월 30일(목요일)자 『동아일보』 기사에서 그 대체적 윤곽을 살필 수 있을 뿐이다.

---

36 https://www.bonhd.net/news/articleView.html?idxno=6908(검색일자: 2023.5.29.)
37 외무부, 『獨島關係資料集』, pp.76-77.
38 동북아역사재단 블로거[https://m.blog.naver.com/correctasia/50189786690](검색일자: 2023년 5월 29일)에 따름
39 외무부, 『獨島關係資料集』, pp.119-121.

4. 맺음말

이상에서 '독도=역사문제'라는 대한민국 정부 인식의 기원이 된 '변영태성명' 및 '변영태구술서'에 대해서 논한 것이다. 이를 통해서 '변영태성명' 및 '변영태구술서'가 갖는 의미를 살필 수 있었다.

1952년 1월의 '평화선' 선포에 이어, 1954년 8월 독도에 등대가 설치되고 이 사실을 일본 정부에 통고하였다. 일본은 9월 24일 주일 한국대표부에 항의 표시의 「구술서」를, 이어 한국 등대 설치에 항의 및 국제사법재판소(ICJ)에 제소를 제의하는 「구술서」를 전달했다. 그 사이 1954년 10월 21일자로 일본 측이 독도에 대포 설치에 항의 서한을 보내왔고, 이어서 1954년 9월 28일자 '외무부정보국'에서 변영태장관 명의의 성명이 발표되었다. 이후 변영태 장관은 1954년 10월 28일자로, 일본 측의 국제사법재판소(ICJ) 제소에 대한 입장을 외교서한으로 정리하여 보낸다. 대한민국 정부로서는 1954년 한 해 대일 외교에서 긴박한 시간이었다. '더욱이 변영태 성명이 발표되고 일명 '변영태구술서'가 일본측에 전달될 때까지의 1개월간 남짓(1954.9.25.-10.28)은 대한민국 정부로서는 대일 독도 외교에서 '독도=역사문제'라는 인식의 기원을 정한 시간이었다.

이 논문에서는, 종래의 연구에서 크게 주목하지 못했거나 밝히지 못했던 몇 가지 점을 확인할 수 있었다.

'변영태성명(1954.9.28.)'과 '변영태구술서(1954.10.28.)'가 갖는 외교적, 역사적 의미는 대략 다음과 같다.

첫째, 독도는 일본의 한국 침략의 최초의 희생물이므로 독도=역사문제임을 명확히 하였다. "독도는 역사적, 지리적, 국제법적으로 명백한 우리 고유의 영토입니다."라는 문구에서 이른바 '역사적, 지리적, 국제법적'이라는 명확한 워딩의 순서가 정해진 것이다. 이 점은 현재 대한민국 외무부가 견지하는 '독도=역사문제', '일본의 국제사법재판소 회부 제안을 받아들이지 않음', '독도는 분쟁지역이 아님'이라는 입장의 기원을 마련하였다는 점을 살필 수 있었다.

둘째, 나아가 '변영태성명'과 '변영태구술서'는 대한민국의 대일 외교 전략을 규율하는 일종의 가이드라인일 뿐만아니라 대한민국 국민들 및 언론의 일관 논조를 만들어주고 있음을 살필 수 있었다.

셋째, 1954년 9월 28일자 '외무부정보국'에서 발표한 성명'[='변영태성명']과 1954년 10월 28일자 '아측구술서'[='변영태구술서']의 내용은 혼성되어 현재 '변영태성명'으로 여기저기서 유통되고 있다. 외무부, 언론 등에서 인용하는 여러 성명은 약간의 차이를 보이나 그 기본 골격은 거의 동일하다. 아쉽게도 본고를 작성함에 성명의 원본을 직접 접하지 못했으나 1954년 9월 30일(목요일)자의 『동아일보』 기사 및 외무부 홈페이지에 나오는 문구를 통해 그 공통된 대략을 추정해볼 수 있다.

[참고문헌]

외무부 정무국 편, 『외교문제총서 제11호: 독도문제개론』, 외무부, 1955.5.
외무부, 『獨島關係資料集(1) - 往復外交文書(1952~76)』, 외무부, 1977.7.19.
외교통상부 국제법률국 편, 『전면개정판 독도문제개론』, 외교통상부, 2012.

김용식, 『새벽의 약속』, 김영사, 1993.
독도사전편찬위원회, 『개정증보판 독도사전』, 한국해양수산개발원, 2019.
정병준, 『독도1947』, 돌베개, 2010.

『동아일보』 / 『중앙일보』 외
외무부 홈페이지 / 동북아역사재단 홈페이지 외

찾아보기

저 자 약 력

최재목

영남대학교 철학과 교수/영남대학교 독도연구소 소장

저서: 『독도영유권 확립을 위한 연구X』(공저), 『울릉도·독도로 건너간 거문도·초도 사람들』(공저), 『해방후 울릉도·독도 조사 및 사건 관련 자료해제Ⅰ·Ⅱ』(편역) 등

논문: 「울릉도에서 독도가 보이는 조건: 風日淸明의 해석」, 「울릉도 독도 국가지질공원의 역사적 유래와 보존 활용방안」, 「독도에 관한 인문학적 논의를 위한 시론」, 「독도 관련 고지도의 현황과 특징 분석」(공저) 외 다수

송휘영

영남대학교 독도연구소 연구교수

저서: 『일본 태정관과 독도』(공저), 『대일평화조약』(공역), 『독도연구의 쟁점 독도연구의 미래』(공저), 『우리 땅 독도지킴이 장한상』(공저), 『독도를 지킨 사람들』(공저), 『독도영유권 확립을 위한 연구Ⅶ』(공저) 등

논문: 「장생죽도기와 독도영유권」, 「개정 『학습지도요령』과 『교육과정』의 독도기술 비교검토」, 「근대 울릉도 사회경제 구조의 변천과 독도 인식」, 「2000년 이후 독도 관련 역사학 분야 연구의 성과와 향후 과제」 외 다수

이태우

영남대학교 독도연구소 연구교수

저서: 『독도영토주권의 재인식』, 『독도의 역사적 권원의 대체에 관한 역사·국제법 융복합 연구』(공저), 『울릉도·독도로 건너간 거문도·초도 사람들』(공저), 『해방후 울릉도·독도 조사 및 사건 관련 자료해제Ⅰ·Ⅱ』(편역) 등

논문: 「1696년 안용복 뇌헌 일행의 도일과 의승수군에 관한 해석학적 연구」, 「1948년 독도폭격사건의 경과와 발생배경」, 「거문도·초도 사람들의 울릉도 독도 도항과 영속적 경영」, 「독도의용수비대 활동의 주민생활사적 의미」 외 다수

박지영

영남대학교 독도연구소 연구교수

저서: 『1877년 태정관 지령에 관한 연구』(공저), 『일본이 기억하는 조선인 안용복』(공저), 『안용복: 희생과 고난으로 독도를 지킨 조선의 백성』(공저), 『울릉도·독도 관련 거문도 자료 해제』(편저) 등

논문: 「야마구치현 주민의 울릉도 침탈사건에 대한 연구」, 「'송도개척원' 관련 '제4기 최종보고서'의 주장 비판」, 「독도 영유권 관련 일본 근대 법률 및 행정 용어에 관한 고찰」, 「샌프란시스코 강화조약 성립과정에 관한 연구」 외 다수

영남대학교 독도연구소 20주년 기념논문집
독도연구총서 **31**

역사 자료로 보는 독도

초판1쇄 인쇄 2025년 1월 20일
초판1쇄 발행 2025년 1월 25일

저 자 최재목 · 송휘영 · 이태우 · 박지영

발행인 윤석현
발행처 박문사
등 록 제2009-11호
전 화 (02)992-3253(대)
전 송 (02)991-1285
주 소 서울시 도봉구 우이천로 353

책임편집 최인노
전자우편 bakmunsa@daum.net

ⓒ 영남대학교 독도연구소 2025 Printed in KOREA

ISBN 979-11-92365-82-4 93910   **정가** 24,000원